DER MENTALE WEG

ZUR IDEALEN FIGUR

Margot Hellmiß/Falk Scheithauer

DER MENTALE WEG ZUR IDEALEN FIGUR

Mit einfachen Strategien ohne Diät abnehmen

SÜDWEST

INHALT

Vorwort

Traurige Tatsachen

Fast jede Frau hat schon einmal eine Diät gemacht, viele haben bereits mehrere hinter sich. Doch nur etwa 15 Prozent der Frauen, die versuchen, mit Hilfe einer strengen Diät abzunehmen, haben auf Dauer Erfolg und können ihr mühsam reduziertes Gewicht auch halten. Die meisten stellen spätestens ein halbes Jahr nach einer solchen Hungerkur erschrocken fest, daß sie genausoviel wiegen wie zuvor, oft sogar noch um einiges mehr. Und: Über die Hälfte der Deutschen, nämlich 60 Prozent, wiegen mehr, als sie vom Idealgewicht her wiegen sollten. Und sieben Prozent überschreiten das berühmte Idealgewicht sogar um 30 Prozent.

Es gibt ein Erfolgsrezept

Das Manko der herkömmlichen Diäten besteht darin, daß sie alle nicht bei den tieferliegenden Ursachen ansetzen, bei den eigentlichen und jeweils individuellen Gründen für das Dicksein.

Wer überflüssigen Pfunden nachhaltig zu Leibe rücken will, muß andere Wege beschreiten, muß vor allem Abschied nehmen von der weitverbreiteten Diät-Mentalität.
Das Erfolgsrezept für eine dauerhafte Gewichtsreduzierung lautet: Abnehmen beginnt im Kopf! Denn: Zuallererst muß geklärt werden, warum jemand überhaupt so dick geworden ist. Welche psychischen Beweggründe und unterbewußten Verhaltensmechanismen haben einen Menschen dazu veranlaßt, so viel zu essen, daß seine Figur völlig aus der Form geriet? Ißt jemand aus Frust, Angst, Enttäuschung, Schuldgefühlen, Einsamkeit, Trotz, Minderwertigkeitsgefühlen oder anderen Gründen zuviel? Wurde jemandem schon in der Kindheit das Vielessen oder eine dickmachende Ernährungs- und Lebensweise beigebracht? Erst wenn die tieferliegenden Ursachen des Dickseins geklärt sind, wird man sich auf Dauer so verhalten können, wie schlanke Menschen es von Natur aus tun.

Das Unterbewußtsein erforschen

Anhand von vielen Beispielen und Einsichten in die Wirkungsweise unseres Unterbewußtseins, die in diesem Buch vorgestellt werden, werden Sie bestimmt herausfinden, warum Sie bisher soviel gegessen haben.

Die Lebensweise ändern

Der mentale Weg zum Wunschgewicht bedeutet: Sind die Gründe des Dickseins erst einmal erkannt, dann sollte man sich schrittweise eine schlankmachende Ernährungs- und Lebensweise aneignen. Das ist nicht so schwer, wie es klingt. Hierfür gibt es nämlich eine ganze Reihe wirksamer Hilfestellungen: Mentale Techniken, Autosuggestionen, Entspannungsübungen, Psychotricks u.a. können den Weg zur schlanken Linie ganz erheblich erleichtern.

Sie müssen natürlich nicht gleich alles praktizieren, was dazu an bewährten Methoden in diesem Buch zusammengetragen wurde. Wählen Sie jene Übungen und Techniken aus, die Ihnen spontan am ehesten zusagen. Die meisten Übungen sind so konzipiert, daß sie zwanglos aus dem Unterbewußtsein heraus wirken und ohne jedes verkrampfte Bemühen zu einem schlanken und gesunden Körper verhelfen. Im übrigen kann schon die bloße Lektüre dieses Buches unter Umständen das Bewußtseins dafür schärfen, wie man schlank wird und es für immer bleibt.

Essen statt Liebe? Essen als Belohnung? Falsches Eßverhalten seit der Kindheit? Es gibt viele Gründe für das falsche Eßverhalten – doch sie lassen sich auch ändern.

Gewußt wie!

Die Auseinandersetzung mit dem Dicksein bedeutet natürlich auch, daß man sich darüber im klaren ist, welche Lebensmittel überhaupt zum Dicksein führen bzw. was unsere Fettzellen übermäßig wachsen läßt. Auch wenn viele im Kampf gegen das Übergewicht längst zu Ernährungsexperten geworden sind, werden hier die grundlegenden Erkenntnisse der Ernährungswissenschaft zum Thema Übergewicht noch einmal zusammengefaßt. Darüber hinaus finden Sie wertvolle Informationen zum richtigen Eßverhalten und zur Funktion von Sport und Bewegung beim Abnehmen.

Das 20-Wochen-Programm

Am Ende des Buches ist für Sie ein 20-Wochen-Programm zusammengestellt, das Ihnen langsam und auf schonende Weise zu einer schlanken Figur verhilft. Selbst wenn Sie das ganze Programm nicht in allen Einzelheiten durchführen wollen, erwartet Sie eine Fülle von Tips und Tricks zum Abnehmen und für eine schlankmachende Lebensweise. Sie werden sehen: Abnehmen ist gar nicht so schwer, wenn man es vom Kopf her beginnt.

WAS IST ÜBERGEWICHT?

Übergewicht, Normalgewicht, Idealgewicht – die Werte sind in letzter Zeit in die Diskussion geraten. Ein neues Schlagwort in diesem Zusammenhang: das Wohlfühlgewicht. Es besagt, daß der beste Gradmesser für das richtige Gewicht das eigene Wohlbefinden ist und daß es auf ein paar Pfund mehr oder weniger nicht ankommt. Doch täuschen sollten wir uns auch nicht: Natürlich hat Dicksein etwas mit der Ernährung zu tun. Dieses Kapitel sagt Ihnen deswegen auch, was uns dick macht und warum Diäten oft wenig sinnvoll sind.

Normalgewicht, Idealgewicht, Wohlfühlgewicht

Nach einer altbekannten Faustregel errechnet sich das sogenannte Normalgewicht eines Menschen wie folgt:

- Normalgewicht = Körpergröße (in Zentimeter) minus 100.

In den zwei Jahrzehnten zwischen 1934 und 1954 listeten amerikanische Versicherungsstatistiker genau auf, wer mit welchem Gewicht wie alt wird. Die Zahlen sind mittlerweile allerdings umstritten.

Bei einer Größe von beispielsweise 165 Zentimeter ergibt sich somit ein Normalgewicht von 65 Kilogramm; bei einer Größe von 170 Zentimeter ein Normalgewicht von 70 Kilogramm usw. Diese Berechnungsweise wurde als Broca-Formel bekannt und geht auf den französischen Chirurgen Paul Broca (1824–1880) zurück. Er zeigte damit den Zusammenhang zwischen Körpergröße und Körpergewicht auf, der normalerweise gegeben ist. Andere Einflüsse auf das Gewicht, wie z.B. das Geschlecht eines Menschen, bleiben dabei unberücksichtigt. Trotzdem läßt sich auf der Grundlage der Broca-Formel ungefähr einschätzen, was Übergewicht bzw. Fettleibigkeit ist. Es gilt:

- Übergewicht = Normalgewicht plus 5 Prozent oder mehr.
- Fettleibigkeit = Normalgewicht plus 20 Prozent oder mehr.

Bei einer Größe von 165 Zentimeter ist somit übergewichtig, wer mindestens 68,25 Kilogramm (= 65 plus 3,25) schwer ist. Fettleibig ist, wer bei gleicher Größe 78 Kilogramm (= 65 plus 13) oder noch mehr wiegt.

Das Idealgewicht – eine Versicherungsformel

Das nach der Broca-Formel errechnete Normalgewicht ist zwar durchaus »normal«, es entspricht aber noch nicht dem Idealgewicht eines Menschen. Langfristige Untersuchungen amerikanischer Versicherungsgesellschaften haben ergeben, daß im Durchschnitt diejenigen die höchste Lebenserwartung haben, die das Normalgewicht um 10 bis 15 Prozent unterbieten. Für das ideale Gewicht ergab sich als Näherungsformel:

- Idealgewicht = Normalgewicht minus 10 bis 15 Prozent.

Nach dieser Formel ergibt sich bei einer Größe von 165 Zentimetern ein Idealgewicht von 55,25 (= 65 minus 9,75) bis 58,5 Kilogramm (= 65 minus 6,5).

Das Gewicht ist keine absolute Größe. Es ist abhängig von Geschlecht, Alter und Skelettstruktur.

Diese Idealgewichtsberechnung ist jedoch mit Vorsicht zu handhaben. Sie ist wiederum nur als Faustregel von Nutzen. Im konkreten Einzelfall muß man eine Reihe von Faktoren mitberücksichtigen, die ebenfalls einen wesentlichen Einfluß auf das Gewicht ausüben. Dazu gehören das Geschlecht, das Alter und das Gewicht des Knochenbaus. Grundsätzlich gilt:

- Bei gleicher Körpergröße sollten Frauen weniger wiegen als Männer.
- Ältere Menschen dürfen ruhig etwas mehr wiegen als jüngere. (Die 50- bis 60jährigen haben übrigens im Durchschnitt das größte Körpergewicht.)

Der Einfluß der Skelettstruktur

Was den Knochenbau anbelangt, so ist das Gewicht von einem Kubikzentimeter Knochen nicht bei jedem Menschen gleich. Bei alten Menschen beispielsweise sind die Knochen dünnwandiger als bei jungen Menschen – und damit leichter. Doch abgesehen von diesem Fall ist es wohl nur ausnahmsweise (z. B. bei krankhaftem Knochenschwund, der sogenannten Osteoporose) möglich, zu beurteilen, ob man in diesem Sinn leichte oder schwere Knochen hat.

Bei der Frage nach dem Knochengewicht kommt es viel eher darauf an, wie jemand gebaut ist. Menschen mit breiten Schultern, einem hochgewölbten Brustkorb, breiten Hüften und kräftigen Hand- und Fußgelenken verfügen offensichtlich über mehr Knochenmasse als Menschen, die von der Skelettstruktur her eher feingliedrig sind, deren Brustkorb flach und deren Schultern, Hüftknochen und Gelenke schmal sind.

Hinzu kommt, daß ein breiter angelegtes Skelett auch mehr Körpermasse in Form von Sehnen, Muskeln, Haut usw. benötigt als ein zarterer Knochenbau. Folglich heben »schwere Knochen« das Körpergewicht in zweierlei Weise an: durch ihr Eigengewicht und durch mehr Körpermasse. Die höheren Gewichtswerte, die sich daraus ergeben, stellen kein schädliches Übergewicht dar, wie die folgende Tabelle zeigt.

Das Idealgewicht (in kg)

Für Frauen ab 25 Jahren

Größe (in cm)	Knochenbau leicht	Knochenbau mittelschwer	Knochenbau schwer
155	44,4 – 48,1	46,7 – 52,1	50,3 – 57,6
156	44,9 – 48,6	47,2 – 52,7	50,8 – 58,1
157	45,5 – 49,1	47,7 – 53,2	51,4 – 58,6
158	46,0 – 49,7	48,3 – 53,9	51,9 – 59,2
159	46,5 – 50,2	48,7 – 54,3	52,5 – 59,7
160	47,1 – 50,7	49,4 – 54,8	53,0 – 60,3
161	47,7 – 51,3	49,9 – 55,5	53,5 – 61,0
162	48,2 – 51,8	50,5 – 56,3	54,1 – 61,7
163	48,7 – 52,4	51,0 – 57,0	54,7 – 62,4
164	49,3 – 52,9	51,5 – 57,7	55,4 – 63,2
165	49,8 – 53,4	52,1 – 58,4	56,2 – 63,9
166	50,3 – 54,1	52,8 – 59,3	56,8 – 64,6
167	50,9 – 54,8	53,5 – 60,2	57,6 – 65,3
168	51,5 – 55,5	54,2 – 61,0	58,3 – 66,0
169	52,2 – 56,3	54,9 – 61,7	59,0 – 66,7
170	52,9 – 57,0	55,6 – 62,4	59,7 – 67,4
171	53,6 – 57,7	56,3 – 63,1	60,4 – 68,1
172	54,3 – 58,4	57,0 – 63,8	61,1 – 68,8
173	55,0 – 59,1	57,8 – 64,6	61,8 – 69,6
174	55,8 – 59,8	58,5 – 65,3	62,6 – 70,3
175	56,5 – 60,5	59,2 – 66,0	63,3 – 71,0
176	57,2 – 61,4	59,9 – 66,7	64,0 – 71,8
177	57,9 – 62,3	60,6 – 67,3	64,7 – 72,7
178	58,6 – 63,1	61,3 – 68,1	65,4 – 73,6
179	59,3 – 63,9	62,0 – 68,8	66,1 – 74,5
180	60,0 – 64,6	62,8 – 69,6	66,8 – 75,4
181	60,8 – 65,3	63,5 – 70,3	67,6 – 76,3
182	61,5 – 66,0	64,2 – 71,0	68,3 – 77,2
183	62,2 – 66,7	64,9 – 71,7	69,0 – 78,1
184	62,9 – 67,4	65,6 – 72,4	69,7 – 79,0
185	63,6 – 68,1	66,3 – 73,1	70,4 – 79,9

Das Idealgewicht eines Menschen weist immer eine gewisse Band-breite auf.

Tabelle: Idealgewicht (in kg)

Für Männer ab 25 Jahren:

Größe (in cm)	Knochenbau leicht	Knochenbau mittelschwer	Knochenbau schwer
165	54,4 – 58,0	57,1 – 62,5	60,7 – 68,4
170	57,4 – 61,5	60,2 – 66,1	63,8 – 72,4
175	61,0 – 65,1	63,7 – 70,1	67,8 – 76,4
180	64,6 – 69,1	67,3 – 74,0	71,4 – 80,4
185	68,1 – 72,7	70,9 – 78,5	75,4 – 84,9
190	71,7 – 76,7	74,8 – 83,0	79,8 – 89,3
195	75,3 – 80,3	79,3 – 87,4	83,5 – 93,8

Quelle:
Metropolitan Life Insurance Company, Statistical Bulletin, Bd. 40 (1959)

Leicht, mittelschwer, schwer?

Wie man an diesen Angaben sieht, weist das persönliche Idealgewicht eines Menschen eine beachtliche Bandbreite auf. Doch betrügen Sie sich nicht mit dem Gedanken: Ich bin ja nur so schwer, weil meine Knochen soviel wiegen. Wie die meisten Menschen werden auch Sie höchstwahrscheinlich einen mittelschweren Knochenbau aufweisen. Am besten ist es, wenn Sie bei der Beurteilung Ihres Gewichts nur am Rande von den Idealwerten ausgehen und sich eher an Ihrem persönlichen Wohlbefinden orientieren. Zu groß sind die individuellen Unterschiede bei den einzelnen Menschen, um exakt sagen zu können, welches Gewicht nun ideal sei. Was für einen bestimmten Menschen schon ein gesundheitsgefährdendes Übergewicht darstellt, ist für einen anderen durchaus noch im Rahmen.

Über die Hälfte (60 Prozent) der Deutschen liegt über dem Idealgewicht, und etwa sieben Prozent überschreiten das Idealgewicht sogar um mehr als 30 Prozent.

Die Tabelle zeigt, daß im Einzelfall sogar ein Gewicht von zehn Prozent über dem Normalgewicht noch als ideal gelten kann und eine hohe Lebenserwartung mit sich bringt. Im Jahre 1989 hatte übrigens nur knapp ein Viertel der deutschen Bevölkerung das nach der Näherungsformel (Normalgewicht minus 10 bis 15 Prozent) errechnete Idealgewicht.

Das Wohlfühlgewicht

Der beste Gradmesser für das richtige Gewicht ist das eigene Wohlbefinden. Wer zu dick ist, spürt das in vielerlei Beeinträchtigungen wie Bluthochdruck, Gelenkschmerzen, Herzbeschwerden, Atemnot beim Treppensteigen, Schweißausbrüchen. Wer keine körperlichen Probleme hat und sich rundum gut fühlt, hat – von Ausnahmen abgesehen – das ideale Gewicht. Wenn Sie sich in Ihrer Haut wohl fühlen und Spaß an Bewegung, Sport, Geselligkeit und Sex haben, dann zeigt der Zeiger auf Ihrer Waage bestimmt das richtige Gewicht an, ganz gleich, was irgendwelche Statistiken sagen.

Wenn Sie fit sind und den Anforderungen des Alltags gelassen entgegensehen können, dann wiegen Sie in der Regel genau so viel, wie für Sie am besten ist.

Es kommt überhaupt nicht so sehr darauf an, ob man ein paar Kilogramm mehr oder weniger hat, sondern einzig und allein auf die Zusammensetzung der Körpermasse. Wenn man zuviel Fett mit sich herumträgt, ist das Befinden beeinträchtigt. Zuviel Fett ist eine Last für den Körper – und meist auch für die Seele.
Ein Zuviel an Muskelmasse hat – von Extremen einmal abgesehen – noch niemandem geschadet. Und übrigens: Wer ein Kilogramm Fett abgebaut und dafür ein Kilogramm Muskeln aufgebaut hat, ist schlanker als vorher, obwohl das Gewicht das gleiche geblieben ist. Muskeln bestehen nämlich aus dichterem Gewebe als Fettpolster und nehmen weniger Platz ein.

Wie Körperfett entsteht

Jeder menschliche Körper besteht zu einem gewissen Prozentsatz aus Fett. Fett ist für bestimmte Stoffwechselprozesse unverzichtbar. Bei Mädchen erhöht sich z. B. der Fettanteil in der Pubertät – dies ist Voraussetzung für den Beginn des Menstruationszyklus.
Man unterteilt das Körperfett generell in zwei Gruppen: in Organfett und Depotfett.

- Das Organfett ist ein wichtiger Bestandteil unserer Billionen von Körperzellen, seien es nun Gehirn-, Leber-, Nerven- oder sonstige Zellen. Keine Zelle kann ohne Fett existieren. Das Organfett ist bei der Frage nach Übergewicht oder Fettleibigkeit nicht von Bedeutung. Es ist eine Grundsubstanz des allgemeinen Zellaufbaus und stets in annähernd gleicher Menge vorhanden.

- Anders verhält es sich mit dem Depotfett, dessen Menge gehörig schwanken kann. Das Depotfett ist richtiges Fettgewebe. Es besteht aus speziellen Fettzellen, die bis zum Rand mit Fett angefüllt sein können. Diese Fettzellen unterscheiden sich von anderen Körperzellen z. B. dadurch, daß sich ihr Kern nicht im Zellinneren befindet, sondern am Zellrand. Das schafft mehr Platz für die Fettfüllung.

Solange sich das Fettgewebe in gewissen Grenzen hält, gehört es ebenfalls zum Grundaufbau unseres Körpers. Es bildet in Form von Fettpolstern eine natürliche Schutzhülle für unsere Organe wie Leber, Nieren oder das Verdauungssystem. Es schützt vor Kälte und Druck. Auch in der Unterhaut befinden sich größere Mengen davon. Und selbst bei starker Abmagerung bleiben Teile des Fettgewebes, das sogenannte Baufettgewebe, immer erhalten. Es ist für unseren Körperbau unverzichtbar.

Fett als Reserve

Die Fettzellen nehmen zu und schwellen an. Die äußere Erscheinung dieses Vorgangs ist bekannt: Man wird dicker.

Das Fettgewebe bildet aber nicht nur Schutzpolster. Es erfüllt noch eine weitere Aufgabe, die den Begriff Depotfett erst verständlich macht. Das Fettgewebe dient als Energiedepot. Wenn wir mit der Nahrung mehr Energie (Kalorien) aufnehmen, als wir durch Bewegung, Stoffwechselgeschehen, Gehirntätigkeit etc. verbrauchen, dann speichert der Körper diese Energie, um sie gegebenenfalls, wenn z. B. Nahrungsmangel besteht, wieder abrufen zu können.
Überschüssige Kalorien, ganz egal aus welchen Nahrungsmitteln sie stammen, werden vom Körper in Form von Fett in den Fettzellen eingelagert. Dabei kann eine einzelne Fettzelle auf das Acht- bis Zehnfache ihrer Größe anschwellen, und auch die Anzahl der Fettzellen kann um das Drei- bis Vierfache zunehmen.

Gigantische Zahlen

- Die Anzahl der Fettzellen liegt bei Normalgewichtigen bei etwa 25 Milliarden.
- Bei Übergewichtigen wird diese Anzahl auf 75 und mehr Milliarden geschätzt.

Wenn man nun im Gegenzug mehr Energie verbraucht, als man mit der Nahrung aufnimmt, fehlen dem Körper die nötigen Kalorien, um den Energiehaushalt aufrechtzuerhalten. Dann muß er seine Reserven angehen. Er versorgt sich mit der Energie aus den Fettzellen, indem er das gespeicherte Fett aufzehrt. Die Fettzellen schrumpfen dann zunehmend, und man wird wieder schlanker. Wenn man übergewichtig war und stark abnimmt, kann man das Volumen der Fettzellen bis auf ein Drittel der Größe verringern, die sie bei Normalgewichtigen haben. Allerdings kann man die Anzahl der Fettzellen nicht mehr verkleinern. Höchstwahrscheinlich bleiben einmal gebildete Fettzellen immer erhalten, auch wenn man ihre Füllung drastisch reduzieren kann.

Den Vorgang, Energie aus körpereigenem Fett zu gewinnen, kann man auch bei Tieren beobachten, die Winterschlaf halten. Bären oder Igel nehmen in dieser Zeit keine Nahrung auf und leben nur von ihren Fettreserven. Im Frühjahr haben sie dann bis zur Hälfte ihres Körpergewichts verloren.

Aus dem Fett der tiefer gelegenen Körperpartien läßt sich nur langsam Energie zurückgewinnen. Bauchfett hingegen löst sich relativ rasch auf und stellt dem Körper schnell nötige Brennstoffe zur Verfügung.

Wenn zuviel Fett gespeichert wird

Die Fähigkeit unserer Fettzellen, Energie speichern zu können, ist in engen Grenzen sinnvoll und sogar lebensnotwendig. Nur so sind wir stets gleichbleibend mit Energie versorgt, auch wenn der Bedarf an Energie oder die Energiezufuhr schwanken.

Doch leider kommt es allzu häufig vor, daß wir weit über das Ziel hinausschießen und Reserven anlegen, die wir nie und nimmer brauchen. Das zusätzlich gebildete Depotfett ist dann kein notwendiger Bestandteil unseres Körpers mehr, sondern eine lästige und im Extremfall sogar gefährliche Last.

Frauen bilden leichter Fett

Es hat sich gezeigt, daß Frauen vor allem an den Hüften, Oberschenkeln und im Gesäßbereich zunehmen (Birnenform), Männer hingegen bilden überschüssiges Fettgewebe eher am Bauch (Apfelform).

- Weibliche Fettzellen enthalten mehr lipogene Enzyme, die die Fettspeicherung vorantreiben.
- Männliche Fettzellen weisen mehr fettabbauende (lipolytische) Enzyme auf.

- Das weibliche Geschlechtshormon Östrogen steigert die Bereitschaft der Fettzellen, Fett aufzunehmen, indem es die lipogenen Enzyme aktiviert. Außerdem bremst Östrogen den Fettabbau, wenn Energiebedarf besteht.
- Beim Mann fördert das Sexualhormon Testosteron die lipolytischen Enzyme und treibt damit einen schnelleren Fettabbau voran.

Offensichtlich stattete die Natur Frauen eher mit Langzeitspeichern und Männer eher mit Kurzzeitspeichern aus. Das erklärt sich mit dem längerfristigen Reservenbedarf einer Frau während der Schwangerschaft, in der ihre Reserven auch dem heranwachsenden Fötus zur Verfügung stehen müssen. Das Östrogen ist auch für die verstärkte Zunahme von Körperfett während der Pubertät und in der Schwangerschaft verantwortlich. Den gleichen Effekt können die Einnahme der Pille oder die Zufuhr von Östrogenersatzstoffen in der Menopause haben. Trotzdem können Frauen genauso abnehmen wie Männer. Es dauert bei den Frauen nur etwas länger und stößt eher auf natürliche Grenzen.

Was sind Kalorien?

Im alltäglichen Sprachgebrauch hat es sich eingebürgert, statt exakt von Kilokalorien einfach nur von Kalorien zu sprechen.

Kalorien (lateinisch »calor« = Wärme) sind Energieeinheiten bzw. Wärmeenergieeinheiten. Eine Kalorie (cal) ist die Energiemenge, die nötig ist, um ein Gramm Wasser um ein Grad Celsius zu erwärmen; genauer gesagt, um ein Gramm reines Wasser (1/1000 Liter) bei normalem Atmosphärendruck von 14,5 °C auf 15,5 °C zu erhitzen.

Der Energiegehalt von Lebensmitteln wird in Kilokalorien angegeben (1 kcal = 1000 cal). Bei vielen abgepackten Lebensmitteln werden die Kilokalorien ausgewiesen. Damit wird angegeben, wieviel Energie wir beim Verzehr einer bestimmten Menge dieses Lebensmittels aufnehmen.

Seit dem 1. Januar 1978 sollten die Kalorienangaben für Lebensmittel eigentlich durch Joule (J), eine internationale Meßeinheit, ersetzt werden. Doch bei den deutschsprachigen Verbrauchern hat sich die neue Meßeinheit (1 cal = 4,19 J) schlecht durchgesetzt, und so finden wir heute auf den Lebensmittelverpackungen meistens beide Angaben nebeneinander. Bei nicht abgepackten Lebensmitteln muß man sich mit einer Kalorientabelle behelfen (siehe Seite 17ff.).

Kalorientabelle gängiger Lebensmittel

Lebensmittel (100 g)	kcal	Lebensmittel (100 g)	kcal
Ananas	46	Brötchen	250
Apfel	46	Bückling	224
Apfelsine	44	Butter	754
Apfelstrudel	230	Butterkekse	400
Aprikose, frisch	28	Buttermilch	35
Aprikose, getrocknet	182	Butterschmalz	897
Artischocke	49	Camembert (30 % Fett i.Tr.)	206
Auster	47	Camembert (60 % Fett i.Tr.)	378
Bambussprossen	33	Cannelloni (Tiefkühlkost)	158
Banane	79	Cervelatwurst	456
Barsch	81	Champignons, roh	13
Bienenhonig	325	Champignons, gebraten	210
Bier (4,7 % Alkohol)	47	Chesterkäse (50 % Fett i.Tr.)	391
Birne, frisch	29	Chicorée	11
Birne, Dose	79	Chinakohl	11
Bierschinken	235	Cola	44
Biskuit	320	Cornflakes	336
Blätterteig	375	Curry-Ketchup	116
Blumenkohl	23	Datteln	260
Blutwurst	400	Dickmilch (3,5 % Fett)	61
Bockwurst	277	Doppelrahmfrischkäse	
Bockbier (7 % Alkohol)	62	(60 % Fett i.Tr.)	329
Bohnen, grün	35	Eier, gekocht	150
Bohnen, weiß	294	Rührei	246
Bolognese Fix (1 Packung)	340	Spiegelei	232
Bonbons (Milchkaramelle)	388	Eiernudeln	347
Braten Fix (1 Packung)	385	Eiscreme (Milchspeiseeis)	160
Branntwein (32 % Alkohol)	117	Edamer (45 % Fett i.Tr.)	354
Branntwein (38 % Alkohol)	210	Emmentaler	
Bratensauce	45	(45 % Fett i.Tr.)	382
Brathering	204	Endiviensalat	12
Bratwurst (Schwein)	342	Ente	227
Brokkoli	24	Erbsen, gelb	347
Brombeeren	29	Erbsen, grün	69

Frische Lebensmittel enthalten oft weniger Kalorien als verarbeitete Lebensmittel – wie z. B. bei den Aprikosen zu sehen ist.

Gedünsteter Fisch enthält weniger Kalorien als gedünstetes Fleisch.

Kalorientabelle gängiger Lebensmittel

Lebensmittel (100 g)	kcal	Lebensmittel (100 g)	kcal
Erbseneintopf mit Speck (Dose)	105	Harzer Käse	126
Erbseneintopf (Tiefkühlkost)	75	Hering	200
Erdbeeren	33	Himbeeren	32
Erdnußpaste	611	Honig	288
Erdnüsse	571	Honigmelone	53
Essig	4	Huhn, gebraten	133
Feldsalat	12	Huhn, Brust	100
Fenchel, roh	36	Huhn, Keule	110
Filet (Kalb)	95	Huhn, gekocht (Suppenhuhn)	257
Filet (Lamm)	112	Hühnerfrikassee	82
Filet (Rind)	116	Hummer	81
Filet (Schwein)	182	Ingwer	60
Fleischwurst	372	Jägersauce (Trockenprodukt)	55
Forelle, blau	120	Joghurt (3,5 % Fett)	61
Früchtekuchen	2	Joghurt (1,5 % Fett)	44
Fleischbrühe (instant)	6	Joghurt, mit gezuckerten Früchten	78
Fruchteis	80	Johannisbeeren, rot	38
Gans	342	Johannisbeeren, schwarz	49
Gänseschmalz	896	Kabeljau	70
Garnelen	87	Käsekuchen	230
Gelbwurst (Hirnwurst)	342	Kalbsbratwurst	266
Geflügelwurst	108	Kalbschnitzel	99
Gouda (45 % Fett i. Tr.)	365	Kalbskotelett	121
Grapefruit, roh	30	Karpfen	115
Grapefruitsaft	38	Kartoffeln, gekocht	90
Grünkohl	33	Kartoffelchips	533
Gurke	13	Kasseler	237
Hackfleisch (Rind)	216	Kaviar, russisch	244
Hackfleisch (gemischt)	260	Kaviar, deutscher Ersatz	115
Haferflocken	365	Kefir (3,5 % Fett)	61
Hammelkotelett	348	Kirschen, frisch	53
Haxe (Kalb)	100	Kirschen, im Glas	83

Kalorientabelle gängiger Lebensmittel

Lebensmittel (100 g)	kcal	Lebensmittel (100 g)	kcal
Kiwi	50	Margarine (Diätmargarine)	722
Knäckebrot	318	Margarine (halbfett)	368
Knödel (halb und halb; Trockenprodukt)	105	Marmorkuchen	380
Königsberger Klopse (Tiefkühlkost)	195	Mayonnaise (80 % Fett)	718
Kohl, gekocht	15	Mayonnaise (50 % Fett)	490
Kohlrabi	25	Mehl, Vollkorn	306
Kokosnuß	342	Mehl, Typ 405	339
Kondensmilch (4 % Fett)	128	Milch (3,5 % Fett)	64
Kondensmilch (10 % Fett)	176	Milch, fettarm	47
Konfitüre (Durchschnitt)	260	Mortadella	345
Kopfsalat	10	Möhren, roh	27
Krabben	90	Müslimischung	395
Krapfen	350	Nudeln, Vollkorn	343
Kräcker	450	Nougat	500
Lammkeule	234	Nüsse (Durchschnitt)	600
Lammkoteletts, gegrillt	222	Nußkuchen	417
Lachs, frisch	202	Obstkuchen	225
Lachs, geräuchert	139	Öl, alle Sorten	890
Lachsersatz in Öl	150	Oliven, schwarz	350
Lasagne (Tiefkühlkost)	166	Paella (Tiefkühlkost)	154
Lebkuchen	408	Paprikaschote, roh	20
Leber (Hühnchen)	136	Parmesan (35 % Fett i. Tr.)	375
Leber (Kalb)	130	Pfannkuchen	307
Leber (Schwein)	134	Pfirsich, frisch	37
Leberpastete	314	Pfirsich (Dose)	87
Leberwurst (Kalb)	420	Pflaume, frisch	51
Leinsamen, ungeschält	435	Pflaume, getrocknet	235
Limburger (40 % Fett i. Tr.)	267	Pizza mit Tomaten und Käse (Tiefkühlkost)	235
Limonade	50	Pizza mit Salami (Tiefkühlkost)	308
Linsen, gekocht	99	Popcorn	373
Mais (Dose)	110	Pommes frites	260
Makrele	180	Porree (Lauch)	24

Lebkuchen, Marmorkuchen, Nußkuchen … Die Nachmittagsnaschereien schlagen mit vielen Kalorien zu Buche.

Statt Würstchen lieber Pute oder Huhn: In der Wurst versteckt sich eine Menge Fett.

Kalorientabelle gängiger Lebensmittel

Lebensmittel (100 g)	kcal	Lebensmittel (100 g)	kcal
Pute, dunkles Fleisch, gebraten, ohne Haut	148	Sonnenblumenkerne	582
Pute, weißes Fleisch, gebraten, ohne Haut	132	Saucenbinder (instant)	350
Rahmsauce (instant)	95	Spargel	17
Ravioli in Tomatensauce (Dose)	95	Speck, durchwachsen	620
Reis, Natur, roh	348	Speisequark (20 % Fett i. Tr.)	110
Reis, weiß, gekocht	120	Speisequark, mager	73
Rinderbr., Oberschale, mager	156	Spinat	15
Roggenmischbrot	225	Spirituosen (Gin, Whisky, Durchschnitt)	230
Rosenkohl, roh	38	Tomaten, frisch	17
Rosinen	267	Tomaten (Dose)	21
Rotbarsch	105	Thunfisch in Öl (Dose)	282
Rote Bete, gekocht	25	Vollkornbrot	206
Rotkohl	21	Vollmilchschokolade	526
Rotwein (10–15 % Alkohol)	75	Weißwurst (Münchner)	287
Rührkuchen	400	Waffelmischung	480
Sahne (30 % Fett)	300	Weihnachtsstollen	380
Sahne (10 % Fett)	180	Weißkohl, Wirsing, roh	20
Sahnetorte	365	Weiße Bohnen, gekocht	93
Salatdressing (French)	650	Weißwein (10–12 % Alkohol)	80
Salami	519	Weißbier	46
Salzstange oder -brezel	410	Weintrauben	73
Sauerrahm (10 % Fett)	117	Wild, gebraten	195
Schillerlocken	302	Würstchen (Dose)	228
Schinken, ohne Fettrand	150	Würstchen (Frankfurter)	272
Schlemmerfilet (Tiefkühlkost)	150	Würstchen (Rostbratwürstchen; Tiefkühlkost)	305
Scholle	76	Würstchen (Wiener)	278
Schweinekotelett, gegrillt, mager	250	Zitrone, geschält	40
Seelachsfilet	80	Zucchini	20
Sekt (12 % Alkohol)	84	Zucker	400
Semmelknödel	120	Zuckermais, gedünstet	54
		Zwieback	380
		Zwiebel, roh	33

Der Kalorienverbrauch

Es läßt sich nicht nur sagen, wie viele Kilokalorien (kcal) an Energie wir mit der Nahrung aufnehmen, sondern auch, wieviel Energie wir bei bestimmten Tätigkeiten verbrauchen: Wenn man z. B. eine Stunde lang marschiert (etwa sechs Kilometer), verbraucht man etwa 340 kcal, also soviel, wie ein halber Liter Vollmilch liefert.

- Der durchschnittliche Energieverbrauch pro Tag wird für eine Frau normalerweise mit 2000 kcal angegeben (Schwangere 2500 kcal).
- Der Energieverbrauch eines Mannes ist etwas größer, etwa 2500 bis 3000 kcal pro Tag.

Allerdings gelten diese Werte nur bei einer vorwiegend im Sitzen ausgeübten Berufstätigkeit. Wenn man zusätzlich ausgiebig Sport treibt oder einem körperlich anstrengenden Beruf nachgeht, erhöhen sich die Werte natürlich. Einen extrem hohen Energieverbrauch haben beispielsweise Holzfäller oder Gleisbauarbeiter, für die Werte zwischen 5000 und 6000 kcal pro Tag errechnet wurden.

Arbeit und Körpergewicht spielen eine Rolle

Wie hoch der Kalorienverbrauch bei bestimmten Tätigkeiten ist, wird sozusagen auf Umwegen ermittelt. Es wird der Restsauerstoff gemessen, der beim Ausatmen noch aus der Lunge strömt, während man etwas tut. Je anstrengender die Tätigkeit ist, desto weniger Sauerstoff bleibt beim Ausatmen noch übrig, d. h. um so kalorienverzehrender ist die Tätigkeit. Von daher wissen wir auch, daß der Kalorienverbrauch vom jeweiligen Körpergewicht abhängt.
Wenn sich beleibte Menschen bewegen, müssen sie mehr Körpermasse mit Energie versorgen und verbrauchen daher mehr Kalorien als leichtere Menschen.

Eine 50 Kilogramm schwere Person verbraucht z. B. bei 1 Minute Tischtennisspielen etwa 3,5 kcal; eine 85 Kilogramm schwere Person jedoch fast 6 kcal, also annähernd das Doppelte.

Der Grundumsatz

In diesem Zusammenhang ist auch die Kenntnis vom sogenannten Grundumsatz interessant. So bezeichnet man in der Wissenschaft die Energie, die der Körper in völliger Ruhestellung benötigt. Atmung, Kreislauf oder die körpereigene Wärmeproduktion verzehren ja auch in Ruhe Energie. Sie liegt bei Erwachsenen je nach Körpergewicht zwischen 0,8 und 1,4 kcal pro Minute (48 und 84 kcal pro Stunde).

Dieser Grundumsatz ist um so niedriger, je mehr Fettpolster ein Mensch aufweist, und um so höher, je mehr Muskeln jemand hat. Denn die Versorgung des Muskelgewebes benötigt selbst in Ruhe mehr Energie als die des Fettgewebes. In der Fachsprache sagt man, Muskeln sind metabolisch aktiveres Gewebe als Fettpolster, d. h. in den Muskeln finden mehr Stoffwechselprozesse statt als im Fettgewebe.
Die Minikraftwerke der Zellen, die Mitochondrien, sind bei den Muskelzellen besonders aktiv und verwandeln ein gehöriges Maß an Kalorien in Wärme und Wasser. Hinzu kommt, daß Fett isoliert, also den Körper warm hält. Beleibte Menschen müssen weniger Energie aufwenden, um ihre Körpertemperatur aufrechtzuerhalten, als schlanke Menschen.

Fünf Stunden Holz hacken

Übergewichtige bzw. Fettleibige verbrauchen selbst im Schlaf weniger Energie und nehmen deshalb weniger ab als ohnehin schon schlanke bzw. muskulöse Menschen.

Wichtig ist noch folgendes: Etwa 6000 kcal, die wir mit der Nahrung aufgenommen, aber nicht verbraucht haben, bilden etwa ein Kilogramm Körperfett. Dabei ist es egal, ob wir uns die überschüssigen Brennwerte im Verlauf von Monaten oder in kurzer Zeit einverleibt haben.

- 6000 kcal sind z. B. in 25 Bieren (1/2 Liter; 5% Alkohol) oder in zehn 100-Gramm-Portionen durchwachsenen Specks enthalten. Um sie abzuarbeiten, müßte man beispielsweise fünf Stunden lang Holz hacken oder zwei Monate lang täglich zehn Minuten Frühsport betreiben.

Richtiges Essen und Sport

Wer seinen Fettpolstern mit kalorienreduzierter Kost und Bewegung zu Leibe rückt, nimmt nachweislich auch mehr ab als jemand, der kaum Bewegung hat.
Ein Vergleichsversuch hat gezeigt, daß eine Kalorienreduzierung in Verbindung mit sportlichen Aktivitäten innerhalb von zwei Monaten um 25 Prozent mehr Gewichtsabnahme bewirkte. Das Interessanteste daran war jedoch, daß die Personen in der sportlichen Gruppe ausschließlich Fett abbauten; bei den Unsportlichen hingegen ging etwa ein Drittel der Gewichtsreduzierung zu Lasten von wertvollem Muskelfleisch.

Kalorienverbrauch

Tätigkeit (10 Minuten)	Kalorienverbrauch (kcal) je Körpergewicht 50 kg	70 kg	85 kg
Sitzen	10	15	18
Stricken	11	16	19
Stehen	13	19	23
Schreiben	14	21	25
Tippen	15	22	27
Nähen (mit der Hand)	16	23	28
Autofahren	18	26	32
Klavierspielen	20	28	34
Tapezieren	24	34	41
Tanzen	25	36	44
Bodenwischen	31	43	53
Einkaufen	31	43	53
Radfahren (langsam)	32	45	55
Gymnastik	33	46	59
Gehen (ebenerdig)	40	55	69
Gehen (ansteigend)	41	57	71
Golf	42	59	73
Gewichtheben (Hanteln)	43	60	74
Skilaufen	49	68	84
Radfahren (zügig)	50	69	86
Aerobic	51	71	89
Tennis	54	75	94
Bergsteigen	60	83	104
Schwimmen (langsam)	61	84	105
Joggen	66	91	114
Fußballspielen	67	93	116
Schwimmen (schnell)	81	111	140
Seilspringen (normal)	81	113	141
Radfahren (Wettkampf)	84	116	146
Laufen (schnell)	96	132	166
Seilspringen (intensiv)	98	135	170
Squash	106	145	183
Laufen (Wettkampf)	126	172	217
Sporttauchen	138	198	238
Holzhacken	148	203	256

Zwischen Sitzen und Holzhacken besteht der größte Unterschied beim Kalorienverbrauch.

Bei leichter Gartenarbeit verbraucht ein 70 Kilogramm schwerer Mensch 38 Kilokalorien, bei mittelschwerer Gartenarbeit (umgraben) schon 87 Kilokalorien.

Eine Erblast aus der Urzeit ...

Die Menschen der Frühzeit mußten sich gewissermaßen einen Bauch »anfressen«, um magere Zeiten zu überstehen.

Die Fähigkeit unserer Fettzellen, größere Mengen Energie zu speichern, ist eigentlich ein Relikt aus sehr alten Zeiten. Unsere Vorfahren, die Urmenschen, kannten noch keinen Ackerbau, keine Viehzucht und kaum Vorratshaltung. Sie hatten immer nur dann zu essen, wenn ihnen das Jagdglück hold war oder wenn sie Früchte, Beeren, Eier oder andere genießbare Dinge fanden. Man kann annehmen, daß sie regelmäßig unter Hungersnöten zu leiden hatten. Dann überlebte nur, wer über ausreichend körperliche Reserven verfügte, wer mobile Speisekammern in Form gut gefüllter Fettzellen angelegt hatte. Besonders die Rundungen an Bauch, Hüfte, Po und Oberschenkeln dienten speziell unseren Vorfahrinnen als Depot des Organismus, wenn das Nahrungsangebot knapp war und gleichzeitig eine Schwangerschaft bestand. Wer Hungerzeiten überlebte, sorgte für den Fortbestand des Menschengeschlechts und vererbte die Fähigkeit, körperliche Energiedepots anzulegen, von Generation zu Generation weiter.

... die auch heute noch nachwirkt

Die Situation der heutigen Menschen ist, zumindest in unseren Breiten, eine ganz andere. Wir sind heute nicht vom Hunger, sondern eher von einem überreichen Nahrungsangebot bedroht. Die sogenannten Wohlstandskrankheiten, wie z. B. Bluthochdruck, Altersdiabetes, Herzinfarkt, Arterienverkalkung, Gicht, sind meist auf zu üppiges Essen zurückzuführen. Das Übergewicht mit all seinen unangenehmen Begleiterscheinungen ist in erster Linie ein Überflußproblem. Das genetische Erbe aus der Urzeit zwingt uns aber immer noch dazu, körpereigene Vorratshaltung zu betreiben, obwohl mittlerweile unsere Tiefkühltruhen und prall gefüllten Speisekammern diese Funktion bestens erfüllen.

Dieses körperliche Geschehen hat auch einen seelischen Aspekt. Bei manchen Menschen scheint die Urangst vor dem Verhungern und vor mageren Zeiten noch tief zu sitzen, tiefer jedenfalls als bei den meisten anderen. Sie essen übermäßig viel, um diese unterbewußte Angst zu beschwichtigen, anstatt sich klarzumachen, daß der Überfluß und nicht der Mangel an Lebensmitteln bei uns das eigentliche Problem ist.

Was macht uns eigentlich dick?

Stoffe, die unser Körper benötigt

Wie jede Körperzelle bestehen auch die Fettzellen letztendlich aus nichts anderem als aus umgewandelter Nahrung. Daraus könnte man folgern, daß jedes Übermaß an Essen überflüssige Pfunde wachsen läßt. Doch das ist nicht ganz richtig. Nicht alles, was wir auf dem Teller haben, macht auch wirklich dick. Es sind ganz bestimmte Speisen und Nahrungsmittel, die das Wachstum der Fettzellen fördern. Von Salat oder Obst beispielsweise ist noch niemand dick geworden. Die Grundbausteine unserer Nahrung sind:

- Kohlenhydrate (Zucker, Stärke)
- Eiweiße
- Fette.

Überflußgesellschaft: 1994 hatten zwölf Prozent der sechs- bis zehnjährigen Kinder an Münchner Schulen Übergewicht.

Unser Körper benötigt diese Stoffe, um Energie (Kalorien) zu gewinnen oder um sie in Körpermasse (Muskeln, Nerven, Organe oder Fett) umzuwandeln.

Früher war der Mangel an Nahrung das Problem, heute ist es der Überfluß an Essen.

Vitamine und Co.

Außer den Grundbausteinen sind in unserer Nahrung auch Vitamine, Mineralien und Spurenelemente enthalten. Sie liefern keine Energie und sind nur in wenigen Fällen direkt am Körperaufbau beteiligt, wie z. B. der Mineralstoff Kalzium, der für die Knochenbildung notwendig ist. Doch ohne Vitamine, Spurenelemente und Mineralien würde unser Stoffwechsel nicht funktionieren. Diese Stoffe halten unsere »Körpermaschine« in Bewegung wie ein gutes Schmieröl, das einen Motor zwar nicht antreibt, aber erst ermöglicht, daß er überhaupt laufen kann.

Ballaststoffe

Nur pflanzliche Nahrung enthält Ballaststoffe, tierische Lebensmittel enthalten keine.

Ähnlich verhält es sich mit den sogenannten Ballaststoffen in unserer Nahrung. Das sind hartfaserige, unverdauliche Bestandteile von Obst-, Gemüse- oder Getreideprodukten. Ballaststoffe machen keineswegs dick. Sie liefern weder Energie, noch sind sie am Aufbau unseres Körpers beteiligt. Doch sie transportieren die anderen Nahrungsbestandteile durch Magen und Darm und sorgen auf diese Weise dafür, daß die Verdauung ebenfalls »wie geschmiert« funktioniert. Die wichtigsten Ballaststoffe sind Zellulose, Hemizellulose, Pektin und Lignin.

Weitreichende Wirkungen

Untersuchungen haben ergeben, daß ballaststoffreiche Kost günstig auf die Cholesterinwerte im Blut wirkt, weil sie die Nährstoffaufnahme im Darm verzögert und damit den Gallenfluß beeinflußt. Besonders die Ballaststoffe der Haferkleie und des Guarkernmehls senken die schädlichen Anteile des Cholesterins, die LDL-Werte. Dafür lassen sie die HDL-Werte, die nützlichen Cholesterinbestandteile, unbeeinflußt oder erhöhen sie sogar noch.

Ißt man zuwenig Ballaststoffe, erhöht sich das Risiko, folgende Krankheiten zu bekommen: Verstopfung, Blinddarmentzündung, Hämorrhoiden, Arteriosklerose, Gallensteine, Nierensteine, Dickdarmkrebs u. a.

Von allen Bestandteilen, aus denen unsere Nahrung besteht, bleiben als mögliche Dickmacher also nur Kohlenhydrate, Eiweiße und Fette übrig.

Macht zuviel Eiweiß dick?

Um einem möglichen Mißverständnis vorzubeugen: Eiweiße (Proteine) sind ein Nahrungsbestandteil, der sich in der Hauptsache aus Aminosäuren zusammensetzt; diese wiederum bestehen aus Kohlenstoff, Wasserstoff, Sauerstoff und Stickstoffverbindungen. Mit dem Hühnereiweiß (Eiklar) hat das Protein nur insofern zu tun, als im Hühnereiweiß auch Protein enthalten ist. Ansonsten findet sich Eiweiß vor allem in Fleisch, Fisch und Milchprodukten, aber auch in vielen pflanzlichen Nahrungsmitteln, wie z. B. Sojabohnen (Tofu), Erbsen, Linsen oder Weizenkeimen.

Hochwertige Nahrung

Tierisches Eiweiß kann der Körper leichter in körpereigene Proteine umwandeln als Eiweiß pflanzlichen Ursprungs. Deshalb nennt man tierisches Eiweiß auch höherwertiges Eiweiß. Das Eiweiß dient unserem Körper als Aufbaustoff für die Zellen. Muskel-, Organ- oder Blutzellen bestehen zum größten Teil aus Eiweiß, genauer gesagt aus Aminosäuren, die der Körper aus dem Nahrungseiweiß gewinnt.

Wer wächst, braucht Eiweiß

Etwa drei Viertel unserer Körpersubstanz dürften aus Eiweiß zusammengesetzt sein, wenn man nur die Trockensubstanz betrachtet, also den großen Wassergehalt im Körper nicht mitrechnet. Wer sich in der Wachstumsphase befindet oder seine Muskeln entwickeln möchte, braucht viel Eiweiß. Eiweiß ist der klassische Baustoff unseres Körpers. Nur zu einem geringen Teil, z. B. bei anstrengender Muskelbeanspruchung, fungiert Eiweiß auch als Energiespender. Und: Eiweiß kann vom Körper nur zu einem kleinen Teil in Fett (und damit zu Fettpolstern) umgewandelt werden. Im Durchschnitt geht man davon aus, daß ein erwachsener Mann 70 bis 80 Gramm Eiweiß und eine Frau 60 bis 70 Gramm Eiweiß (Schwangere bis zu 100 Gramm) pro Tag zu sich nehmen sollten. Die Faustregel lautet:

- Etwa ein Gramm Eiweiß pro Kilogramm Körpergewicht
- Oder: 10 bis 15 Prozent der täglichen Nahrungsmenge.

Nur zu einem geringen Teil kann Eiweiß in Fett umgewandelt werden. Eiweiß ist also kein Dickmacher.

Problematisch: Eiweiß und Fett

Bei der Wahl von eiweißreichen Nahrungsmitteln muß man folgendes bedenken: Viele Eiweißträger wie Fleisch oder Käse enthalten gleichzeitig auch viel Fett. So hat beispielsweise ein 200 Gramm schweres Schweinekotelett soviel Fett (26 Gramm) wie 85 Bananen oder 35 Brötchen. Auch ein Hühnerei enthält neben sieben Gramm Eiweiß auch sechs Gramm Fett. Wer schlank werden möchte, kann nicht einfach dazu übergehen, nur noch eiweißhaltige Produkte zu essen. Der oft hohe Fettgehalt der Produkte steht dem entgegen.

Vorsicht, Eiweißmast!

Es gab in den letzten Jahrzehnten einige als erfolgversprechend angepriesene Diäten, die letztlich auf eine Art Eiweißmast hinausliefen. Solche »Wunderkuren« können den Organismus nachhaltig schädigen.

Bei der sogenannten Eiweißmast, einem ständigen Zuviel an Eiweiß, erzeugt der Körper hauptsächlich nutzlose Wärmeenergie (spezifisch-dynamische Wirkung). Dann schwitzt man stark. Außerdem müssen die überschüssigen Aminosäuren von der Leber abgebaut werden, was einen erhöhten Ammoniak- und in der Folge einen verstärkten Harnstoffausstoß bewirkt. Dies belastet die Nieren sehr stark und ist auf Dauer für die Gesundheit abträglich. Eine dauernde Überversorgung mit Eiweiß wird beispielsweise für Herzbeschwerden, arteriosklerotische Durchblutungsstörungen, Gicht und verschiedene Krebserkrankungen verantwortlich gemacht.

Wir sind keine Eskimos

Im Zusammenhang mit Warnungen vor einem Zuviel an Eiweiß ist häufig der Einwand zu hören: »Eskimos (Inuit) essen doch zwangsweise fast ausschließlich tierische Kost und sind trotzdem nicht krank.« Das ist zwar richtig, kann aber nicht auf Menschen, die in den gemäßigten Breiten leben, übertragen werden. Genaue Untersuchungen bei den Inuit haben ergeben, daß sich bei ihnen im Lauf der Evolution ganz besondere Bedingungen der Nahrungsumwandlung herausgebildet haben: Bei ihnen wird etwa das Eiweiß teilweise in Traubenzucker (Glukose) verwandelt. Deshalb leiden die Inuit einerseits nicht unter den Folgen einer Eiweißmast und können andererseits auf Obst und Gemüse weitgehend verzichten.

Das Fett im Fett

Fettreich sind vor allem fettes Fleisch (Speck bis 82 Prozent), Wurst (Salami bis 50 Prozent), Käse (Camembert bis 40 Prozent), Butter (83 Prozent), Butterschmalz (99 Prozent), Schweineschmalz (99 Prozent), Gänseschmalz (99 Prozent), pflanzliche Öle (99 Prozent), Nüsse (bis 65 Prozent), Mayonnaise (80 Prozent) oder Margarine (80 Prozent).

Macht zuviel Fett fett?

Ein gewisser Prozentsatz unserer Nahrung muß aus Fett bestehen, denn sonst könnten wir nicht existieren. Einige Fettsäuren kann unser Körper nämlich nicht von selbst herstellen.

Eigentlich scheint die Sache klar zu sein: Wer viel Fett ißt, wird auch fett. Deshalb hat in den USA, wo besonders viele Menschen an den Folgen einer überreichlichen Ernährung zu leiden haben, im letzten Jahrzehnt eine regelrechte Fetthysterie eingesetzt. Im Dezember 1995 fragte das amerikanische Nachrichtenmagazin »Newsweek« bereits auf seiner Titelseite: »Has the Fat-Free Food Obsession Gone Too Far?« (In etwa: »Sind wir zu besessen vom fettfreien Essen?«) Zu Recht stellte das Magazin klar, daß die Frage, inwieweit Fett wirklich fett mache und darüber hinaus der Gesundheit schade, gar nicht so leicht zu beantworten sei. Denn ganz ohne Fett können wir nicht leben.

Trotz aller unterschiedlichen Meinungen zu dem Thema besteht jedoch keinerlei Anlaß zu einer Überreaktion. Folgende Empfehlung hinsichtlich Fettverbrauch und Fettqualität reicht aus: Sinnvoll ist eine Art mediterraner Küche – mit wertvollen Pflanzenölen, Fisch, Meeresfrüchten, Salat, Gemüse und Obst. Derartig zusammengestellte Mahlzeiten sind grundsätzlich fettarm, enthalten aber dennoch bestimmte ungesättigte Fettsäuren in ausreichender Menge – Fettsäuren, die unser Körper nicht synthetisieren kann und daher direkt aus der Nahrung beziehen muß.

Wieviel Fett braucht ein Mensch?

Die Angaben der Ernährungswissenschaftler zur benötigten Fettmenge schwanken zwischen 20 und höchstens 30 Prozent. Beispielsweise können die Vitamine der A-Gruppe, die Vitamine D, E und K nur in Fett gelöst von der Darmwand aufgenommen werden. Ohne vorher Fett gegessen zu haben, würden diese Vitamine unseren Körper unverwertet wieder verlassen. Das würde die Blutgerinnungsfähigkeit, die Sehkraft, die Knochenstabilität und vieles andere gefährden.

Lipoide sind Stoffe, die zum Organfett gehören, also dem allgemeinen Zellaufbau dienen, und deren Menge nahezu gleich bleibt.

Unsere Fettzellen nehmen einen Teil der Nahrungsfette direkt in sich auf – allerdings nur einen Teil. Nicht jedes Gramm Fett, das wir essen, verwandelt sich automatisch in Fettpolster. Enzyme der Bauchspeicheldrüse, die sogenannten Lipasen, spalten die aufgenommenen Fette im Darm in Monoglyzeride, Glyzerin und Fettsäuren. Diese Spaltprodukte werden in der Darmwand zu körpereigenen Fetten, zu Triglyzeriden, umgebaut. Nur etwa 60 Prozent dieser körpereigenen Fette gelangen dann automatisch in die Fettdepots und bilden Fettpolster. Der Rest (immerhin fast die Hälfte) wird zur Energiegewinnung genutzt oder zur Bildung von Lipoiden.

Energie im Überschuß

Was unsere Fettzellen darüber hinaus anschwellen läßt, sind Energieüberschüsse. Solche Überschüsse können wiederum von zuviel Fett im Essen herrühren, da Fett ja auch Energielieferant ist. Sie gehen aber ganz wesentlich auch auf ein Übermaß an Kohlenhydraten, den klassischen Energiespendern, zurück.
Fazit: Zuviel Fett macht also wirklich dick, auch wenn es nicht das einzige Nahrungsmittel ist, das im Übermaß genossen, unser Gewicht anwachsen läßt.

Fettkalorien …

Wir nehmen alle wesentlich mehr Energie in Form von Fett auf, als wir denken. Nehmen wir nur z. B. die Angaben auf einem beliebigen Fruchtquark mit Erdbeergeschmack. Da heißt es dann beispielsweise, daß 100 Gramm dieses Produktes (bei einem Energiewert von 135 kcal) folgende Nährwerte enthalten:

- Eiweiß 5,3 Gramm
- Kohlenhydrate 15,8 Gramm
- Fett 5,6 Gramm

Die Summe ergibt – wenn man nachrechnet – nicht 100 Gramm. Die fehlende Menge zu 100 Gramm besteht nämlich aus Wasser.

… richtig berechnen

»Nun gut«, denkt man vielleicht, »5,6 Gramm Fett sind nicht allzuviel.« Das sind im Vergleich zu 100 Gramm Gesamtgewicht sogar

Grammangaben können über den eigentlichen Fettanteil täuschen.

nur 5,6 Prozent, also wesentlich weniger als die 20 bis 30 Prozent, die uns von den Ernährungswissenschaftlern empfohlen werden. Doch es läßt sich auch eine andere Rechnung aufmachen. Dazu muß man allerdings folgendes wissen:

- 1 Gramm Fett liefert etwa 9 kcal.
- 1 Gramm Kohlenhydrate liefert etwa 4 kcal.
- 1 Gramm Eiweiß liefert etwa 4 kcal.

Wenn man sich nun fragt, wie viele Kilokalorien in unserem Fruchtquarkbeispiel vom Fett stammen, muß man die Grammangaben mit neun multiplizieren:

- 5,6 mal 9 = 50,4

Das etwas andere Rechenergebnis lautet also: Dieser Quark enthält 50,4 kcal, die ausschließlich auf das Konto Fett gehen. Wenn man das in Prozent der Gesamtkalorienmenge (135 kcal), ausdrückt, ergibt sich:

- 50,4 geteilt durch 135 = 0,37 (= 37/100 bzw. 37 Prozent)

Fazit: Von allen Kilokalorien, die man mit jedem Löffel dieses Fruchtquarks zu sich nimmt, stammen also 37 Prozent (!) ausschließlich vom Fett.

Fruchtquark enthält mehr Fett, als man gemeinhin glaubt. Falls Sie ihn auch noch süßen, kann er leicht zur Kalorienbombe werden.

Nun soll Sie dieses Beispiel nicht davon abhalten, Fruchtquark zu essen. Er ist auf jeden Fall magerer als beispielsweise Bierschinken oder Camembert. Die Berechnung der Fettkalorien sollte nur verdeutlichen, daß wir uns mit den Grammangaben auf den meisten Verpackungen gewaltig täuschen, was den Anteil an Fettkalorien angeht. Zur Veranschaulichung soll hier noch ein weiteres Berechnungsbeispiel stehen. 100 Gramm Camembert (60 % i. Tr., 378 kcal) enthalten 34 Gramm Fett:

- 34 mal 9 = 306
- 306 geteilt durch 378 = 0,8 (= 80 Prozent)

Das Ergebnis: 80 Prozent der Kalorien dieses Camemberts sind Fettkalorien.

Das Fett aufspüren

Berechnen Sie die Kalorienmenge von Fett, und reduzieren Sie diese, wann immer es möglich ist.

Wenn man sich angewöhnt, die Fettangaben auf den Verpackungen wie oben beschrieben umzurechnen, dann kommt man einem Verursacher des Dickseins schnell auf die Spur. Alles was über 30 bis 40 Prozent liegt, sollte mit Vorsicht genossen werden. Eine amerikanische Diätexpertin empfiehlt in diesem Zusammenhang gar: »Werden Sie zum Fettdetektiv!«

300 DM Strafe

Vielleicht haben Sie sich schon einmal gefragt, ob man den Angaben der Lebensmittelhersteller auf den Verpackungen überhaupt trauen kann? Als Antwort gleich vorweg: vielleicht nicht immer, aber doch meistens. So wurde beispielsweise ein Fischwarenproduzent vom Oberlandesgericht Koblenz zu einer Geldstrafe von 300 DM verurteilt, weil seine Heringsfilets über 15 Prozent mehr Fett enthielten, als er angab. Lebensmittelproben hatten das zutage gebracht. Das Gericht war der Auffassung, daß eine derartige Abweichung ein Verstoß gegen das Lebensmittelgesetz darstellen würde. Wenn die Strafe auch vergleichsweise niedrig ausfiel, so zeigt das Urteil doch, daß die Hersteller bei uns einer strengen Kontrolle unterliegen.

Fettsäuren – gesättigt oder ungesättigt?

Ein chemischer Hauptbestandteil der Fette sind Fettsäuren. Die Fettsäuren bestehen aus Kohlenstoffatomketten, an denen unterschiedlich viele Wasserstoffatome angebunden sein können. Hat kein weiteres Wasserstoffatom mehr Platz, ist die Fettsäure (mit Wasserstoffatomen) »gesättigt«. »Einfach ungesättigt« oder »mehrfach ungesättigt« ist sie, wenn es für Wasserstoffatome noch freie Andockstellen gibt.

Gesättigte Fettsäuren kommen verstärkt in tierischen Fetten vor und sollten – unabhängig von Übergewichtsproblemen – schon aus rein gesundheitlichen Gründen nur in geringen Mengen verzehrt werden. Zu große Mengen davon erhöhen das Risiko für Herz- und Gefäßleiden, heben den Cholesterinspiegel und stehen auch im Verdacht, die Entstehung von Dickdarm-, Eierstock- und anderen Krebsleiden zu begünstigen. Einige Hauptlieferanten gesättigter Fettsäuren sind: fettes Fleisch, Wurst, Butter, Butter-, Schweine- oder Gänseschmalz, aber auch Kokos- und Palmöl sowie sogenannte gehärtete Fette.

Anders verhält es sich mit den ungesättigten Fettsäuren. Sie sind in erster Linie pflanzlichen Ursprungs und kommen vor allem in Leinsamen-, Soja-, Maiskeim-, Walnuß-, Oliven- oder Distelöl und Margarine, aber auch in Fischölen vor. Die ungesättigten Fettsäuren halten den Cholesterinspiegel niedrig, verringern das Risiko für Herz- und Gefäßkrankheiten und wirken auf den gesamten Stoffwechsel günstig.

Es wäre gesundheitlich optimal, wenn zwei Drittel unserer Fettaufnahme aus ungesättigten und nur ein Drittel aus gesättigten Fettsäuren bestehen würde, ein Verhältnis, wie man es etwa in der mediterranen Küche vorfindet.

Machen zu viele Kohlenhydrate dick?

Im Gegensatz zu Eiweiß, das in erster Linie zum Aufbau des Körpers nötig ist, und auch im Gegensatz zu Fett, das etwa zur Hälfte die gleiche Funktion erfüllt, dienen Kohlenhydrate fast ausschließlich als Energiespender. Als Baustoff haben sie für unseren Körper geringere Bedeutung. Ein Großteil unserer Wärme- und Bewegungsenergie sowie der Treibstoff für die Gehirntätigkeit stammt von Kohlenhydraten.

Kohlenhydrate sind gemeinhin als Zucker und Stärke bekannt und finden sich in Getreide, Gemüse, Obst, Milchprodukten, Vollkornbrot, Weißbrot, Brötchen, Haferflocken, Reis, Nudeln, Mais, Kartoffeln oder Kuchen, Schokolade, Speiseeis, Haushaltszucker etc.

Die empfohlene Mindestmenge von 100 Gramm Kohlenhydraten pro Tag oder die Verpackungsangaben der Lebensmittelhersteller beziehen sich nur auf die verdaulichen Kohlenhydrate und nicht auf die Ballaststoffe in den Lebensmitteln.

Die Kohlenhydrate stellen eine große Gruppe dar. Man unterteilt sie u. a. in:

- Einfachzucker (Monosaccharide) wie Glukose (Traubenzucker) und Fruktose (Fruchtzucker)
- Zweifachzucker (Disaccharide)
- Mehrfachzucker (Polysaccharide).

Zu den Zweifachzuckern zählt man den gewöhnlichen Haushaltszucker, der entsteht, wenn Traubenzucker- und Fruchtzuckermoleküle eine Verbindung eingehen – daher der Name. Einfachzucker sind insbesondere in Früchten und Honig enthalten; sie gehen fast direkt ins Blut über und werden schnell vom Körper aufgenommen.
Der wichtigste Mehrfachzucker ist die Getreidestärke aus dem vollen Korn. Im Körper werden alle Mehrfachzucker wieder in einfache Zucker wie Glukose und Fruktose aufgespalten. Nur in dieser Form können sie von den Darmzotten aufgenommen werden und ins Blut gelangen. Kohlenhydrate kommen bis auf den Milchzucker (Galaktose) nur in pflanzlicher Nahrung vor.
Mitteleuropäer nehmen etwa 200 bis 400 Gramm Kohlenhydrate pro Tag zu sich. Die empfohlene Mindestmenge liegt bei 100 Gramm. Das entspricht aber nicht dem Gewicht des Nahrungsmittels. Kohlenhydratreiche Kost wie Getreide enthält auch viele Ballaststoffe. Eine Reihe von Ballaststoffen (etwa Zellulose) bestehen chemisch gesehen auch aus Kohlenhydraten. Sie sind jedoch unverdaulich und spielen für unsere Energiegewinnung nur indirekt eine Rolle, indem sie Wasser binden und die Darmtätigkeit regulieren.

»Leere« Kohlenhydrate als Vitaminkiller

Abgesehen davon, daß wir unsere Energie hauptsächlich aus Kohlenhydraten gewinnen, sind viele Kohlenhydratträger wie Getreide, Kartoffeln oder Obst auch Vitamin- und Mineralstofflieferanten.
Diese Kohlenhydrate unterscheidet man von den sogenannten »leeren« (Fachausdruck: denaturierten) Kohlenhydraten. Letztere sind in (meist chemisch behandelten) Nahrungsmitteln enthalten, die kaum Ballaststoffe, Vitamine und andere Inhaltsstoffe aufweisen. Dies gilt in besonderem Maß für Auszugsmehle, Haushaltszucker, Sirup oder Melasse, aber auch für gesüßte Getränke wie Cola und Limonaden.

Wie bei allen Kohlenhydraten sind auch bei den »leeren« Kohlenhydraten Vitamine und vielerlei Zusatzstoffe nötig, um ihre Verdauung zu ermöglichen. Da die »leeren« Kohlenhydrate aber nichts dergleichen mit sich führen, müssen die nötigen Stoffe von anderen Lebensmitteln abgezogen werden. Die »leeren« Kohlenhydrate werden so zu regelrechten Vitaminkillern.

»Leere« Kohlenhydrate gibt es zuhauf in: Kuchen, Plätzchen, Pralinen, Gebäck, Schokolade, Marmelade und vielen anderen Süßigkeiten.

Achtung, Dickmacher!

Wer seinen nötigen Energiebedarf vorwiegend aus diesen Quellen speist, kurbelt seine Insulinproduktion an. Das Hormon Insulin macht zusätzlich Appetit und fördert die Fettbildung. Die »leeren« Kohlenhydrate sind also besondere Dickmacker und müssen reduziert werden, wenn man abnehmen will.

Kohlenhydrate sind lebensnotwendig

Für die übrigen Kohlenhydrate aus frischem Obst und Gemüse, Kartoffeln, Hülsenfrüchten und Vollkorngetreide gilt: Sie sind für unseren Energiehaushalt lebensnotwendig und enthalten viele Vitamine, Mineralien, Schutzsubstanzen und Ballaststoffe. Sie führen nur im Übermaß genossen zu mehr Gewicht. Unser Körper verwandelt lediglich die überschüssigen Kohlenhydrate in Fett und lagert es in den Fettzellen ein. Ansonsten werden die Kohlenhydrate gleich zu Energie verbrannt.

Achtung, keine Dickmacher!

Jahrelang galten Kohlenhydrate aus Nudeln oder Kartoffeln als Dickmacher erster Güte, von denen man unbedingt die Gabel lassen mußte. Dies ist mittlerweile überholt. Kartoffeln, Nudeln, Reis und Vollkornprodukte enthalten wenig Kalorien und sättigen aufgrund ihrer Ballaststoffe nachhaltig. Sie sind also die ideale Schlankheitskost. Von einer Portion (ca. 100 Gramm) enthalten: Nudeln ca. 360 kcal, Reis ca. 350 kcal, Kartoffeln nur ca. 90 kcal.

Fastenkuren und Diäten

Vom Wert des Fastens

Wenn man nur fastet, um schlanker zu werden, erreicht man oft nichts anderes, als daß man danach wieder verstärkt Fettpolster bildet und sein ursprüngliches Gewicht sogar noch überbietet.

Wenn wir fasten, also keine feste Nahrung zu uns nehmen, versorgt sich der Körper ein, zwei Tage lang aus Kohlenhydratreserven, die in der Leber und der Muskulatur gespeichert sind. Mit zunehmender Dauer werden dann die Fettzellen als wichtigste Energielieferanten herangezogen, was unsere Pfunde schmelzen läßt und pro Tag je nach Ausgangsgewicht und Geschlecht das Körpergewicht um bis zu 500 Gramm verringert.

Wer jedoch nur fastet, um abzunehmen, geht nicht den richtigen Weg. Fasten ist mehr. Es ist ein seelisch-geistiger Akt, eine tiefgreifende Reinigung von Körper und Seele, die aus weltanschaulicher Überzeugung oder aus medizinischer Notwendigkeit betrieben wird. Nur wenn das Fasten als Einstieg in eine grundsätzlich neue Ernährungs- und Lebensweise gesehen wird, also einen auslösenden Reiz in dieser Richtung darstellt, können der Gewichtsverlust und viele andere positive Wirkungen des Fastens (Regulierung der Blutzucker- und Blutfettwerte oder des Blutdrucks) auf Dauer stabilisiert werden.

Ramadan – Essen zwischen Sonnenuntergang und -aufgang. In manchen Kulturen gibt es regelmäßig Fastenzeiten, die der religiösen Besinnung und der körperlichen Entschlackung dienen.

Diäten setzen nicht bei den eigentlichen Ursachen an

Laut Statistik hat jede zweite Frau in Deutschland mindestens eine, zumeist aber schon mehrere der ca. 550 Schlankheitskuren hinter sich. Bei Männern gibt es zum Thema »Schlankheitskuren« keine genauen Zahlen. Doch der Erfolg vieler Diäten ist oft schon nach einigen Wochen oder Monaten wieder zunichte. Viele Übergewichtige können ein Lied davon singen: Für die Dauer der Diät konnte man den Appetit noch zügeln. Aber kaum sind die Diättage vorüber, an denen man sich mühsam drei bis fünf Kilogramm heruntergehungert hat, ißt man wieder wie zuvor und oft noch mehr als das. Denn in der Zeit der Entbehrung hat sich ein Nachholbedarf angestaut. Dem Körper fehlen – dies gilt insbesondere für einseitige Diäten – eine Reihe von Vitaminen, Mineralien und Spurenelementen, was zu verstärktem Appetit führt.

Dicker nach der Diät

In der Phase nach der Diät besteht die Gefahr, daß die wiedergewonnenen Pfunde sozusagen qualitativ schlechter sind – wenn man nämlich während einer Diät nicht nur Fett, sondern auch Muskeleiweiß verloren hat (was bei Bewegungsmangel leicht passiert). Der Körper bildet dann anstelle von Muskelmasse erst einmal Fettpolster. Fett kann nämlich leichter aufgebaut werden als Muskelmasse, die man sich gewissermaßen erarbeiten muß. Auf diese Weise ist es möglich, daß man nach mehreren Diäten genausoviel wiegt wie ehedem, aber von der Körpermasse her fetter und damit schwächer, lustloser und unter Umständen auch kränklicher geworden ist.

Auch das seelische Defizit, die Lust am Essen eine Zeitlang nicht befriedigt zu haben, kann nach einer strengen Diät regelrechten Heißhunger erzeugen. Die Folge: Man ißt zuviel und nimmt rasch wieder zu.

Stoffwechsel auf Sparflamme

Daß man nach einer Diät rasch wieder an Gewicht zulegt, ist aber nicht nur auf einen größeren Appetit nach der Enthaltsamkeit zurückzuführen. Während einer Diät oder gar Fastenkur arbeitet unser Stoffwechsel sozusagen auf Sparflamme. Der Körper gewöhnt sich nach einiger Zeit an die Minderversorgung und lebt verstärkt von seinen Reserven, was ja erst den Gewichtsverlust bewirkt. Wenn man dann zu schnell wieder zu normaler Ernährung übergeht, bekommt der Körper plötzlich ein Quantum an Nährstoffen, das er im Moment gar nicht benötigt. Es entstehen Überschüsse. Was zu Zeiten normaler

Ernährung ein vernünftiges Maß an Energiezufuhr darstellen mag, ist kurz nach einer Diät leicht zuviel. Die Energieüberschüsse werden dann sofort in Form von Fett in den Fettzellen gespeichert. Bis sich der Körper wieder auf eine normale Kost und damit auf eine dauerhaft höhere Energiezufuhr eingestellt hat, sind schnell ein paar Kilogramm Körperfett entstanden.

Gewichtsverlust durch Entwässerung

Nach der Diät kommt außerdem noch eine Gewichtszunahme von ein bis zwei Kilogramm hinzu, die auf das Konto des körpereigenen Wasserhaushalts geht. Viele Diäten oder auch Fastenkuren wirken in den Geweben stark entwässernd, was der Entgiftung und Entschlackung des Organismus durchaus förderlich ist. Doch der Gewichtsverlust, der damit einhergeht, ist nicht von Dauer, da sich die Wasserbindungsfähigkeit der Gewebe bei normaler Kost schnell wieder erhöht. Das gleiche gilt übrigens auch für die Darmfüllung, die je nach Ernährungslage das Körpergewicht um gut ein Kilogramm beeinflußt. Dies alles kann dazu führen, daß schon eine Woche nach einer strengen Diät die Waage das gleiche anzeigt wie eh und je. Was häufig bleibt, sind Gefühle des Versagens und der Enttäuschung, weil es auch diesmal nicht geklappt hat, obwohl man die Diät doch so tapfer durchgehalten hat.

Weniger essen – mehr bewegen

Eigentlich ist Abnehmen ganz einfach: weniger und anders essen und sich viel bewegen. Doch seelische Blockaden können uns daran hindern.

Das bisher Gesagte soll nicht den Eindruck erwecken, Diäten oder Fastenkuren seien sinnlos oder schlecht. Im Gegenteil. Beispielsweise bei einer Reihe von gesundheitlichen Problemen wie erhöhten Blutfett- oder Blutzuckerwerten, bei Herzbeschwerden, Verdauungsstörungen, Verschlackungserscheinungen etc. haben sie sich bestens bewährt. Doch speziell zum Abnehmen taugt im allgemeinen nur eine dauerhafte Ernährungsumstellung in Verbindung mit mehr körperlicher Aktivität. Und im Grunde weiß jede(r) Übergewichtige: Ich darf nicht soviel essen, und ich muß mich mehr bewegen. Warum diese einfache Einsicht für viele so schwer in die Praxis umzusetzen ist, hat tiefere Ursachen. Sie liegen im Unterbewußtsein des Menschen, von wo aus die meisten unserer Verhaltensweisen, unser Denken und Fühlen, gesteuert werden.

Checkliste: Ernährung bei Übergewicht

Übergewicht kann man dauerhaft nur mit einer Ernährungsumstellung erfolgreich angehen. Die Deutsche Gesellschaft für Ernährung empfiehlt bei Übergewicht folgende Regeln:

Möglichst zu meiden sind

- Fette Saucen, alle Arten von Schmalz, Mayonnaise
- Fettes Fleisch, fette Wurst und Pasteten (Schwein, Lamm, Ente, Gans)
- Alle Arten von Süßigkeiten (Kuchen, Pralinen, Schokolade, Bonbons, Eiscreme etc.)
- Fette Käsesorten
- Weißbrot, Torten, Kartoffelchips
- Limonaden, colahaltige Getränke
- Alkoholika (insbesondere Hochprozentiges wie Weinbrand, Whisky, Obstbranntwein).

In geringen Mengen sind erlaubt

- Speiseöl, Butter, Käse, Sahne
- Eier
- Weißbrot, Zucker.

Erlaubt sind

- Mageres Fleisch (Rind-, Kalbfleisch, Geflügel, Wild)
- Fische und Meeresfrüchte
- Gemüse (Spargel, Kohl, Blumenkohl, Endivien, Paprika, Sellerie, Bohnen, Soja, Radieschen, Rettich, Pilze)
- Salate
- Fettarme Milchprodukte (Joghurt, Buttermilch, Magermilch, fettarmer Käse)
- Obst und Früchte
- Vollkornprodukte (Vollkornbrot, Müslis, Frischkornbreie).

Tip

Wenn Sie Heißhunger auf Süßes überfällt, versuchen Sie es doch einmal mit einem Teelöffel Honig. Honig enthält neben Traubenzucker auch viele Vitamine, Enzyme und andere Stoffe, die dem Körper die Zuckeraufnahme erleichtern.

Bei starkem Übergewicht gibt es nur die Möglichkeit, seine Ernährung grundsätzlich zu ändern.

Sind die Gene schuld?

Die Genforscher sind zwar eifrig bei der Arbeit – aber auf die Schönheits-, Jugendlichkeits- und vermutlich auch auf die Schlankheitspille müssen wir noch etwas warten.

In jeder Körperzelle befinden sich 100 000 bis 200 000 Gene auf unseren Chromosomen. Diese Gene, die wiederum aus über drei Milliarden sogenannter Basenpaare bestehen, enthalten alle ererbten Informationen darüber, was die Zellen zu tun haben, wie unser Körper aufgebaut sein soll, wie die körperlichen Funktionen ablaufen, welche Begabungen wir haben, kurz: wie wir insgesamt veranlagt sind. Die moderne Genforschung hat sich zum Ziel gesetzt, alle einzelnen Gene des Menschen innerhalb der nächsten zehn Jahre zu katalogisieren und in einer großen »Genkarte« zu verzeichnen. Sollte dies gelingen und zudem bekannt sein, wozu jedes einzelne Gen nötig ist, welche Aufgabe es hat, dann kann man höchstwahrscheinlich auch genau sagen, inwieweit Fettleibigkeit und Übergewicht Veranlagungssache sind.

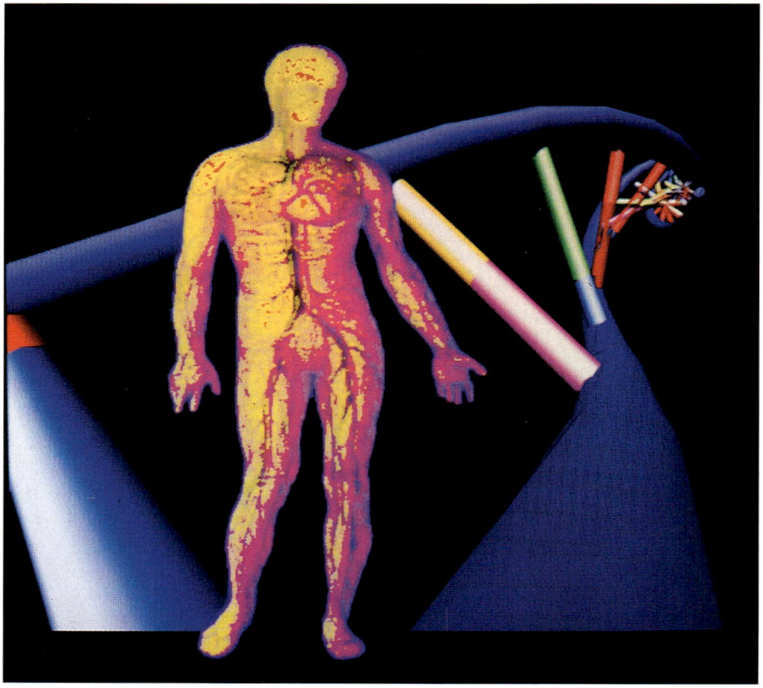

Die Doppelspirale der DNS – möglicherweise liegen hier Körpergewicht und Fettverwertung eines Menschen beschlossen.

Im Moment kann man sich der Frage der genetischen Veranlagung allenfalls annähern:

- Es ist offensichtlich, daß die Struktur des Körpers – eher breit und robust oder schmal und zierlich – vererbt ist.
- Auch der Appetit und das Fettansetzen könnte genetisch bedingt sein.

Übergewichtige Mäuse

Auf eine genetische Ursache von »Appetitstörungen« und Fettansatz lassen zumindest die jüngsten Versuche mit übergewichtigen Mäusen schließen. Professor Jeffrey Friedman (USA) entdeckte 1995 bei besonders gefräßigen Mäusen, die dreimal schwerer als ihre Artgenossen waren, ein defektes Gen. Dieses Gen ist für die Leptinproduktion im Körper verantwortlich. Leptin ist ein Hormon, das in den Fettzellen gebildet wird, was bei Mäusen und Menschen recht ähnlich verläuft. Essen wir wenig Fett, wird wenig Leptin produziert. Nehmen wir viel Fett auf, entsteht auch viel Leptin. Das Leptin wandert von den Fettzellen mit dem Blut zum Gehirn, genauer gesagt zum Hypothalamus, und meldet dort (frei nach Otto Walkes): »Hallo, hier Leptin! Genug Fett an Bord. Hunger einstellen!« Anders gesagt: Der Leptinausstoß der Fettzellen regelt unsere Hungergefühle. Nach dieser Entdeckung injizierte man den übergewichtigen Mäusen Leptin; darauf normalisierte sich bei ihnen sowohl das Freßverhalten als auch das Körpergewicht.

Wird es die Schlankheitspille geben?

Sollte sich dieses Ergebnis der Versuche mit Mäusen auf Menschen übertragen lassen, gäbe es zwei Möglichkeiten: Entweder man isoliert und repariert das defekte Gen, das für die Leptinproduktion zuständig ist, oder man verabreicht den Übergewichtigen direkt Leptin, damit die Hungergefühle einen natürlichen, schlankmachenden Verlauf einhalten. Diese beiden Möglichkeiten sind aber noch Zukunftsmusik. Vorerst müssen wir noch davon ausgehen, daß Übergewicht in erster Linie verhaltensbedingt ist. Ausgesprochen anlagebedingte Fettleibigkeit ist wohl eher die Ausnahme, und auch auf Drüsenerkrankungen zurückgehendes Übergewicht macht nur etwa ein Prozent der Fälle aus.

Die Eß- und Lebensgewohnheiten und die seelische Konstitution eines Menschen üben im Normalfall den stärksten Einfluß auf das Gewicht aus.

AN DIESER STELLE WURDE 1908
DIE 11 CM GROSSE, CA. 30.000 JAHRE ALTE
AUS KALKSTEIN GEBILDETE STATUETTE
„VENUS VON WILLENDORF" GEFUNDEN

WANDELBARE SCHLANKHEITS-IDEALE

Je nach Zeit und Kultur gab und gibt es unterschiedliche Vorstellungen darüber, was schön ist und welche Körperformen als schön empfunden werden. Die schlanke oder gar dünne Silhouette entspricht erst seit einigen Jahrzehnten dem vorherrschenden Schönheitsideal. Bei einem Streifzug durch die Geschichte unseres Kulturkreises wird man jedoch feststellen, daß vor allem die üppigere Frau das Rennen machte. Ausgeprägte weiblich-runde Formen waren jahrtausendelang en vogue. Dem müssen Frauen nicht nacheifern, doch das sollten sie wissen.

Frauenbilder im Lauf der Zeit

Schönheit in der Vergangenheit

Am Anfang war die dicke Frau: Hunderte von Venusstatuetten sind in Europa und in Ägypten mittlerweile ausgegraben worden.

Die ältesten uns überlieferten Schönheiten sind Frauenstatuetten aus Stein, Ton, Elfenbein oder Knochen, wie z.B. die »Venus von Willendorf« der jüngeren Altsteinzeit (30 000–10 000 v. Chr.). Diese Figürchen sind mit so extremen weiblichen Attributen (riesige Brüste und »schwangerer« Bauch) ausgestattet, daß Historiker meinen, es handle sich weniger um tatsächliche Körpernachbildungen als vielmehr um die Fruchtbarkeitssymbole von matriarchal (mutterrechtlich) organisierten Gesellschaftsformen. Ob »Porträt« oder nicht – es ist anzunehmen, daß in der Altsteinzeit dickere Frauen größere Überlebens- und damit Fortpflanzungschancen hatten als dünnere. Die Fettdepots an Bauch, Hüfte und Oberschenkeln dienten als Nahrungsspeicher und schützten vor Kälte.

Wohlgeformt – die klassische Griechin

Nach den Vorstellungen in der klassischen Periode des antiken Griechenlands (etwa 500–30 v. Chr.) mußte eine schöne Frau eine reifere Frau sein, die zwar nicht dick, aber dennoch kräftig war und sich durch weibliche Formen auszeichnete. Mit dieser Vorstellung wird auch gleichzeitg auf die Funktion verwiesen, die eine Frau innehatte: Sie war Mutter und Hüterin des Hauses.

Die Bauchverliebtheit der Renaissance

Die schöne Frau der frühen Renaissance (Anfang 15. Jahrhundert) war jung und sehr schlank, mit kleinen Brüsten und einem deutlichen Bauchansatz. Der kleine Bauch sollte wohl eine beginnende Schwangerschaft andeuten, die man damals stolz zur Schau trug. Den Frauentyp der Frührenaissance verkörpert das Bildnis »Geburt der Venus« von Sandro Botticelli (1445–1510). Nach der Diagnose des Arztes Carl Heinrich Stratz, die dieser Ende des 19. Jahrhunderts anhand des Gemäldes stellte, soll das Modell an Schwindsucht gelitten haben.

Rund im Barock

Die breiten Hüften wurden in der Barockzeit durch die ausladenden Röcke noch betont, die Arme mußten weich und kräftig sein.

Im 17. und zu Beginn des 18. Jahrhunderts wurden die Formen dann so richtig rund. Den »Drei Grazien« auf dem gleichnamigen Gemälde von Peter Paul Rubens (1577–1640) würde heute, an der Schwelle zum 21. Jahrhundert, jeder Arzt dringend eine Abmagerungskur anraten. Reichliches Essen und Trinken und andere Sinnenfreuden waren zur Zeit des Barock den privilegierten Ständen vorbehalten – daher galten Fülle und körperliche Größe als schön und erstrebenswert. Wer dick und groß war, wies sich als Angehöriger der Oberschicht aus. Perücken und Hochfrisuren ließen die Damen größer erscheinen. Frauen zwängten sich bereits in ein Korsett, um die beliebte »Wespentaille« zu formen. Das Augenmerk des Betrachters sollte auf eine, durch die schmale Leibesmitte besonders hervorgehobene, füllige Oberweite gelenkt werden. Frauen, die auf diese Weise immer noch nicht genug Busen hatten, halfen mit Watte- oder Wachsbrüsten nach.

Schädliches Korsett

Die Korsettmode wurde (mit Unterbrechungen) bis ins 19. Jahrhundert beibehalten. Viele Frauen schnürten sich dabei so stark, daß ihnen häufig die Luft wegblieb und sie in Ohnmacht fielen. Die zahlreichen Warnungen vor den gesundheitlichen Schäden (Verformung des Brustkorbs, Beeinträchtigung von Atmung und Blutkreislauf, Schädigung der Lungen und Stauchung innerer Organe) dieses »Panzers der Damen«, wie das Korsett 1893 von einer Illustrierten genannt wurde, verhallten ungehört. Sogar Todesfälle als Folge des zu heftigen Schnürens sind bekannt.

Natürlichkeit – das Ideal der Aufklärung

Am Ende des 18. Jahrhunderts begann die adlige Vormachtstellung zu bröckeln (1789: Französische Revolution). Die Industrialisierung war auf dem Vormarsch. Als Zeichen der Ablehnung der Adelsprivilegien und deren Modetorheiten kamen natürliche, wohlproportionierte Körperformen auf. Man verzichtete eine Weile auf das Korsett und trug statt dessen lockere Gewänder im antiken Stil.

Frauen werden romantisch-zart

Um die Wende zum 19. Jahrhundert fand eine Hinwendung zur freien Natur statt, man bekannte sich zu seinen Gefühlen und zur Phantasie. Frauen wurden in der Romantik stark idealisiert. Als Zeichen ihrer Anbetungswürdigkeit sollten sie zart und zerbrechlich wirken. Die weibliche Taille mußte schmal sein, sie wurde also wieder geschnürt, der Busen (als Sitz der Gefühle) galt als schönstes weibliches Attribut.

Schlanke Frauen galten damals als mager – und damit als unschön. Sie entstammten meist der Schicht der Fabrikarbeiter oder der Dienstboten, die bis zu 16 Stunden am Tag malochten, um überhaupt überleben zu können.

Weich und fraulich – die Viktorianische Ära

Zwischen 1850 und 1900, in der Viktorianischen Ära (benannt nach der englischen Königin Viktoria; Regierungszeit: 1837–1901), begann der Siegeszug der Technik – und auch der Fotografie. Die künstlerischen Aktfotos, die damals in Umlauf kamen, zeigen uns die Schönen der Zeit – mit weichen, fraulichen Formen. Die Leibesfülle der Wohlsituierten galt wieder einmal als äußeres Zeichen ihrer bevorzugten Stellung. Die Frauen besserer Schichten mußten nicht hart arbeiten. Sie konnten ihre Jugend damit zubringen, sich herauszuputzen und sich auf Bällen und Empfängen zu vergnügen – mit dem Ziel, eine gute Partie zu machen, um weiterhin optimal versorgt zu sein. Dieses Ideal von Üppigkeit wurde bis nach dem Ersten Weltkrieg beibehalten.

Schönheit – eine Frage des Wohlstands

Zusammenfassend kann man sagen, daß oft als schön und erstrebenswert galt, was sich die wenigen Privilegierten leisten konnten (nämlich viel und gut zu essen) und was für die vielen Ärmeren ein Wunschtraum blieb. Auch heute noch sind in Ländern, in denen Menschen hungern, in Indien oder manchen afrikanischen und lateinamerikanischen Staaten, die Dicken die angeseheneren, die »gewichtigeren« Menschen.

Anders ist es in den westlichen Industriestaaten. Hier gilt es als Zeichen einer bestimmten Schichtzugehörigkeit, wenn man sich unter dem Überangebot an Nahrung die beste und hochwertigste herauspicken kann. Und diejenigen gelten als Vorbild, denen es gelingt, trotz der reichlich zur Verfügung stehenden Nahrung schlank zu bleiben.

Schnelle Wechsel – das 20. Jahrhundert

Burschikos – die Goldenen Zwanziger

Nach dem Ersten Weltkrieg waren Frauen nicht mehr bereit, sich auf die drei K (Kinder, Küche, Kirche) zurückstufen zu lassen.

In den »Golden Twenties« dieses Jahrhunderts begann sich die Frau anders, nämlich schlanker, zu sehen: mit wenig Brust, flachem Bauch und schmalen Hüften. Ein Modejournal von 1923 verglich die angestrebte Silhouette gar mit der eines Lineals. Passend zur Frisur, dem Bubikopf, war auch eine knabenhafte Figur gefragt. Garçonne wurde dieser Frauentyp genannt (französisch: »garçon« = Junge).
Diese Wandlung entsprach der Frauenemanzipation, die einige Jahre zuvor einen großen Sprung nach vorn gemacht hatte, als die Männer im Krieg waren (Erster Weltkrieg: 1914–1918) und die Frauen sie in Beruf und Familie ersetzen mußten. Und nach diesen Erfahrungen wollten viele Frauen nicht mehr zurück an den Herd. Mitte der zwanziger Jahre stellten Frauen in Deutschland bereits 36 Prozent der Erwerbstätigen.

Hitlers Mütter

Mit dem Aufkommen des Nationalsozialismus erfolgte bald darauf der Umschwung – zurück zum mütterlichen Frauentyp. »Dem Führer ein Kind zu gebären« und die Fortpflanzung des »rassereinen Ariers« war nun das Gebot der Stunde. Werte wie Ehe, Familie und trautes Heim mit einer liebevollen, treusorgenden Mutter und dem Vater als alleinigem Ernährer der Familie wurden von Staats wegen gefördert. Die Emanzipation der Frau war erst einmal vom Tisch. Nach Meinung Adolf Hitlers war die Pflichterfüllung die vorrangige Aufgabe des Mannes, während »die Welt der Frau der Mann« sein sollte. In der Folge wurden die Studienplätze für Frauen an den Universitäten stark begrenzt. Berufstätige Frauen erhielten bei einer Heirat nur dann günstige Ehestandsdarlehen, wenn sie sich verpflichteten, künftig nicht mehr zu arbeiten.
Die äußeren Kennzeichen der neuen Weiblichkeit waren: eine schlanke und straffe, aber dennoch kräftige Figur mit größeren Brüsten und breiteren Hüften als Ausdruck von Gebärfreudigkeit. Schon bald jedoch, nach Ausbruch des Zweiten Weltkriegs, standen allerdings die inzwischen mutterkreuzdekorierten Frauen wieder an den Fließbändern der Rüstungsfabriken ihren Mann.

Jane Mansfield war das bewunderte Idol der fünfziger Jahre.

Bloß keine Hungerleider – die Zeit nach dem Krieg

Auch nach dem Zweiten Weltkrieg war der ideale sexy Frauentyp noch wohlgerundet. Das leuchtet ein, denn »Hungergestalten« waren in der Nachkriegszeit die Regel und taugten nicht so sehr als Ideal. Nach unseren heutigen Maßstäben sind die damaligen »Sexbomben« Marilyn Monroe, Sophia Loren, Jayne Mansfield oder Anita Ekberg viel zu ausladend. Doch sie waren Schönheitsidole, und die »normalen« Frauen der fünfziger und sechziger Jahre versuchten ihnen nachzueifern.

Wieder knabenhaft – die Siebziger

Als die »Visitenkarten« der Nachkriegsjahre, eingefallene Wangen und leere Bäuche, einer neuen Fülligkeit Platz machten, mußte, wer »in« sein wollte, dünn sein. Mit dem Fotomodell Twiggy – häufig als die »teuerste Bohnenstange der Welt« tituliert – wurde eine knabenhafte Kindfrau, oder böswilliger formuliert, eine chronisch Unterernährte, zum Laufstegstar und Idol der Jugend.

Mit derErfindung des Minirocks rückten lange, schlanke Beine in den Blickpunkt.

Das gegenwärtige Schönheitsideal

Das Thema »Abnehmen« ist seit 15 bis 20 Jahren Dauerbrenner in den Frauenzeitschriften.

Immerhin: 57 Prozent aller erwachsenen Frauen in Deutschland halten sich für übergewichtig. Und nur 22 Prozent betrachten sich gern nackt. Dem derzeitigen Körperideal entspricht die schlanke, idealgewichtige Frau (Körpergewicht: Körpergröße minus 100 minus 15 Prozent) mit guten, aber nicht zu ausladenden Körperformen. Und die meisten Frauen müssen einige Mühe aufwenden, dieses Ideal zu erreichen oder zu halten.

Dick, aber lustig?

Das momentan vorherrschende Schlankheitsideal hat sich nachteilig auf das Ansehen der Beleibteren ausgewirkt. Sie galten zwar schon in den vergangenen Jahrzehnten als etwas bequem, wurden aber dennoch als lustig, hilfsbereit und ausgeglichen geschätzt. Mit der zunehmenden Verschlankung der Körperformen begann der Stern der Dickeren zu sinken. Die Dünneren beurteilten sie zunehmend als unbeherrscht, unangepaßt, leistungs- und willensschwach. Und auch die Dicken selbst sehen sich immer negativer.

Dick und arm?

Umfragen zufolge geben Männer für gelegentliche (sexuelle) Kontakte fülligeren Frauen den Vorzug, zur Dauerpartnerin oder Ehefrau wählen sie jedoch »repräsentative« und damit schlanke Frauen.

Verallgemeinernd kann man sagen: In Deutschland und den anderen westlichen Industriestaaten gibt es um so weniger Übergewichtige, je höher das Bildungsniveau ist und umgekehrt. Viele Übergewichtige gehören der sozialen Unterschicht an. Natürlich gibt es genügend Ausnahmen – die allerdings die Regel bestätigen.

Die Ursachen hierfür sind vielfältig und nicht eindeutig auszumachen. Zum einen liegt es wohl daran, daß sich die sozial schwachen Gruppen billiger und damit auch schlechter ernähren – mit vielen tierischen Fetten und »leeren« Kohlenhydraten.

Bei den sozial bessergestellten Gruppen dagegen ist mehr Wissen über gesunde Ernährung und krankheitsvorbeugende Maßnahmen vorhanden. Vermutlich legt dieser Personenkreis auch mehr Wert auf eine gepflegte äußere Erscheinung und verhält sich dementsprechend. Mit steigendem Einkommen nehmen aber auch die Möglichkeiten zu, die Freizeit sinnvoll – vor allem körperbewußt – zu gestalten und auch seelische Probleme anders als durch Essen zu lösen.

Schlankheitswahn

Wie schon gesagt: Jede zweite Frau hat an ihrem Äußeren etwas auszusetzen. Dazu zählen auch jene Frauen, die sich immer und grundsätzlich für zu dick halten, egal wieviel sie wiegen. Kalorienzählen und Diäten gehören für sie zum Lebensinhalt, und wenn das nicht hilft, wird sogar auf Medikamente zurückgegriffen. Der Mißbrauch von Abführmitteln und Appetitzüglern ist deutlich angestiegen. Folgen dieses Schlankheitswahns zeigen sich bereits in den neuen »Frauenkrankheiten«: Magersucht und Bulimie (Eß-Brech-Sucht). Etwa jede fünfte Frau zwischen 15 und 35 Jahren soll bereits an Bulimie leiden. Und auch bei Männern nimmt diese Eßstörung zu. Die betroffenen Frauen müssen in einer Therapie erst wieder lernen, ihren Körper zu akzeptieren.

Dies gilt – in schwächerem Maße – auch für alle anderen unzufriedenen Frauen. An vorderster Stelle könnte die Einsicht stehen, daß es die ideale Figur nicht gibt – wie unser kleiner geschichtlicher Überblick hoffentlich gezeigt hat.

Jede Frau sollte für sich selbst entscheiden, in welcher Form sie sich gesund, fit und seelisch am stabilsten fühlt.

Der kritische Blick in den Kühlschrank: Das von den Medien propagierte Schlankheitsideal hat verstärkt zu Eßstörungen geführt

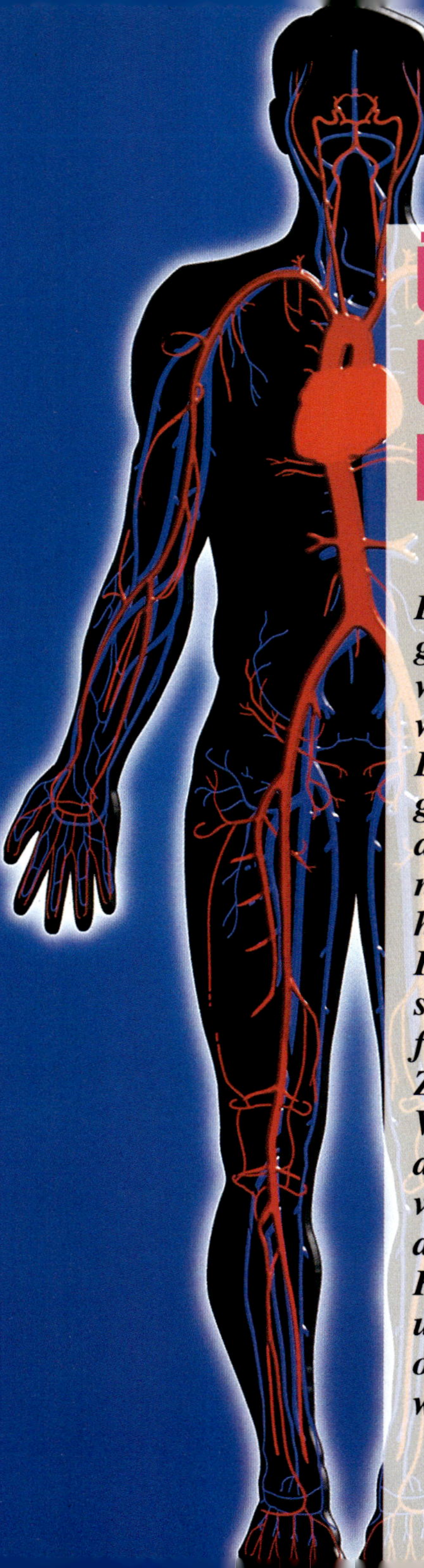

ÜBERGEWICHT UND KRANKHEITEN

***Der Kampf mit dem Übergewicht um der Schönheit willen, wie er so oft betrieben wird, ist eine Sache.
Ein anderer Aspekt ist der gesundheitliche. Übergewicht an sich macht eigentlich noch nicht krank, aber es ist häufig einer von mehreren Risikofaktoren, die zu einer schweren Erkrankung führen können. Solche Zivilisations- oder Wohlstandskrankheiten, die vom Übergewicht mitverursacht werden, sind vor allem Erkrankungen des Herz-Kreislauf-Systems und der Verdauungsorgane oder Stoffwechselstörungen wie Gicht oder Altersdiabetes.***

Ernährungsbedingte Leiden

Herz-Kreislauf-Erkrankungen

Nach Untersuchungen der »Harvard School of Public Health« (USA) steigt das Risiko einer Erkrankung der Herzkranzgefäße um 25 Prozent, wenn man 10 bis 15 Pfund über dem Normalgewicht wiegt; bei mehr als 18 Pfund erhöht sich dieses Risiko sogar um 60 Prozent. In den USA wird aus diesem Grund bereits eine Sondersteuer für sehr fetthaltige und die Gesundheit belastende Lebensmittel diskutiert.

Die Behandlung ernährungsbedingter Leiden kostet laut Bundesgesundheitsministerium in Deutschland jährlich über 107 Milliarden DM – das sind durchschnittlich gesehen mehr als 1300 DM pro Kopf.

Im Verein mit anderen Risikofaktoren

Übergewicht, ungesunde Ernährung, falsche Eßgewohnheiten, Nikotin, Bewegungsmangel und Dauerstreß sind die Hauptrisikofaktoren für Erkrankungen des Herz-Kreislauf-Systems. Bei entsprechender genetischer Veranlagung bewirkt insbesondere eine zu fettreiche bzw. zu cholesterinreiche Ernährung, daß sich Ablagerungen im Inneren der Blutgefäße bilden, dort verhärten und schließlich zu einer Verengung der Gefäße, zur sogenannten Gefäßverkalkung (Arteriosklerose) führen. Werden die Adern so eng, daß gar kein Blut mehr hindurchströmen kann, dann stirbt das umliegende Gewebe ab. Wenn Adern verstopfen, die Blut zum Herzen oder Gehirn führen, kommt es im schlimmsten Fall zu Herzinfarkt oder Schlaganfall. Eine Rolle spielt die zu fette Ernährung auch bei folgenden Störungen:

- Blut, das zuviel Fett enthält, neigt stärker zur Gerinnung. Das fördert die Entstehung von Blutgerinnseln (Thrombosen), die ebenfalls die Durchblutung beeinträchtigen bzw. blockieren.
- Bei einigen Menschen kann zuviel tierisches Eiweiß und Fett zu einer Verdickung der Gefäßinnenwände führen.
- Der Bluthochdruck (Hypertonie), der Herz und Gefäße belastet, steht mit dem Übergewicht in engem Zusammenhang.

Die Blutfetterhöhung kann durch Gewichtsreduzierung sowie durch eine Diät, bei der weitgehend auf tierische Fette verzichtet wird, gut behandelt werden.

Erkrankungen der Verdauungsorgane

Zu kalorien- und fettreiche Nahrung ist die Ursache für die bei Übergewichtigen häufig auftretende chronische Verstopfung. Statt zu Abführmitteln zu greifen, empfiehlt es sich, auf eine ballaststoffreiche Nahrung mit viel Frischkost und Vollkornprodukten umzustellen, um die Verdauung auf natürliche Weise wieder in Schwung zu bringen.
Besonders wenn die Hauptmahlzeit mit zu vielen und zu schweren Speisen immer am Abend eingenommen wird, bleibt die Nahrung über Nacht, wenn auch das Verdauungssystem ruht, zu lange im Darm liegen. Es bilden sich vermehrt Schlacken und Giftstoffe, die dann vom Darm ausgehend den Organismus schleichend vergiften können. In der Folge kann es verstärkt zu Kopfschmerzen, Hautunreinheiten, Blähungen, Entzündungen der Darmschleimhaut und im schlimmsten Fall sogar zu Darmkrebs kommen.
Auch Entzündungen der Gallenblase oder Gallensteine sind häufig auf eine Überbelastung der Leber oder der Gallenblase durch zu fettreiche Ernährung zurückzuführen. Patienten mit Gallensteinen sollten insbesondere auf geräuchertes Fleisch, Eigelb und stark gewürzte Speisen verzichten.

Übergewicht und Gicht

An Gicht erkranken vor allem übergewichtige Männer, die dafür eine erbliche Disposition aufweisen.

Wie Diabetes ist auch Gicht vorwiegend auf falsche Ernährung zurückzuführen. Bei Gicht ist die Ausscheidung von Harnsäure behindert; diese fällt vor allem als Stoffwechselprodukt bei der Verdauung von tierischen Nahrungsmitteln an. Wird die Harnsäure zu langsam abgebaut, so lagern sich die Harnsäurekristalle in der Haut, den Knorpeln, Gelenken und inneren Organen ab.
In den Gelenken entstehen Gichtknoten, die zu sehr schmerzhaften Gichtanfällen führen können. Infolge häufiger Gichtanfälle kommt es dann zur Verkrümmung der Gelenke, zu Gichtgeschwüren auf der Haut, zu Harnsäuresteinen in den Nieren oder zu schmerzhaften Darmkoliken. Durch eine Kost, bei der insbesondere tierische Produkte stark eingeschränkt werden, kann der Entstehung von Gicht entgegengewirkt werden.

Übergewicht und Diabetes

Diabetes oder Zuckerkrankheit ist erblich bedingt und zwingt Betroffene dazu, ihren Blutzuckerspiegel ständig zu kontrollieren bzw. ihn mit Insulinspritzen auf einem verträglichen Niveau zu halten. Der Diabetes vom Typ II, der Altersdiabetes, ist ebenfalls Veranlagungssache und kann ab dem 40. Lebensjahr auftreten. Doch nicht bei allen, die eine solche Veranlagung in sich tragen, kommt die Krankheit auch zum Ausbruch. Dazu muß eine zweite Voraussetzung erfüllt sein, nämlich Übergewicht aufgrund jahrelanger Fehlernährung.

Zuviel Glukose – zuwenig Insulin

Unsere wichtigsten Energielieferanten sind Kohlenhydrate (Zucker, Stärke), die wir mit der Nahrung aufnehmen. In Form von Glukose (Traubenzucker) gelangen sie nach dem Verdauungsprozeß ins Blut. Das Insulin, ein Hormon der Bauchspeicheldrüse, sorgt dann dafür, daß die Glukose in unsere Körperzellen gelangt. Das liefert den Zellen Energie und senkt den Glukosegehalt im Blut (den »Blutzuckerspiegel«). Wenn nun ständig zu viele Kohlenhydrate gegessen werden, wird auch dauernd zuviel Insulin produziert. Die Oberflächen der Körperzellen sind dann dem übermäßigen Insulinansturm nicht mehr gewachsen und stumpfen ab; die Glukose verbleibt zunehmend im Blut. Dies veranlaßt die Bauchspeicheldrüse dazu, noch mehr Insulin zu bilden – bis zu dem Punkt, an dem bei erblich vorbelasteten Menschen die Insulinproduktion zusammenbricht und der Altersdiabetes entsteht. In ernsteren Fällen müssen fortan ständig Insulinspritzen verabreicht werden. Im Anfangsstadium genügt jedoch in aller Regel eine zuckerarme Kost und eine allgemeine Gewichtsreduzierung, um das Problem in den Griff zu bekommen.

Die Spätfolgen einer Zuckerkrankheit reichen von Nierenversagen, Impotenz, geschwürartigen, schwarzen Druckstellen an den Füßen (Diabetikerfüße) bis hin zum Erblinden.

Ernährungsbedingte Gesundheitsstörungen in Deutschland

- Karies (96 bis 100 Prozent)
- Übergewicht (30 bis 40 Prozent)
- Rheuma (30 Prozent)
- Verstopfung (30 Prozent)
- Bluthochdruck (10 bis 20 Prozent)
- Gallensteine (10 Prozent)
- Gicht (5 bis 10 Prozent)
- Diabetes (3 bis 5 Prozent)

KUMMERSPECK UND HUNGER NACH LIEBE

Erinnern Sie sich noch? Mußten Sie als Kind auch immer den Teller leeressen? Bekamen Sie als Belohnung für gute Schulnoten Süßigkeiten? Unsere (falschen) Eßgewohnheiten wurzeln oft schon in der Kindheit; später kommen noch andere Verhaltensprobleme hinzu. Im Folgenden erhalten Sie einen allgemeinen Überblick über mögliche Gründe für Ihr Dicksein. Denn zuerst müssen Sie nach den Ursachen für das Vielessen forschen, nach Gründen, die oft sehr tief im Unterbewußtsein verborgen liegen.

Unterbewußte Prägungen

Das Vorbild der Eltern wirkt nach

Die tieferen Ursachen für das Übergewicht liegen fast immer im Unterbewußtsein verborgen. Dort wurden unsere Verhaltensweisen meist schon in der frühen Kindheit fest verankert. Das gilt vor allem für unsere Ernährungsgewohnheiten. Viele Menschen sind schon als Kinder durch eine falsche Eßerziehung regelrecht zu Vielessern geworden.

Vor allem am Beispiel der Eltern haben wir in der Kindheit auch gelernt, wie man ganz allgemein mit seinem Körper umgeht. In dieser Zeit hat sich im Unterbewußtsein festgesetzt, ob man eher zu einer trägen oder aktiven Lebensweise neigt. Wenn einem die Eltern schon früh den Spaß an Sport und Bewegung vermitteln und vor allem zeigen konnten, daß man für seinen körperlichen Zustand und seine Fitneß selbst verantwortlich ist, führt man als Erwachsener auch eher ein sportlich aktives, ein schlankmachendes Leben.

Es kann allerdings auch anders sein: Wenn man aufgrund von Trotzreaktionen gerade nicht so sein wollte wie die Eltern, dann kann das an sich gute Vorbild der Eltern die gegenteilige Wirkung entfaltet haben. Trotz aktiver Eltern führt man dann ein träges Leben. Es gibt viele verschiedene Möglichkeiten, wie solche kindlichen Prägungen aussehen können. Sie sind von Mensch zu Mensch verschieden.

Wie auch immer die unterbewußten Prägungen aus der Kindheit aussehen mögen, sie bleiben, wenn man nicht bewußt dagegen angeht, in der Regel für das ganze Leben bestimmend.

Wenn die Seele hungert

Viele Übergewichtige essen auch infolge unverarbeiteter Erlebnisse zuviel. Sie verdrängen oder kompensieren etwas, um einen bestimmten emotionalen Hunger zu stillen. Viele Menschen mit Gewichtsproblemen essen, wenn sie unglücklich sind, sich unwohl fühlen, sie essen aus Angst, Enttäuschung, Ärger, Langeweile oder um etwas Unangenehmes besser ertragen zu können. Sie fressen sozusagen ihren Frust in sich hinein.

So wie manche ihre Sorgen im Alkohol ertränken oder ihre Ängste mit Drogen, Tabletten oder auch durch zuviel Arbeit (workaholic) betäuben, so versuchen Übergewichtige ihre Probleme und negativen Gefühle durch Vielessen zu besänftigen.

Solche Verhaltensmuster haben in erster Linie unterbewußte Ursachen und werden nicht von unserem Willen bzw. unseren bewußten, rationalen Entscheidungen gesteuert. Oft vollziehen sie sich völlig automatisch, und wir stehen quasi neben uns und fragen: »Wie konnte ich bloß wieder soviel essen?«

Man muß tief im Innersten, im Unterbewußtsein, ansetzen, wenn man wirklich dauerhaft abnehmen will, denn dort liegen die eigentlichen Ursachen von Gewichtsproblemen.

Ein negatives Selbstbild

Ein anderer Aspekt ist, daß sich übergewichtige Menschen vor ihrem geistigen Auge immer als dick sehen. Wie mit einer Autosuggestionsformel beeinflussen sie ihr Unterbewußtsein ständig mit der Vorstellung: Ich bin zu dick. Ob das nun stimmt oder nicht – das Unterbewußtsein speichert diese Information und dirigiert mit der Zeit das Verhalten unweigerlich in diese Richtung. Das Äußere eines Menschen formt sich dann praktisch nach dem Bild, das er im Geist von sich hat.

Tiefenpsychologische Aspekte

Einer der ersten Mediziner, der die Bedeutung des Unterbewußtseins erkannte, war Sigmund Freud (1856 – 1939). Er analysierte die Träume seelisch Erkrankter und entdeckte im Verlauf jahrelanger Studien, daß das bewußte Erleben und Handeln eines Menschen zum Großteil von Kräften gesteuert wird, die ihm nicht bewußt sind. In unseren Träumen manifestieren sich die unterbewußten Regungen allerdings und können im Rahmen einer genauen Analyse der Symbole und Bilder, die wir im Traum hervorbringen, auch verstanden werden.

Geschlechts- und Todestrieb

Freud gewann als erster grundlegende Einsichten in die Triebstruktur des Menschen. Als Haupttriebfeder erschien Freud der Sexualtrieb, dessen Unterdrückung durch gesellschaftliche Normen und Tabus zu psychischen Störungen führt. Den Gegenspieler dieses aktiven emotionalen Geschlechtstriebs sah Freud in einer Art dumpfen Todestriebs. Beide Kräfte wirken aus dem Unterbewußtsein heraus und bestimmen einen Großteil unseres Verhaltens, ohne daß wir dies eigentlich wahrnehmen.

Das Eigenleben von Verdrängungen

Das Unterbewußtsein ist nicht nur die Quelle für instinktartige Triebe, sondern auch eine Art seelischer Mülleimer für all das, was wir verdrängen. Wenn unsere Triebe nach Erfüllung drängen, können wir ihnen aufgrund gesellschaftlicher Normen bzw. unserer Erziehung oft nicht nachgeben. Ohne uns dessen bewußt zu sein, verdrängen wir diese Bedürfnisse dann. Wir bauen gewissermaßen einen inneren Schutzwall um sie auf. Die Verdrängungen nisten sich allerdings im Unterbewußtsein ein und beginnen dann, eine Art Eigenleben zu führen. Wie unverdaute Speisereste im Darm können sie anfangen zu gären und giftig zu werden. Als zwanghafte, neurotische Verhaltensweisen – wie z.B. ständiges Essen, Nägelkauen, krankhafte Eifersucht – machen sie sich schließlich wieder bemerkbar.

Im schlimmsten Fall können Verdrängungen zu psychosomatischen Erkrankungen oder gar zu Psychosen führen.

Dem kollektiven Unbewußten auf der Spur

Die psychologische Forschung, die auf Freuds Anstoß hin einsetzte, erweiterte die Kenntnisse in bezug auf das Unterbewußtsein um viele Dimensionen. C.G. Jung (1875–1961) entdeckte, daß im Unterbewußtsein noch eine tiefere Schicht existiert. Er nannte sie das kollektive Unbewußte. Dieses ist überindividuell ererbt und allgemein menschlicher Natur (kollektiv); es steuert religiöse Gefühle oder mythische Kräfte, die in Märchen, Schöpfungsmythen oder Riten aufscheinen – Energien, die mit dem Sexual- oder Todestrieb allein nicht erklärbar sind.

Verdrängung ist nicht Unterdrückung

Aus Sicht der Psychologen ist die Verdrängung deutlich von der Unterdrückung zu unterscheiden – ein Unterschied, der in der Alltagssprache oft nicht gemacht wird.

- Unterdrückung liegt vor, wenn wir ein Bedürfnis bewußt wahrnehmen und bei klarem Verstand entscheiden, es nicht auszuleben.
- Verdrängungen – hierzu gehören beispielsweise unterbewußte inzestuöse Bedürfnisse – sind dagegen immer unbewußt, kommen also ohne unser bewußtes Zutun zustande.

Gegen Unterdrückungen und Verdrängungen angehen

Nur mit einigem Bemühen und vor allem mit schonungsloser Ehrlichkeit gegenüber sich selbst kann man echten Verdrängungen auf die Spur kommen. Dabei wird in den meisten Fällen die Hilfe eines Psychotherapeuten oder eines Psychologen unabdingbar sein. Im Rahmen einer genauen Analyse, die unter Umständen Jahre in Anspruch nehmen kann, können die Verdrängungen dann aufgedeckt werden.

Unterbewußt ist vieles; es muß sich nicht gleich um eine Verdrängung handeln. Oft reicht es, sich bestimmte Dinge wieder bewußt zu machen, um sie verändern zu können.

Doch in solche seelischen Tiefen des Unterbewußtseins muß man normalerweise nicht hinabtauchen, wenn man nur sein Körpergewicht verringern will. Da genügen einige Grundkenntnisse über unser unterbewußtes Verhalten. In diesem Zusammenhang darf man nicht vergessen, daß die psychischen Geschehnisse von Mensch zu Mensch so verschieden sein können wie die Gesichter oder die Lebenswege. Pauschale Erklärungen von unserem Seelengeschehen können immer nur die Funktion von Wegweisern haben. Und glücklicherweise sind bei den meisten Menschen die Ursachen der Übergewichtigkeit nicht unbedingt in seelischen Abgründen zu suchen. Sie können häufig mit einfacheren Wirkungsmechanismen unseres unterbewußten Verhaltens erklärt werden.

Angelerntes Verhalten

Verhaltensweisen, die wir gelernt und verinnerlicht haben, entziehen sich in der Regel ebenfalls unserer bewußten Kontrolle. Sie laufen automatisch ab, ohne daß wir sie bewußt steuern müßten. Ein einleuchtendes Beispiel dafür ist das Autofahren. Alle dazu nötigen Handlungen sind uns so sehr in Fleisch und Blut übergegangen, daß wir nicht mehr überlegen müssen, ob wir nun kuppeln, schalten, blinken oder sonst etwas tun sollen. Es geschieht wie von selbst. Die Handlungsabläufe sind durch ständige Übung so fest in unserem Unterbewußtsein verankert, daß sie quasi automatisch vollzogen werden. Und dies gilt für vieles, was wir tagtäglich tun. Es wurde uns in der Kindheit oder im Verlauf unseres Lebens beigebracht bzw. von uns selbst erlernt und läuft dann völlig selbsttätig – eben unterbewußt – ab. Gerade unsere Ernährung, was, wie und wieviel wir essen, kann solchen Mechanismen folgen. Auch unser Verhältnis zu Sport und Bewegung ist häufig angelernt und unserer bewußten Kontrolle entzogen. Viele, die sich so das Vielessen oder chronischen Bewegungsmangel anerzogen haben, wissen oft gar nicht, warum sie nun schon wieder so viel gegessen haben oder so träge waren, daß sie sich zu keiner körperlichen Aktivität mehr aufraffen konnten. Es geschah wie von selbst.

Selbstbefragung hilft

Da hilft dann nur eins: Sich befragen, ob es sich wirklich um ein angelerntes Verhalten handelt, und wenn ja, sich ein neues, besseres Verhalten angewöhnen. Das Unterbewußtsein läßt sich mit der Zeit umpolen und wird das neue, schlankmachende Verhalten genauso in sein Programm aufnehmen wie vormals das dickmachende (genaueres im Kapitel »Der Weg zum Schlanksein«, Seite 70ff.).

Unverarbeitete Erlebnisse

Umgangssprachlich spricht man bei der Verarbeitung von Erlebnissen gern vom »Verdauen« – ein Bild für den unterbewußt ablaufenden Vorgang.

Alles, was uns im Leben widerfährt, jedes gute und jedes schlechte Ereignis, muß innerlich verarbeitet werden. Unser Unterbewußtsein scheint das Bedürfnis zu haben, alles einzuordnen und damit handhabbar zu machen. Gelingt die Einordnung, dann stellt sich eine gewisse seelische Zufriedenheit ein. Gelingt sie nicht, dann entstehen seelische Konflikte. In der Psychologie nennt man dies eine mißglückte Assimilation.

Erlebnisverarbeitung ist immer ein unterbewußter Vorgang. Bewußte, rein gedankliche Auseinandersetzungen mit den Erlebnissen haben eher untergeordnete Bedeutung und führen kaum dazu, daß das Erlebte auch erfolgreich assimiliert wird. Wenn man beispielsweise eine hohe Meinung von sich hat und dann wegen eines geringfügigen Fehlverhaltens brüsk zurechtgewiesen wird, mag man sich denken, was man will – die Zurechtweisung widerspricht dem Bild, das man im Unterbewußtsein von sich hat. Sie kann nicht richtig eingeordnet werden, auch nicht, wenn man beschwichtigend denkt: »Das hat der oder die nur aus schlechter Laune heraus gesagt« oder »Den Fehler habe ich ja nur gemacht, weil ich heute in schlechter Form war«.

Unverarbeitete Erlebnisse können aus dem Unterbewußtsein heraus die unterschiedlichsten negativen Folgen heraufbeschwören, wobei sie fast alle geeignet sind, auch das Eßverhalten und das Verhältnis zur Körperertüchtigung negativ zu beeinflussen.

Daß die unterbewußte Verarbeitung eines Erlebnisses mißglückt ist, kann sich z. B. in schlechten Träumen äußern – Träumen, in denen man nicht erreichen kann, was man will, in denen einem der Zug direkt vor der Nase wegfährt etc. Problematisch wird es, wenn sich Erlebnisse häufen, die man nicht so recht »verdauen« kann, oder wenn eine Erfahrung so schmerzhaft war, daß sie sich einfach nicht so schnell verarbeiten läßt. Dann reagiert unser Unterbewußtsein nicht selten mit totaler Resignation. Unser gesamtes emotionales Gefüge kann dadurch aus den Fugen geraten. Wir flüchten uns dann in Krankheiten oder in eine Art Verwahrlosung, die nicht selten mit maßlosem Essen und einer Vernachlässigung der körperlichen, sportlichen Aktivitäten einhergeht. Die häufigsten Folgen der mißglückten Assimilation sind:

Zwangshandlungen: Hierbei schlägt das Unterbewußtsein mit zwanghaften Verhaltensweisen zurück. Das kann ein übertriebener Ordnungssinn (alle Bleistifte in einer Reihe), Waschzwang (30mal Händewaschen am Tag), Putzzwang oder auch der ständige Griff zu Süßigkeiten bzw. der ritualisierte Gang zum Kühlschrank sein.

Hysterische Anwandlungen: Dabei handelt es sich um übersteigerte Reaktionen wie Wutausbrüche, Weinkrämpfe, Freßanfälle u. ä.

Ängste und Phobien: Hierunter sind Ängste zu verstehen, die einer »vernünftigen« Grundlage entbehren wie: Platzangst, Bindungsangst, Angst vor Mäusen, Spinnen, Würmern etc. Viele Menschen essen übermäßig viel, um ihre Ängste zu kompensieren.

Manisch-depressive Zustände: »Himmelhoch jauchzend und zu Tode betrübt« – dies ist oft die Folge unverarbeiteter Erlebnisse. In Verbindung mit manisch-depressiven Zuständen können auch Eßstörungen auftreten.

Perversionen: Sadistische, masochistische und andere Störungen im Sexualleben gehen häufig auf solche Erlebnisse zurück. Das Vielessen kann masochistisch sein, wenn man sich dadurch z. B. der Qual aussetzt, von niemandem mehr attraktiv gefunden zu werden.

Regression – der Rückzug ins Vertraute

Mit regressivem Verhalten kann man Versagensängste abfedern.

In der Psychologie bedeutet Regression Rückbildung, Rückschritt (im Gegensatz zu Fortschritt). Wenn man einer neuen Lebenssituation nicht gewachsen ist, reagiert man unter Umständen mit einer Regression, d. h. man legt ein Verhalten an den Tag, mit dem man früher einmal gut zurechtgekommen ist. Damit stimmt man sich innerlich auf vertraute Umstände ein, was die aktuellen Schwierigkeiten zumindest für kurze Zeit vergessen läßt. So kann z. B. ein Kind in der Grundschule, das keinen Anschluß findet oder überfordert ist, plötzlich wieder mit Daumenlutschen anfangen. Dieses Verhalten aus seiner frühen Kindheit, als es noch keine Probleme hatte, schafft Beruhigung und tröstet das Kind darüber hinweg, den neuen Aufgaben nicht gerecht zu werden.

Lollys, Eis, Pralinen ...

In fortgeschrittenem Alter nimmt das »Lutschen von Süßigkeiten« gern den Platz des Daumenlutschens ein. Auch das ist, wie das Essen überhaupt, eine Tätigkeit, die uns zutiefst vertraut ist und die uns stets ein gewisses Maß an Zufriedenheit beschert.

Häufig kann man beobachten, daß beispielsweise im Beruf überforderte Menschen Pralinen oder Knabbereien in der Schreibtischschublade bereithalten. In Streßsituationen wird dann reichlich davon Gebrauch gemacht.

Auch das gesteigerte Bedürfnis, so oft wie möglich festlich und reichlich zu essen, kann ein regressives Verhalten sein, da es eine emotionale Einstimmung auf vertraute und angenehme Zustände aus der Vergangenheit darstellen kann.

Eine einfache Übung

Interessant ist, daß man solche regressiven Verhaltensweisen oft allein dadurch beseitigen kann, daß man sich ihrer bewußt wird.

- Befragen Sie sich, ob es berufliche oder private Überforderungen sind, die Sie zur Naschkatze haben werden lassen.
- Fragen Sie sich auch, ob das Vielessen Ausdruck des Wunsches sein kann, etwas Vertrautes zu tun, etwas, was Sie nicht überfordert.

Sollten Sie sich dieser Tatsache bewußt sein und trotzdem das ständige Essen nicht lassen können, greifen Sie doch lieber zu Äpfeln, Karotten, zuckerfreiem Kaugummi oder dergleichen anstatt zu Süßigkeiten oder üppigeren Zwischenmahlzeiten. Das hat aus psychologischer Sicht den gleichen – regressiven – Effekt, ist aber viel gesünder und macht nicht dick.

Lutschen und Saugen gehören zu unseren frühesten angenehmen Erfahrungen. Später greifen wir zum Trost gern darauf zurück.

Kompensation und Ersatzbefriedigung

Wie die Regression ist auch die Kompensation ein häufig zu beobachtendes unterbewußtes Verhalten. Der Arzt und Psychologe Alfred Adler (1870–1937), ein früherer Schüler Sigmund Freuds und später Begründer der sogenannten Individualpsychologie, hat sich um das Verständnis von Kompensationen (lateinisch: »compensare« = ausgleichen) besonders verdient gemacht.
Wer etwas kompensiert, versucht, einen Ausgleich für eine eigene Unzulänglichkeit zu schaffen, wobei es keine Rolle spielt, ob diese Unzulänglichkeit tatsächlich vorhanden oder quasi nur eingebildeter Natur ist. Eine schüchterne Frau beispielsweise kann versuchen, ihre übertriebene Scheu dadurch zu kompensieren, daß sie sich ein stärkeres Selbstbewußtsein zulegt. Dabei ist die Grenze zur sogenannten Überkompensation natürlich schnell überschritten. Die Schüchterne wird dann ein übersteigertes Selbst- oder Geltungsbewußtsein an den Tag legen, um ihre Unsicherheit zu überspielen.

Menschen, die überkompensieren, erkennt man oft daran, daß sie auf vergleichsweise harmlose Beeinträchtigungen mit unangebrachter Härte und Ichbezogenheit reagieren, was den tatsächlichen Umständen in keiner Weise angemessen ist.

Indirekte Kompensation als Ersatzbefriedigung

Von dem oben beschriebenen Fall einer direkten Kompensation unterscheidet man die indirekte. Dabei versucht man den Ausgleich eines Mangels sozusagen in einer anderen Kategorie zu gewinnen:

- Bleibt beispielsweise der Geltungstrieb unbefriedigt, kann an seine Stelle ein verstärktes Bedürfnis nach Besitz treten.
- Kann der Sexualtrieb nicht befriedigt werden, tritt an seine Stelle der Nahrungstrieb usw.

Da jede Triebbefriedigung eine gewisse Lust verschafft, eignet sich der Nahrungstrieb fast bei jeder Form von unzulänglicher Triebbefriedigung als Ersatz. Denn das Essen verschafft ja immer auch einen gewissen Lustgewinn. Gemeinhin nennt man solche Fälle indirekter Kompensation schlicht Ersatzbefriedigung oder Ersatzhandlung.
Bei Ersatzbefriedigungen kann es natürlich auch zu Überreaktionen kommen. Wenn z. B. der ursprüngliche Trieb (etwa das Streben nach Macht) überhaupt nicht befriedigt wird, kann der Nahrungstrieb übermäßig stark werden, was dann zu regelmäßigen Völlereien und ständigem Naschen führt.

Ersatzhandlungen vermeiden

Wenn Sie zuviel essen, fragen Sie sich doch einmal, ob Sie damit einen Mangel bzw. eine Unfähigkeit kompensieren. Vielleicht ist Ihr Sexualtrieb, Ihr Geltungstrieb oder sonst ein Triebbedürfnis blockiert. Sollte das der Fall sein, wäre es besser, daran zu arbeiten, Ihre eigentlichen Wünsche zu erfüllen, anstatt ständig nach Ersatzbefriedigungen zu greifen.

Warum Sie die ursprüngliche Triebbefriedigung nicht erlangen, kann die unterschiedlichsten Gründe haben. Oft handelt es sich dabei um psychologische Barrieren, die auf Verdrängung oder unverarbeitete Erlebnisse zurückgehen. Sie zu erforschen ist nicht einfach und häufig ohne therapeutische Hilfe auch schlecht möglich.

Selbstbefragung bringt Klarheit

Es ist schon viel gewonnen, wenn man sich überhaupt darüber im klaren ist, daß man mit dem ständigen bzw. zu vielen Essen etwas kompensieren will. Überlegen Sie sich, um was es sich dabei handeln könnte. Und denken Sie dabei nicht nur an den Sexualtrieb, sondern an alle möglichen Triebbedürfnisse wie Geltungstrieb, Machtstreben, Kinderwunsch, Sicherheitsbedürfnisse u.a.m.

Funktionieren wie ein Computer

Worte und Gedanken wirken sich auf die Psyche aus; und die Psyche reagiert. Der Volksmund nennt diesen Vorgang »sich etwas einreden«.

Unser Unterbewußtsein arbeitet in vielerlei Hinsicht fast wie ein Computer. Es speichert alles, was es zu hören oder zu fühlen bekommt, ohne es zu überprüfen. Angenommen, eine gutaussehende Frau steht vor dem Spiegel und sagt: »Mein Gott, wie ich wieder aussehe, schrecklich!« – dann übernimmt das Unterbewußtsein diese Information, auch wenn sie offensichtlich falsch ist. Sollte sich die Fehlinformation durch ständige, wochen- oder monatelange Wiederholung tief in das Unterbewußtsein eingraben, entsteht dort ein Komplex, der zunehmend das gesamte Verhalten beeinflußt. Die Betroffene wird sich immer mehr wie eine »schrecklich aussehende Person« fühlen.

So wie wir uns fühlen, verhalten wir uns auch. Um bei unserem Beispiel zu bleiben: Mit der Zeit kann sich unsere gutaussehende Frau tatsächlich so weit selbst beeinflussen, daß sich ihr Aussehen verschlechtert. Vom Unterbewußtsein her werden ihr dann ständig Verhaltensweisen diktiert, die denen eines schlecht aussehenden Menschen entsprechen, etwa unpassende Kleidung kaufen, geschmackloses Make-up wählen oder den Körper allgemein vernachlässigen.

Autosuggestion, die positive Selbstbeeinflussung

Das Unterbewußtsein ist sowohl negativ als auch positiv beeinflußbar. Hierin liegt unsere Chance, Verhaltensweisen zu ändern.

Es ist vor allem das Verdienst von Émile Coué (1857–1926), diese (an sich dumme) Arbeitsweise des Unterbewußtseins erkannt und nutzbar gemacht zu haben. Auf ihn geht die Methode der Autosuggestion, der Selbstbeeinflussung, zurück.
Zur Verbesserung des allgemeinen Befindens empfahl er als Grundformel den Satz:

- Es geht mir von Tag zu Tag in jeder Hinsicht immer besser und besser!

Diese Formel soll man in Gedanken zehnmal vor dem Einschlafen und zehnmal gleich nach dem Aufwachen innerlich wiederholen, zusätzlich immer dann, wenn man sich unwohl fühlt oder krank ist. Das Unterbewußtsein wird den Inhalt des Satzes mit der Zeit aufnehmen, in sein Programm einspeichern und das Verhalten schließlich so beeinflussen, daß es einem auch wirklich besser geht.

Autogenes Training, die tiefe Entspannung

Das Grundprinzip von Coués Lehre wurde später von J. H. Schultz, dem Erfinder des autogenen Trainings, übernommen und weiterentwickelt. Auf autosuggestive Weise kann man damit Körperfunktionen und -empfindungen, die normalerweise nicht willentlich beeinflußbar sind, durchaus beeinflussen und verändern. Die sechs Schritte des Elementarprogramms (genaueres zum autogenen Training und zu Schlankheitsformeln auf Seite 120ff.) zur konzentrierten Selbstentspannung lauten:

- Schwere
- Wärme
- Atemruhigstellung
- Herzruhigstellung
- Leibwärme
- Stirnkühle

Unterbewußte Verhaltensverknüpfungen

Bestimmte Auslöser oder Schlüsselreize lassen uns nahezu automatisch reagieren. Für unser Eßverhalten kann das gefährlich werden.

Bei Gewitter – Panik. In unser Unterbewußtsein können sich Verhaltensmuster eingegraben haben, die auf einen bestimmten Auslöser hin praktisch automatisch ablaufen. Für das Eßverhalten kann das folgendermaßen aussehen: Immer, wenn man sich unglücklich fühlt, greift man zu etwas Süßem – und das, obwohl man sich bewußt vorgenommen hat, nicht zu naschen. Das kann damit zusammenhängen, daß man als Kind von den Eltern immer dann Süßigkeiten bekam, wenn man traurig oder unglücklich war, sozusagen zum Trost. Diese Verknüpfung hat sich dann von Kindesbeinen an im Unterbewußtsein festgesetzt und wird fortan auch vom Unterbewußtsein her zwanghaft angesteuert. Der Befehl aus dem Unterbewußtsein, bei trauriger Stimmung Süßes zu essen, ist dann stärker als die bewußte Entscheidung, es zu unterlassen.

Essen als Trost: Was in der frühen Kindheit prägend war, wird später aufgegriffen und mit frustrierenden Situationen verknüpft.

Üben, üben, üben

Oft lassen sich solche unseligen Verhaltensmuster allein dadurch bekämpfen, daß man schlicht neue, bessere Muster einübt. Das geht natürlich nicht von heute auf morgen, funktioniert aber in der Regel nach einiger Zeit ganz gut. Allerdings muß man schon ein bißchen guten Willen dazu aufbringen. Und keine Bange: Wenn das Unterbewußtsein erst einmal gelernt hat, daß man – um beim Beispiel zu bleiben – bei schlechter Stimmung Musik hört und nicht Schokolade verputzt, dann wird man die Süßigkeiten im Lauf der Zeit auch nicht mehr vermissen.

Das Unterbewußtsein befragen

Bei komplizierteren Verstrickungen genügt der Versuch, sich ein besseres Verhalten anzugewöhnen oder das Unterbewußtsein mit förderlichen Autosuggestionsformeln zu beeinflussen, allerdings oft nicht mehr. Dann muß man sich fragen, ob es nicht tieferliegende Gründe gibt, die – um noch einmal das Beispiel aufzugreifen – einen bei Traurigkeit oder Übellaunigkeit immer zu Süßigkeiten greifen lassen. Anders gesagt: Dann muß man sein Unterbewußtsein auf Verdrängungen, unverarbeitete Erlebnisse, regressive oder kompensatorische Reaktionen hin erforschen. Und erst, wenn man das erfolgreich getan hat, kann man das negative Verhalten durch ein positives ersetzen.

Solange die wahren Gründe eines »suchthaften« Verhaltens nicht erkannt sind, wird man immer wieder in alte Muster zurückfallen.

Behaviorismus – einfach richtig handeln

Unter den vielen verschiedenen psychologischen Lehrmeinungen gibt es auch einige, die eine tiefere Ursachenanalyse der Probleme für überflüssig halten. Der sogenannte Behaviorismus beispielsweise (englisch: »to behave« = sich verhalten) setzt allein auf Verhaltensänderungen, um mit Problemen fertig zu werden. Der Begründer dieser Lehre, John Broadus Watson (1878–1958), war der Auffassung, daß alles, was wir tun, denken oder fühlen, nichts anderes ist, als eine Art Reflex auf unsere jeweilige Umweltsituation. Folglich ließe sich ein Mensch allein dadurch zum Besseren verändern, indem man seine Reflexe bzw. Reaktionen durch geeignete (Erziehungs-) Maßnahmen beeinflußt.

Für Übergewichtige würde es dieser Auffassung nach ausreichen, sich schlicht ein schlankmachendes Verhalten mit weniger Essen und mehr Bewegung anzuerziehen. Die Erfahrung zeigt, daß dies bei vielen auch wirklich zum Erfolg führt. Bei allen anderen jedoch wird eine Erforschung ihrer unterbewußten Beweggründe wohl nach wie vor unabdingbar sein, und schaden kann es nie, sich darüber im klaren zu sein, warum man so ist (ißt), wie man ist (ißt).

Möglicherweise ist die Kombination aus der Einsicht in die eigene Psyche und aus optimistischem Pragmatismus eine erfolgversprechende Strategie zur Verhaltensänderung.

Sein- oder tun-orientiert?

Besonders bei Menschen, die zuviel essen, wenn sie in schlechter Stimmung sind, die häufig das unbestimmte Gefühl von Enttäuschtsein verspüren, kann die folgende Frage manchmal schon die notwendige Klärung verschaffen:

- Bin ich eher sein- oder eher tun-orientiert?

Sein-orientiert ist, wer Bestätigung immer dann empfindet, wenn seine Art zu sein gewürdigt wird. Solche Menschen finden Anerkennung und Bestätigung, wenn man z. B. ihr Äußeres lobt, ihren Charakter schätzt, sich über ihre Nettigkeit freut, kurz: wenn man sie wegen ihrer Art zu sein gut findet. Ein Lob, wie toll sie alles gemacht hätten, bedeutet sein-orientierten Menschen vergleichsweise wenig.
Ganz anders die tun-orientierte Gruppe. Diese Menschen wollen, daß ihre Taten gelobt werden und daß man ihr Geschick bewundert. Positive Ergebnisse und eine gelungene Handlungsweise verschaffen ihnen Bestätigung. Wenn sie jemand für ihr angenehmes Äußeres lobt, bedeutet ihnen das weniger.

Die Beste oder die Liebste?

Die Ursache dafür, ob jemand eher sein- oder tun-orientiert ist, findet sich – wie so oft – in der Kindheit. Sein-orientierte Menschen – und dies sind vor allem Mädchen – wurden von den Eltern hauptsächlich mit Worten gelobt wie: »Du bist unsere Liebste. Du bist süß. Du bist unsere Einzige. Du bist so hübsch.«

Tun-orientierte wurden wegen ihrer Taten gelobt: »Das hast du fein gemacht. Prima, wie du das kannst.« So hat sich von Kindesbeinen an im Unterbewußtsein festgesetzt, was einem Anerkennung und Zuneigung verschafft: das Sein oder das Tun. Und in der jeweiligen Kategorie wird man dann auch als erwachsener Mensch Bestätigung suchen bzw. für Mißfallensbekundungen besonders empfänglich sein. Dieser von der Psychologin Vera F. Birkenbihl herausgearbeitete Unterschied zwischen Sein- und Tun-Orientierung erklärt viele emotionale Spannungen, mit denen sich Erwachsene herumschlagen. Dazu zwei konstruierte Beispiele:

- Stellen wir uns eine stark sein-orientierte Frau vor, die von ihrem Mann – in bester Absicht – für ihre Kochkünste, ihre Fähigkeiten als Gastgeberin oder anderes Tun gelobt wird, und darüber immer ein bißchen enttäuscht ist. Wahrscheinlich hätte Sie viel lieber gehört, wie nett sie sei – und daß sie um ihrer selbst willen geliebt wird.
- Umgekehrt wird eine tun-orientierte Frau nicht verstehen, daß ihr Mann sie lobt, wie hübsch sie aussehe, wo sie doch die ganze Wohnung hergerichtet und auch noch ein festliches Abendessen bereitet hat.

So manche Enttäuschung kann aufgrund einer (vermeintlich) ausgebliebenen Bestätigung entstehen.

So birgt eine verstärkte Sein- oder Tun-Orientierung immer das Risiko in sich, enttäuscht zu werden. Diese Enttäuschung kann sich dann als eine Art Grundstimmung festsetzen und mit der Zeit nach einer Kompensation verlangen – z. B. nach Essen. Dabei beruht alles nur auf einem Mißverständnis, dem Mißverständnis der Freundin, des Mannes, des Arbeitgebers usw., für die jeweilige Person die richtige Art des Lobes und der Bestätigung nicht getroffen zu haben.

Bitte keine Schwarzweißmalerei

Die Sein- oder Tun-Orientierung ist natürlich nicht so streng getrennt zu sehen. Viele Menschen sind sowohl sein- als auch tun-orientiert. Und bei manchen herrscht sogar ein harmonischer Ausgleich zwischen beiden unterbewußten Kräften. Trotzdem gibt es eine Reihe von Paradebeispielen, die fast ausschließlich sein- oder tun-orientiert sind. Und auch bei den Ausgeglichenen lohnt es sich, diesen Aspekt ihres Wesens einmal zu beleuchten.

DER WEG ZUM SCHLANKSEIN

Der Weg zur schlanken Figur vollzieht sich in drei Phasen: Am Anfang steht die Erkenntnis der Ursachen des Dickseins, dann beginnt eine Zeit des Umlernens, und schließlich kann das Verhalten verändert werden.
Dies sind sozusagen die drei mentalen Meilensteine auf Ihrem Weg. Für alle drei Phasen finden Sie nun viele Übungen, Checklisten, Beispiele und Tips, wie Sie diese Phasen meistern.
Lesen Sie bitte dieses Kapitel aufmerksam durch – bevor Sie mit dem 20-Wochen-Programm zum dauerhaften Gewichtsverlust starten.

Von der Erkenntnis zur Änderung

Phase 1: Erkenntnis der Ursachen

Schon der Volksmund weiß: Selbsterkenntnis ist der erste Weg zur Besserung! Zuallererst muß also die Frage geklärt werden: Warum esse ich (in bestimmten Situationen) soviel? Zur Beantwortung dieser Frage genügt es oft schon, wenn Sie die Programmierung Ihres Eßverhaltens in der Kindheit aufspüren. Was, wann, wieviel usw. haben Sie als Kind zu essen bekommen? Sollten Sie feststellen, daß Ihre Eßerziehung in der Kindheit im Vergleich zu den heute anerkannten Ernährungsrichtlinien völlig falsch war, sind Sie der Ursache Ihres Übergewichts schnell auf die Spur gekommen. Sollten Sie jedoch herausfinden, daß Ihre Eßerziehung ganz in Ordnung war, dann müssen Sie weiterforschen. Durchforsten Sie Ihr Unterbewußtsein nach den Motiven.

Hilfe von den Profis

Wenn schwerwiegende seelische Störungen (z. B. als Folge sexuellen Mißbrauchs) die Ursache Ihres Übergewichts sein sollten, dann ist es wahrscheinlich erforderlich, daß Sie für einige Zeit fachliche Hilfe in Anspruch nehmen. Ob Sie solche Hilfe brauchen, merken Sie z. B. daran, daß Sie trotz ernsthaften Nachdenkens, auch anhand der Beispielfälle, keine Erklärung für Ihr Vielessen finden. Und täuschen Sie sich nicht mit Gedanken wie: Mir schmeckt es einfach so gut, und ich habe halt immer Lust zu essen. Die Frage ist: Warum ist das bei Ihnen so, wo es doch bei anderen Menschen nicht so ist.

Die Fachleute (Psychotherapeuten, Verhaltens- oder Gesprächstherapeuten) können Ihnen beim Aufspüren der seelischen Gründe für Ihr Übergewicht Hilfestellung leisten.

Bewegung tut gut

Die andere Seite der Medaille, wenn es ums Abnehmen geht, ist die Frage nach der Bewegung. Wieviel körperliche Bewegung verlangt Ihnen der Alltag bzw. der Beruf ab? Treiben Sie zusätzlich Sport? Haben Sie ein bewegungsintensives Hobby? Sollten Sie zugeben müssen, ein relativ bewegungsarmes Leben zu führen, befragen Sie sich weiter: Woher kommt das? Auch bei dieser Frage kann ein Blick

in die Kinderstube normalerweise Klärung verschaffen. Welches Vorbild gaben Ihnen Ihre Eltern in dieser Hinsicht? Wurden Sie für Ihre sportlichen Bemühungen gelobt, oder begegnete man solchen Aktivitäten mit Gleichgültigkeit?
Sollten derlei Fragen nicht erhellen, woher die träge Lebensweise stammt, müssen Sie tiefer gehen: Gab es ein Erlebnis, eine Enttäuschung oder sonst etwas, seitdem Sie keine Lust mehr haben, etwas für Ihre körperliche Ertüchtigung zu tun? Ist es vielleicht eine Art Trotzreaktion gegenüber jemandem (Vater, Lehrerin, Partner...), so daß Sie lieber im Sessel versinken, als raus an die Luft zu gehen und Spaß an der Bewegung zu haben?

Negative Eßprogrammierungen in der frühen Kindheit

Auch Anerkennung wird von vielen als eine Art Liebesbezeugung empfunden. Bleibt sie aus, kann an ihre Stelle wieder die von Kindesbeinen an erlernte Ersatzbefriedigung Essen treten.

Die Programmierung unseres Eßverhaltens im Unterbewußtsein erfolgt im Alter von drei bis sechs Jahren. Was damals in unser Unterbewußtsein eingegraben wurde, wird in aller Regel auch unser späteres Verhalten bestimmen. Lesen Sie sich die folgenden Beispiele durch, und überlegen Sie, welche Programmierungen wohl bei Ihnen vorliegen. Es handelt sich dabei um besonders typische Fälle.

Essen statt Liebe

Manche Eltern, die für ihr Kind zuwenig Zeit haben, überhäufen es gern mit Süßigkeiten. Die kindlichen Bedürfnisse nach Wärme und Zuneigung befriedigen sie vorrangig mit Essen. So lernt das Kind, Essen als Zuwendung bzw. Liebesersatz anzusehen. Diese Verknüpfung setzt sich mit der Zeit im Unterbewußtsein fest und bestimmt auch noch das Verhalten im Erwachsenenalter. Immer dann, wenn der Wunsch nach Liebe bzw. Zuwendung enttäuscht wird, greift man zu Süßigkeiten oder anderen Nahrungsmitteln. So wird das Essen zur klassischen Ersatzbefriedigung. Dabei darf man allerdings nicht nur an unerfüllte Liebesträume denken. Wenn man beispielsweise eine schwierige Situation gemeistert hat und dafür Lob und Anerkennung erwartet, kann dieser angelernte Verhaltensmechanismus genauso ablaufen.

Unerfüllte Wünsche

Alle möglichen unerfüllten Wünsche können zu »Essen statt Liebe« führen. Sie lösen nämlich bei vielen ein verstärktes Liebesbedürfnis aus. Wenn man den neuen Job, das teure Kleid oder die längst geplante Urlaubsreise nicht bekommen kann, dann will man zum Trost in den Arm genommen werden und sich (wenigstens) der Liebe des Partners gewiß sein. Hat man keinen Partner oder ist der zu Liebesbezeugungen im Moment nicht in der Lage, dann muß wieder das Essen als Ersatz herhalten, wie man es schon in der Kindheit verinnerlicht hat.

Versuchen Sie sich zu erinnern: Wie war das damals, als ich noch klein war? Hieß es vielleicht oft: »Mama muß jetzt weg, aber dafür hab' ich dir einen schönen Kuchen hingestellt?« Oder: »Ich hab' jetzt keine Zeit. Nimm dir doch eine Tafel Schokolade!« Oder gar: »Laß mich in Ruhe, und iß etwas!«

Viele, die im Kindesalter verinnerlicht haben, Essen als Liebesersatz anzusehen, befinden sich auf einer gefährlichen Spirale. Sie sind übergewichtig geworden und haben nicht selten Schwierigkeiten bei der Partnersuche. Und genau das erzeugt dann das Bedürfnis, mehr zu essen, um wenigstens eine Ersatzbefriedigung zu erlangen – mit der Folge: Sie werden noch dicker und ihre Schwierigkeiten, den richtigen Partner zu finden, unter Umständen noch größer.

Die ungünstigen Konditionierungen aus der Kindheit zu erkennen ist der erste Schritt zum Schlanksein.

Feste feiern

Seit ihrer Kindheit bringen viele Menschen gesellige und festliche Ereignisse mit reichlichem Essen in Verbindung. Dagegen ist ja an sich nichts einzuwenden, doch später wird dann häufig allzu üppig gegessen, besonders in weniger guten Zeiten, um unbewußt die Erinnerung an bessere Tage heraufzubeschwören und sich auf diese Art und Weise Wohlgefühl zu verschaffen. Aus Sicht der Psychologen handelt es sich dabei um den typischen Fall einer Regression (siehe auch Seite 61f.), bei der man gegenwärtigen Problemen auszuweichen versucht, indem man sich auf vertraute und angenehme Zustände aus der Vergangenheit einstimmt.

Groß und stark

Wenn der Sättigungsreflex nicht mehr richtig arbeitet, bemerkt man beim Essen einfach nicht mehr, wann man genug hat.

Vielen Kindern wird tagtäglich vorgebetet, sie müßten ihre Teller schön leeressen, damit sie später »groß und stark« würden, damit morgen die Sonne wieder scheine oder weil es den anderen Kindern in ärmeren Ländern doch so schlecht ginge. Abgesehen davon, daß den hungernden Kindern in der Dritten Welt nicht damit gedient ist, wenn hier die Kinder übergewichtig werden, hat diese Art der Erziehung meist zur Folge, daß man später ständig zuviel ißt.
Das rechtzeitige Gefühl fürs Sattsein, der sogenannte Sättigungsreflex, der in der Kindheit ständig mißachtet wurde, ist verkümmert.

Anerzogene Darmträgheit

Die Erziehung zum Vielesser beginnt oft schon im Säuglingsalter. Mütter, die ihrem Baby nicht die Brust, sondern das Fläschchen geben, überfüttern es häufig, da aus dem Fläschchen mehr Milch strömt als aus der Brustwarze. Das Baby schluckt und schluckt, um nicht in Atemnot zu geraten. Sein Verdauungsapparat wird von dem Übermaß überfordert und beginnt gegenüber jedwedem Zuviel abzustumpfen. Bekommt später das heranwachsende Kind auch noch zuviel zu essen, gewöhnen sich seine Verdauungsorgane an das Übermaß und werden träge. Die Darmschleimhäute arbeiten dann nicht mehr effektiv, was die Nährstoffaufnahme beeinträchtigt. So verlangt der Körper mit der Zeit nach immer größeren Portionen, um die auftretenden Mängel auszugleichen. Ein wahrer Teufelskreis entsteht: Zuviel Essen überfordert den Verdauungsapparat und erzeugt damit das Bedürfnis nach mehr Essen. Ein Mensch, der so zum Vielesser erzogen wurde, leidet oft schon in jungen Jahren an einer bedenklichen Darmträgheit.

- Die Folgen sind anfangs eher harmlos, wie z. B. schlechteres Allgemeinbefinden, nervöse oder gereizte Stimmungen.
- Mit der Zeit gesellen sich dann Verdauungsprobleme hinzu – Verstopfungen, Durchfälle, Blähungen, Völlegefühle u. a.
- Im fortgeschrittenem Stadium kann so eine Darmträgheit dann ernsthafte gesundheitliche Probleme aufwerfen, die von Entzündungen im Magen-Darm-Bereich bis hin zu Herzbeschwerden, erhöhter Infektanfälligkeit, Rheumatismus, Ekzemen, Nieren-Blasen-Leiden und anderen Störungen reichen.

Dickes Kind – gutes Kind

Manche Kinder werden von ihren Eltern geradezu gemästet, weil sie der Annahme sind, daß ein dickes oder gut genährtes Kind auch ein gesundes und glückliches Kind sei. Aber gerade das Gegenteil ist der Fall: Übergewicht geht mit beträchtlichen gesundheitlichen Risikofaktoren einher. Und dicke Kinder sind keineswegs glücklicher als schlanke. Sie werden in der Schule häufig gehänselt und finden oft weniger leicht Anschluß.

Essen als Belohnung

Ein weitverbreitetes, aber falsches Erziehungsmittel besteht darin, Kindern Schokolade und Süßigkeiten als Belohnung (etwa weil sie brav den Teller leergegessen haben) oder als Mitbringsel zu verabreichen. Lieblingsspeisen und Süßigkeiten sollten nicht als Anerkennung für Wohlverhalten oder als Trostpflaster eingesetzt werden. Denn das kann leicht dazu führen, daß auch im Erwachsenenalter zuviel gegessen wird. Wenn man so erzogen wurde, neigt man später immer noch dazu, sich mit Essen zu belohnen oder Essen als Trost zu empfinden.

Auch die kleinen Naschereien und Mitbringsel für Kinder haben's in sich: Sie führen leicht zu einem falschen Eßverhalten.

Lernen Sie zu verzeihen

Wenn Sie feststellen, daß Ihre gegenwärtigen Schwierigkeiten auf ein Fehlverhalten Ihrer Eltern zurückzuführen sind – verzichten Sie auf Schuldzuweisungen. Tun Sie das Gegenteil: Verzeihen Sie ihnen. Denn auch Ihre Eltern waren wiederum von ihren Eltern und ihrer Zeit geprägt. Hinzu kommt, daß vieles aus Unkenntnis oder schlimmstenfalls aus Leichtfertigkeit geschah und wohl kaum aus bösem Willen. Wer ahnt schon, daß ein paar Tafeln Schokolade zur Unzeit, einem Kind unter Umständen das spätere Leben erschweren können.

Es liegt nun in Ihrer Hand, diese anerzogenen Eß- und Lebensgewohnheiten zu verändern. Im Leben eines jeden Menschen kommt der Punkt, wo er für sein Verhalten die Verantwortung selbst übernehmen muß.

Einmal wenig oder nichts zu essen schadet nicht. Es ist sogar gut für den Körper – außer man empfindet es als Strafe.

Fasten als Strafe

Auch Nahrungsentzug als pädagogische Strafmaßnahme kann spätere Eßstörungen zur Folge haben. »Weil du nicht brav warst, mußt du ohne Abendessen ins Bett«, lautete eine früher weitverbreitete Strafaktion. Das klingt eigentlich gar nicht weiter schlimm. Aber im Unterbewußtsein wird Wenigessen oder Fasten sofort mit Strafe in Verbindung gebracht und Essen konsequenterweise mit Belohnung. Also wird später drauflosgefuttert, auch wenn die Waage immer mehr anzeigt. Und im Gegenzug wird, wenn man etwas weniger essen möchte, das gleich zur unerträglichen Belastung und Tortur. Das Fasten wird dann immer noch als Strafe empfunden.

Nachholbedarf

Häufig findet sich folgende Situation: Kinder dürfen, aus erzieherischen oder gesundheitlichen Gründen, zu Hause keinerlei Süßigkeiten

Die Geburtstagstorte oder die Gummibärchen gehören – als Ausnahmen – zum Kindergeburtstag einfach dazu.

Kinder wollen ab und zu Süßigkeiten – und die sollte man ihnen auch (in vernünftigem Maße) gönnen.

essen. Moderne Eltern achten darauf, weil sie ja das Beste für ihr Kind wollen. Aber haben sie manche dieser Kinder schon einmal auf einem Kindergeburtstag erlebt, wenn sie einmal tun dürfen, was sie wollen?
Dann sind sie stundenlang nur damit beschäftigt, Gummibärchen, Schokoladenkekse, Eis und Erdbeerschnittchen in sich hineinzustopfen. Sie haben offensichtlich einen Nachholbedarf an Süßigkeiten.
Auch als Erwachsene können manche Menschen, die so erzogen wurden, von den einstmals verbotenen Leckereien nie genug bekommen. Fazit: Eine an sich positiv zu bewertende Erziehungsmaßnahme kann, wenn sie zu rigoros durchgeführt wird, völlig unbeabsichtigt eine gegenteilige Wirkung entfalten.
Nach einer 1995 in der »Times« veröffentlichten Studie von Ernährungswissenschaftlern, sind Kinder, die in vernünftigem Maß Zucker zu sich nehmen, gesünder und schlanker als Kinder, denen jegliche Süßigkeiten aus Furcht vor gesundheitlichen Schäden verwehrt werden.

Schlechte Zeiten

Die heutigen 50jährigen haben ihre Kindheit in den Kriegs- und Nachkriegsjahren verbracht, als es manchmal nur das Notwendigste oder nicht allzu Üppiges zu essen gab. Später, als es wieder genügend Nahrung gab, nahmen sich manche vor, »nie mehr zu hungern«. Man versuchte sich in der Folgezeit für den Verzicht in den Kriegstagen oder für eine ärmliche Kindheit zu entschädigen und aß und aß und wurde immer dicker. Wer sich aber mit seinem Gewicht unwohl fühlt und abnehmen möchte, sollte sich darüber im klaren sein, daß die Tage des Mangels vorüber sind und daß es niemandem nützt, ja, daß es sogar ausgesprochen gesundheitsschädlich ist, wenn die Fettpolster immer größer werden.

Falsche Nahrungsmittel

Von wenigen Ausnahmen abgesehen, läßt sich beobachten, daß Erwachsene grundsätzlich das mögen, was sie schon als Kind zu essen bekommen haben. Gab es bei jemandem zu Hause immer viel Fleisch, Wurst, Leberkäse und Speck und dafür wenig Obst und Gemüse, wird später in aller Regel das gleiche bevorzugt.

Unser Geschmack ist Gewohnheitssache bzw. anerzogen und kaum davon geprägt, was uns guttut. Denken Sie nur an die Vorliebe vieler Briten für Pommesburger, für Brötchen aus Weißmehl mit Pommes-frites-Füllung, die mit reichlich Mayonnaise und Ketchup zusammengekleistert werden. Für Italiener beispielsweise, die ihre feingewürzte Pasta lieben, eine gänzlich unerträgliche Vorstellung. Und für Deutsche spätestens dann ein schwerer Schlag in die Magengrube, wenn sie dazu Schokoladenbier (ja, so etwas gibt es bei den Briten!) trinken sollen.

Was wurde gegessen?

Überlegen Sie einmal, was Sie in Ihrer Kindheit zu essen bekommen haben. Was haben Ihre Eltern am liebsten gegessen? Wurde Ihnen damals die Vorliebe für dickmachende Kost nahegebracht? Gab es häufig fettige Saucen, fettes Fleisch, Schmalzbrote oder gehaltlose Süßigkeiten? (siehe dazu auch Seite 25ff.) Oder wurden Ihnen schon damals schlankmachende Nahrungsmittel wie Obst, Gemüse und Getreideprodukte vorgesetzt?

Sollten Sie erkennen, daß Sie seit ihrer Kindheit hauptsächlich an »Dickmachern« Geschmack finden und weniger an »Schlankmachern«, haben Sie die vielleicht wichtigste Erklärung für ihr Übergewicht schon gewonnen. Wenn Sie darüber hinaus sehen, daß Geschmack reine Angewohnheit und kein Ding an sich ist, bedarf es nur noch gezielter Umgewöhnung, um auf Dauer schlank zu werden.

Wie wurde gegessen?

Hastiges, schnelles Essen begünstigt das Zunehmen, weil man beim Schlingen nicht bemerkt, daß man eigentlich längst genug hat.

Für Übergewichtige ist es nicht nur wichtig zu klären, was sie seit ihrer Kindheit am liebsten essen, sondern auch, wie sie essen, d.h., welche Art und Weise der Nahrungsaufnahme sie von Kindesbeinen an verinnerlicht haben.

Rufen Sie sich ins Gedächtnis, wie es damals war, wenn es zu essen gab. Waren ihre Eltern beim Essen meist in Eile? Oder wurde langsam und genußvoll gegessen? Wer zu schnell ißt, ißt zuviel. Andere wichtige Fragen sind: Wurde auch am späteren Abend noch reichlich gegessen? Gab es jederzeit Zwischenmahlzeiten bzw. Süßigkeiten? Die folgenden Übungen helfen Ihnen, Ihre Eßprogrammierung zu erkennen.

Übung: Mehr über sich selbst erfahren

Finden Sie heraus, welche Verhaltensweisen im Zusammenhang mit Essen in Ihrer Kindheit bei Ihnen gespeichert wurden:

1. Rufen Sie sich Ihre Eßerziehung ins Gedächtnis.
2. Überlegen Sie vor allem, welche Lebensmittel und Speisen es waren, die Ihnen Ihre Eltern als Belohnung oder auch zum Trost gegeben haben.
3. Fragen Sie sich, ob Sie genau diese Dinge heute noch essen, um sich angenehme Gefühle zu verschaffen?
4. Schreiben Sie alles in Stichpunkten auf.
5. Betrachten Sie die Gründe für Ihr Vielessen, die in einer falschen Eßerziehung liegen, möglichst ohne Emotionen.

Übung: Erinnerungsmeditation

Sollten Sie sich in bestimmten Punkten nicht mehr an Ihre Kindheit erinnern, können Sie es mit folgender Übung versuchen:

1. Setzen Sie sich in einen bequemen Sessel. Sorgen Sie dafür, daß Sie etwa eine Viertelstunde lang nicht gestört werden (z. B. durch Telefonklingeln).
2. Schließen Sie die Augen.
3. Entspannen Sie bewußt Ihre Stirn, Ihren Nacken, Ihre Schultern, Ihre Arme, den ganzen Körper. Entspannung erreichen Sie am besten, wenn Sie tief ein- und ausatmen.
4. Lassen Sie ein, zwei Minuten lang Ihren Gedanken freien Lauf, ohne sie zu steuern oder zu bewerten. Wahrscheinlich gehen Ihnen dabei die Bilder des Tages oder Ihre aktuellen Sorgen durch den Kopf. Seien Sie im Moment lediglich Beobachter dieser Bewußtseinsinhalte.

Manchmal ist die Erinnerung verschüttet. Eine bewußte Entspannung hilft, Erinnerungen in Gang zu setzen.

Am besten können Sie sich durch regelmäßige Übungen einstimmen.

Übung: Erinnerungsmeditation

5. Lenken Sie dann Ihr Bewußtsein auf ein Erlebnis aus ihrer Kindheit, an das Sie sich gut erinnern können. Verweilen Sie gedanklich bei jedem Detail, das dazu in Ihrem Gedächtnis auftaucht.
6. Sollten Ihnen gegenwärtige Alltagsgedanken dazwischenkommen, lassen Sie diese ruhig vorüberziehen. Gehen Sie dann wieder zurück zu Ihrem Kindheitserlebnis.
7. Versuchen Sie erst jetzt, sich an das zu erinnern, was Sie eigentlich wissen möchten, beispielsweise: Was habe ich als Kind zu essen bekommen? Was haben meine Eltern gern gegessen? Wie haben wir gegessen? Haben meine Eltern gern Sport getrieben?
8. Lassen Sie alle Erinnerungen zu, die ihnen dabei in den Sinn kommen, auch wenn sie erst einmal nichts mit Ihren Fragen zu tun haben. Versenken Sie sich ruhig in scheinbar unwichtige Details wie die Erinnerung an das Haus, in dem Sie gelebt haben, an die Küche, den Eßtisch, die Kleidung der Mutter u.a.
9. Beenden Sie die Erinnerungsmeditation nach fünf bis zehn Minuten.
10. Wiederholen Sie diese Erinnerungsmeditation mehrmals, am besten immer am selben Ort und zur selben Urzeit.
11. Ihr Unterbewußtsein benötigt eine Weile, bis es die Antworten auf Ihre Fragen gefunden hat. Es ist gut möglich, daß die Antworten völlig unvermittelt irgendwann im Alltag auftauchen und nicht während der Übung.
12. Wenn Sie während dieser Übung mit allzu unangenehmen Erinnerungen konfrontiert werden, öffnen Sie einfach die Augen und atmen tief durch.
13. Beenden Sie die Erinnerungsmeditation immer behutsam und langsam. Öffnen Sie erst die Augen, nachdem Sie innerlich Abstand von Ihren Bildern genommen und sich ausgiebig geräkelt und gestreckt haben.

Checkliste: Fragen zur Eßerziehung

Kreuzen Sie jeden Punkt an, der auf Sie zutrifft. Punkte, die nicht aufgeführt sind, fügen Sie bitte hinzu (siehe nächste Seite):

- ❑ Beim Essen etwas auf dem Teller zu lassen gehört sich nicht.
- ❑ Essen darf man nicht wegwerfen, da esse ich es lieber auf.
- ❑ Ich nehme die Hauptmahlzeit immer spät abends ein, früh und mittags gibt es nur einen Imbiß.
- ❑ Ich esse jeden Tag etwas Süßes.
- ❑ Ich esse zu jeder Mahlzeit Butter oder Margarine.
- ❑ Wenn wir feiern, esse ich immer so viel wie sonst an drei Tagen.
- ❑ Ich esse am liebsten im Stehen: in Hamburger-Restaurants, an Würstchenbuden, im Stehimbiß.
- ❑ Wenn ich eingeladen bin, esse ich alles auf, um den Gastgeber nicht zu kränken.
- ❑ In guter Gesellschaft esse ich, auch wenn ich nicht hungrig bin.
- ❑ Ich esse immer meinen Teller leer, auch wenn ich längst satt bin.
- ❑ Ich esse gut und viel, weil ich es mir heute finanziell leisten kann.
- ❑ Wenn ich eingeladen bin, esse ich, soviel ich nur kann (es kostet ja nichts).
- ❑ Im Restaurant esse ich alles auf. Ich hab' es ja schließlich bezahlt.
- ❑ Ich esse nie weniger als drei Mahlzeiten am Tag.
- ❑ Wenn ich einmal eine Mahlzeit auslasse, bin ich krank.

Essen Sie bewußter. Beobachten Sie, wann, was und wie Sie essen.

Diese Checkliste soll Ihnen helfen, Ihr individuelles Eßverhalten zu analysieren. Seien Sie ehrlich zu sich selbst.

Checkliste: Fragen zur Eßerziehung

- ❑ Ich esse eigentlich den ganzen Tag über. Zwischen den großen Mahlzeiten gönne ich mir Chips, Schokoriegel, Kuchen und andere Häppchen.
- ❑ Bei Streß greife ich zu den kleinen Tröstern, die ich in der Schreibtischschublade verwahre.
- ❑ Nach dem Essen bin ich immer pappsatt, so daß ich mich kaum noch rühren kann.
- ❑ Ich bin immer als erste mit dem Essen fertig.
- ❑ Zu einer richtigen Mahlzeit gehören für mich Suppe oder Vorspeise und Brot, ein Hauptgang mit Fleisch und Sauce, Beilagen sowie ein Dessert.
- ❑ Ich esse lieber Fleisch, Wurst, gehaltvolle Saucen und Süßigkeiten als Obst und Gemüse.
- ❑ Ich esse, weil ich anderen (Eltern, Partner, Freunden) eine Freude machen möchte.
- ❑ Wenn ich mit dem Kochen fertig bin, bin ich meistens vom Probieren schon satt. Anschließend esse ich ganz normal.
- ❑ Weitere Punkte:
- ❑ ....
- ❑ ....
- ❑ ....
- ❑ ....

Waren Sie jetzt ehrlich? Sie sollten unbedingt ehrlich zu sich sein, denn je mehr Punkte Sie angekreuzt haben, desto stärker müssen Sie in Zukunft Ihr Eßverhalten korrigieren.

Checkliste: Fragen zur Lebensweise

Bitte kreuzen Sie das Zutreffende an. Die folgenden Aussagen sind etwas überspitzt formuliert, weil sie Ihnen die Problempunkte klarmachen sollen:

- ❑ Sport vertreibt mir die gute Laune. Ich lebe eigentlich nach dem Motto: Sport ist Mord.
- ❑ Wenn ich frei habe, schlafe ich immer sehr viel, vor allem viel länger als üblich.
- ❑ Ich trinke täglich Alkohol.
- ❑ Spazierengehen langweilt mich.
- ❑ Fernsehen ohne Knabbereien macht mir keinen Spaß.
- ❑ Ich stehe öfter nachts auf und plündere den Kühlschrank.
- ❑ Ich habe immer Schokolade (bzw. andere Süßigkeiten) vorrätig, falls ich Hunger darauf habe.
- ❑ Für ein Bewegungstraining habe ich keine Zeit und vor allem auch gar keine Lust.
- ❑ Am Abend nehme ich die Hauptmahlzeit ein. Tagsüber habe ich keine Zeit, um richtig und genußvoll zu essen.
- ❑ Ich gehe abends noch gern aus, um etwas zu trinken. Dafür muß ich eine gute Essensgrundlage haben.
- ❑ Ich esse immer direkt vor dem Schlafengehen noch etwas.
- ❑ »Autowandern« ist meine liebste Freizeitbeschäftigung.
- ❑ Ich nehme auch für kürzere Strecken das Auto.
- ❑ Wenn ich in ein höheres Stockwerk muß, nehme ich den Aufzug.

Lust auf Essen und Unlust an der Bewegung hängen oft zusammen. Wie sieht dies bei Ihnen aus?

Essen zur Lösung seelischer Probleme

Der Einfluß der Kindheit …

Störungen unseres seelischen Befindens wie Ängste, Minderwertigkeitsgefühle, Trotzreaktionen, Schuldgefühle etc. können die unterschiedlichsten Ursachen haben. Meist lassen sich ihre Wurzeln bis in die Kindheit zurückverfolgen. Denken Sie beispielsweise an eine Frau, die zeitlebens von Minderwertigkeitsgefühlen geplagt wird, weil sie von ihrem Vater, der sich einen Sohn gewünscht hätte, innerlich nicht richtig angenommen wurde. Solche aus der Kindheit stammenden Störungen unseres Seelenlebens sind nicht immer leicht aufzudecken, da vieles dem Vergessen anheimgefallen ist bzw. vollständig aus unserem Wachbewußtsein verdrängt wurde.

… auf die späteren Lebensprobleme

Um die wahren Ursachen von Verhaltensweisen aufzudecken, muß man oft bis in die Kindheit zurückgehen.

Natürlich kommen als Ursachen für seelische Befindlichkeitsstörungen auch immer Probleme, Schicksalsschläge und andere Widrigkeiten, die uns als Erwachsene widerfahren, in Frage – nicht unbedingt eine verkorkste Kindheit. Jemand, dessen Ehe in die Brüche gegangen ist, wird später vielleicht mit starken Verlassenheitsängsten zu kämpfen haben. Doch auch bei solchen Fällen, die auf aktuelle Krisen zurückgehen, bleibt immer die Frage, inwieweit das psychische Gerüst, das man in der Kindheit aufgebaut hat, die Erlebnisverarbeitung eher begünstigt oder blockiert. Es ist zweifelsfrei so, daß ein und dasselbe Erlebnis (z. B. eine Scheidung) von einigen gut verarbeitet wird, andere hingegen völlig aus der Bahn wirft.

Mit anderen Worten: Man kann nicht nur den unmittelbaren Auslöser als Ursache sehen, sondern muß darüber hinaus auch ergründen, warum man so und nicht anders reagiert hat. Dazu muß man oft die eigene Kindheit beleuchten. Bei übersteigerten Verlassenheitsängsten nach einer Scheidung könnte dann beispielsweise zutage kommen, daß Betroffene schon als kleine Kinder sehr unter ähnlichen Ängsten zu leiden gehabt haben. Vielleicht ist ihnen öfter etwas passiert, wenn die Eltern unterwegs waren. So könnte im Unterbewußtsein die Verbindung zwischen Alleinsein und Angst vor Schaden entstanden sein. Die spätere Scheidung löste die tiefsitzenden Verlassenheitsängste dann erneut aus.

In der Kindheit zu findende Gründe für psychische Beeinträchtigungen sind allerdings nicht immer so offensichtlich. Bei Verdrängungen, traumatischen Erlebnissen, Komplexen und anderen aus der Kindheit stammenden Ursachen für Befindlichkeitsstörungen wird man normalerweise eine Therapie benötigen, um sie tatsächlich ergründen zu können. Hier sollten Sie wirklich den Schritt zu professioneller Hilfe tun.

Problemesser

Viele Übergewichtige sind regelrechte Problemesser. Sie essen in Streßsituationen, in Lebenskrisen, um Ängste oder Minderwertigkeitsgefühle zu überspielen, aus Trotz oder aus Schuldgefühlen heraus. Eine ganze Palette psychischer Beeinträchtigungen wird mit Essen bekämpft.

Es ist ein ganz wichtiger Schritt auf dem Weg zur schlanken Linie, herauszufinden, ob das bei Ihnen der Fall ist bzw. welche seelische Beeinträchtigung Sie zum Vielessen veranlaßt. Im folgenden finden Sie einige typische Beispielfälle. Vielleicht erkennen Sie sich in dem einen oder anderen Punkt wieder.

Seelischer Kummer wirkt sich fast immer auf das Eßverhalten aus: Die einen greifen zu Dickmachern und essen zuviel, die anderen essen zuwenig oder fast gar nichts mehr.

Ein Wort vorweg

»Ich weiß, daß ich zuviel esse, wenn ich frustriert bin! Was soll mir diese Erkenntnis bringen?« An all jene, die diesen Einwand äußern, richtet sich folgendes:

- Sind Sie sich wirklich sicher, daß das, was Sie frustriert nennen, nicht in Wahrheit tiefsitzende Ängste und Befürchtungen oder unverarbeitete Schuldgefühle sind – oder etwas ganz anderes? Anders gefragt: Sind Sie sich tatsächlich über Ihre Motive im klaren?
- Lesen Sie im Kapitel »Negative Eßprogrammierungen in der frühen Kindheit« (Seite 72ff.) nach, um herauszufinden, warum Sie ausgerechnet zum Essen greifen, wenn es ihnen schlecht geht oder Sie sich unwohl fühlen: Essen als Trost, Belohnung, Liebesersatz usw. Sind Sie als Kind mit Essen getröstet bzw. vertröstet worden?

Trotzreaktionen

So manches, was wir tun, geschieht eigentlich nur aus Trotz. Auch Vielessen bzw. die Vernachlässigung des eigenen Körpers kann eine Trotzreaktion sein. Es handelt sich um eine Widerstandshaltung gegenüber Anforderungen, die das Leben oder auch Autoritätspersonen an uns stellen. Wer trotzig ist, verschließt sich gegenüber vernünftigen Argumenten und will von zwingenden Notwendigkeiten nichts hören.

Es gibt auch so etwas wie eine Trotzhaltung gegenüber dem Leben. Dabei will man sich zwingenden Anforderungen einfach nicht beugen. Daß man am Ende selbst Schaden nimmt, ist allerdings eine allgemeine Erfahrung.

In der Entwicklungspsychologie kennt man die kindlichen Trotzphasen zwischen dem dritten und fünften sowie zwischen dem 12. und 15. Lebensjahr. Diese Phasen sind völlig normal und dienen der Ich-Findung. Wenn jedoch Erwachsene noch häufig »trotzig« reagieren, kann das problematisch werden, denn die zwingenden Notwendigkeiten (z. B. abnehmen zu müssen bei starkem Übergewicht), die die Trotzreaktionen ursächlich heraufbeschwören, bestehen ja nach wie vor.

Das an sich kindliche (wenn nicht kindische) Trotzverhalten ist am ehesten zu beobachten, wenn sich eine Person in einer Krise befindet, wenn neue Lebensumstände anstehen, worauf man noch nicht eingestellt ist, wenn zu große Herausforderungen auf einen zukommen oder Probleme unbewältigt geblieben sind. Personen, die dann mit trotziger Verweigerung reagieren, zeichnen sich, nebenbei gesagt, auch oft durch übertriebene Ordnungsliebe bzw. kleinliche Pedanterie aus.

Nicht mit mir!

Wie der Trotz zu verstärktem Essen führen kann, soll die Aussage einer 140 Kilogramm schweren Frau verdeutlichen. Sie meinte: »Von dem Moment an, wo mir gesagt wurde, ich solle abnehmen, hatte ich eine Sperre im Kopf. Ich dachte nur noch, den Teufel werde ich tun, so zu sein, wie ihr mich haben wollt!« Von da an fing sie an, nur noch zu essen und zu essen, und stellte alle sportlichen Betätigungen ein. Erst als das Übergewicht so starke Gelenkschmerzen bei ihr verursachte, daß sie kaum mehr gehen konnte, gab sie diese Trotzhaltung auf.

Selbstbefragung ist hilfreich

Befragen Sie sich, ob auch Ihr Übergewicht die Folge einer trotzigen Haltung ist. Vielleicht wollen Sie gerade nicht so sein, wie die anderen es gerne hätten. Vielleicht möchten Sie auch keinesfalls so werden wie die dünne Schwester, Mutter, Lehrerin, die Sie nicht so besonders mögen. Vielleicht hat Ihr Vater oder Ihr Partner oft gesagt: »Iß nicht soviel!« Und Sie haben sich seither gedacht: »Ich lasse mir keine Vorschriften machen!«

Die Reichweite der richtigen Aussage

Wenn man mit Aussagen über sein Seelenleben konfrontiert wird, fragt man sich ja immer: »Stimmt das?» bzw. «Trifft das bei mir zu?» Zur Beantwortung dieser Frage macht man sich dann Gedanken, man erinnert sich, überlegt und bespricht sich vielleicht mit einem Therapeuten oder dem Partner. Schließlich kommt man zu dem Schluß, daß die Aussage richtig war oder auch nicht. Manchmal verläuft der Erkenntnisprozeß aber viel rascher. Karlfried Graf Dürckheim, Professor der Psychologie und Philosophe und Vertreter des Zen-Buddhismus in der westlichen Welt, wies darauf hin, daß das «Gefühl unmittelbarer Betroffenheit«, das sich beim Hören einer Aussage einstellen kann, darauf hindeutet, daß das Gesagte auch wirklich auf einen zutrifft. Oder anders gesagt: Wenn jemand fälschlicherweise behauptet, man habe grüne Haare, dann berührt einen das überhaupt nicht.

Normalerweise macht nur die Wahrheit betroffen (wenn auch nicht in jedem Fall). Falsche Aussagen berühren uns weniger.

Minderwertigkeitsgefühle

Minderwertigkeitsgefühle entstehen häufig in der Jugend, wenn von seiten des Elternhauses oder des sozialen Umfeldes zu hohe Erwartungen an Heranwachsende gestellt werden. Wenn diese dann in schulischen, beruflichen, gesellschaftlichen oder privaten Dingen noch nicht so recht Tritt fassen können, stellen sich schnell Gefühle des Versagens und der Schwäche ein. Zwingt eine allzu strenge Erziehung die Betroffenen dann dazu, diese Gefühle ständig ins Unterbewußtsein verdrängen zu müssen, kann ein handfester Minderwertigkeitskomplex entstehen. Jedes Unterfangen wird dann von vornherein von dem unbestimmten Gefühl begleitet, es sei nicht zu schaffen, und menschliche Begegnungen werden nicht selten zur Qual, weil man sich ständig unterlegen fühlt.

Das Unterbewußtsein wehrt sich gegen diese Grundhaltung und versucht einen Ausgleich zu erzielen. Manche Betroffene kompensieren ihre Minderwertigkeitsgefühle, indem sie außergewöhnliche Leistungen vollbringen. Die meisten versuchen jedoch, ihren inneren Ausgleich mit etwas Leichterem zu erreichen. Nicht selten muß dann übermäßiges Essen als Kompensation herhalten, da sich beim Essen immer eine gewisse Zufriedenheit einstellt, die ansonsten, eben aufgrund der Minderwertigkeitsgefühle, nicht vorhanden ist.

Minderwertigkeitsgefühle sind Minderwertigkeitsgedanken

Eine Volksweisheit besagt: Wer sich minderwertig fühlt, versucht an Gewicht zuzulegen – sozusagen um gewichtiger zu erscheinen.

Sollten Sie erkennen, daß Ihr Vielessen auf Gefühle zurückgeht, die Ihnen Ihre Minderwertigkeit vorgaukeln wollen, kann folgende Einsicht hilfreich sein. In Wahrheit sind Minderwertigkeitsgefühle eigentlich Minderwertigkeitsgedanken. Sie entstehen immer durch Vergleiche, beispielsweise durch den Vergleich der eigenen Situation mit einem fiktiven Ideal. Dieses Ideal ist von seiten der Erziehung oder der Gesellschaft vorgegeben – und es ist vielleicht höchst zweifelhaft.

Doch wie auch immer man dieses Ideal beurteilen mag, fest steht: Wenn man aufhört, seinen inneren Monolog ständig um den Vergleich zwischen unerreichbarem Ideal und (vermeintlicher) Wirklichkeit kreisen zu lassen, hören zwangsläufig auch die Minderwertigkeitsgefühle auf. Es ist quasi eine Frage der geistigen Disziplin, inwieweit man sich der vergleichenden Gedanken enthält und schlicht man selbst ist.

Keineswegs minderwertig: selbstbewußte Dicke

Wer jetzt denkt: »Ich habe doch nur Minderwertigkeitsgefühle, weil ich zu dick bin«, täuscht sich aller Wahrscheinlichkeit nach. Es sind nur selten die Figurprobleme, die solche Gefühle auslösen. Der beste Beweis dafür sind »pralle Dicke«, die ein prächtiges Selbstbewußtsein haben und sich kein bißchen um Idealvorstellungen oder die Meinung anderer scheren müssen. Wenn sich ein dicker Mensch minderwertig fühlt, dann in der Regel aus tieferliegenden Gründen, die, wie gesagt, meist auf die Kindheit oder Jugendzeit zurückgehen und nicht selten dafür verantwortlich waren, daß das Übergewicht überhaupt entstand.

Depressive Verstimmungen

Depressionen sind heutzutage fast schon eine Volkskrankheit. Schätzungen zufolge hat jede fünfte Frau und mindestens jeder zehnte Mann darunter zu leiden. Nicht wenige dieser Menschen, die mit Hoffnungslosigkeit, Antriebsschwäche und Niedergeschlagenheitsgefühlen zu kämpfen haben, versuchen mit Vielessen ihre Stimmung aufzubessern. Dabei spielen Süßigkeiten eine besondere Rolle, weil der Zuckerschub tatsächlich ein vorübergehendes Hochgefühl im Körper auslösen kann. Doch abgesehen von diesem kleinen Nebeneffekt, ist vor allem eine falsche Eßerziehung in der Kindheit schuld, wenn man bei Mißstimmungen verstärkt zu solchen Tröstern greift.

Die kleinen Tröster wechseln

Hilfreich ist es, wenn man sich bei depressiven Stimmungen andere Tröstungen – das mag ein Hobby sein, Musik hören, Yoga – sucht, um die unterbewußte Zwangsverknüpfung zwischen Mißstimmung und Essen zu lösen.

Echte Depressionen

Es hat sich gezeigt, daß reaktive Depressionen am ehesten zum Vielessen führen.

Wer ernstlich unter Depressionen zu leiden hat, sollte klären, um welche Art von Depression es sich dabei handelt. Denn nicht jedes seelische Unwohlsein ist gleich eine Depression im medizinischen Sinn. Das weltweit in den Medien verbreitete Ideal von schönen, jungen und kräftigen Menschen, die immer »gut drauf sind« und keinerlei Befindlichkeitsstörungen haben, ist nun einmal nur Reklame. Fast jeder Mensch durchläuft Phasen gedrückter Stimmung. Das hat wenig mit echten Depressionen zu tun. Bei den echten Depressionen unterscheidet man reaktive, neurotische und endogene Formen.

- Reaktive Depressionen entstehen durch ein Ereignis von außen. Das können die unterschiedlichsten kleinen oder großen menschlichen Katastrophen sein wie eine Krankheit, der Verlust des Partners, Scheidung, Kündigung des Arbeitsplatzes usw. Depressionen, die sich daraufhin einstellen, sind bis zu einem gewissen Grad verständlich, und der Trauerzustand muß ausgehalten werden, bis unser inneres Gleichgewicht wiederhergestellt ist.

Bei der endogenen Depression sind meist im Verwandtenkreis Personen zu finden, die auch über die lähmende »Schwermütigkeit« klagen.

- Neurotische Depressionen gehen normalerweise auf verdrängte Kindheitserlebnisse zurück. Sie können in der Regel nur mit therapeutischer Hilfe verstanden und wirksam bekämpft werden. Scheuen Sie sich nicht, die Hilfe von Profis anzunehmen.
- Ganz anders verhält es sich bei einer endogenen Depression. Sie ist eine ernsthafte Erkrankung und hat auch weniger mit dem Eßverhalten zu tun. Diese Form der Depression überfällt einen Menschen aus heiterem Himmel, ohne erkennbaren Anlaß, und raubt ihm schlimmstenfalls jede Lebensenergie. Über die Ursachen besteht noch weitgehend Unklarheit. Etwa die Hälfte aller Fälle dürfte erblich bedingt sein.

Medikamente gegen Depressionen

Gegen die endogene Depression helfen in der Regel nur Psychopharmaka, angefangen von pflanzlichen Arzneimitteln wie Johanniskraut bis hin zu L-Tryptophan, einer Aminosäure, die die hormonelle Serotoninproduktion im Gehirn ankurbelt, was die Stimmungslage wieder erhellen soll. Die Liste der Antidepressiva ist lang, und viele Produkte werden auch mit Erfolg verabreicht. Der gängige Einwand, das meiste sei doch nur schädliche Chemie, ist hier unangebracht, wenn man sich die Leiden vergegenwärtigt, die manche Depressive ohne diese Mittel durchzustehen hätten.

Trotzdem muß vor der Dauereinnahme von Antidepressiva gewarnt werden. Nur ein Arzt kann entscheiden, in welcher Dosis und über welchen Zeitraum solche Mittel tatsächlich angebracht und vertretbar sind.

Sich nicht dagegen wehren!

C. G. Jung schrieb einmal: »Wenn eine Depression vor der Tür steht, soll man sie hereinbitten und sich anhören, was sie zu sagen hat.« Damit wollte er zum Ausdruck bringen, daß man sich nicht verzweifelt gegen Depressionen zur Wehr setzen soll, da sie einen bestimmten Sinn haben. Vielmehr sei es ratsam, sich mit ihnen auseinanderzusetzen, ihre Gründe und im übertragenen Sinn ihre Absichten zu erforschen. Der oberflächliche Versuch, sich irgendwie aufzuheitern oder die Mißstimmung gewaltsam zu unterdrücken, hat wenig Aussicht auf Erfolg.

Sind Sie für Depressionen anfällig?

Körper und Geist senden eine Reihe von Warnsignalen aus, wenn sich Depressionen ankündigen. Falls Sie einige der folgenden Symptome bei sich feststellen, wäre es ratsam, sich rechtzeitig mit den aufkommenden dunklen Gemütswolken auseinanderzusetzen:

- Schwindende Interessen
- Gefühle des Versagens
- Häufige Gereiztheit
- Hoffnungslosigkeit
- Gefühle der Hilflosigkeit
- Angstzustände
- Denkfaulheit
- Heißhungeranfälle
- Schlaflosigkeit
- Chronische Müdigkeit
- Schwindendes Selbstvertrauen
- Entscheidungsschwäche
- Konzentrationsstörungen
- Mangel an Vertrauen
- Schuldgefühle
- Gedächtnisstörungen
- Appetitlosigkeit
- Ständiges Vielessen
- Abgespanntheit
- Schweißausbrüche

Ein ungewöhnlich starker und lang andauernder Trennungsschmerz kann bereits eine Form der reaktiven Depression darstellen.

Trennungsschmerzen

Sehr viele Frauen reagieren auf den Schmerz einer Trennung mit Vielessen. Wenn der Geliebte, Freund, Partner, Ehemann oder andere Nahestehende sich vorübergehend oder für immer aus dem Leben der Betroffenen zurückgezogen haben, wird die Trauer oft mit Tortellini, Tagliatelle und Tiramisu bekämpft. Der orale Lustreiz dient als Ersatz für die verlorene Zuwendung.

Bei einer Trennung ist innerhalb eines bestimmten zeitlichen Rahmens, der normalerweise mit sechs Monaten angegeben wird, das seelische Gleichgewicht erheblich gestört. Doch wenn man einmal von dramatischen Fällen – junge Mädchen, die sich aus Liebeskummer das Leben nehmen – absieht, handelt es sich um vorübergehende Beeinträchtigungen.

Die notwendige Trauerarbeit nach einer Trennung bedarf der Zeit – aber eben nur der Zeit.

Sollte sich keine Wendung zum Besseren einstellen, liegt der Verdacht nahe, daß die Trennung nur der Auslöser für tiefersitzende psychische Probleme war. Vielleicht ist eine Frau als Einzelkind aufgewachsen und hat gelernt, daß ihr stets alle Wünsche von den Eltern erfüllt wurden, daß das gesamte Leben mehr oder weniger um sie kreiste. Als sie dann heiratete, hat sie diese Erwartungshaltung mit in die Ehe genommen. Und als der vielleicht durchaus treusorgende Mann sich schließlich durch diese Erwartungshaltung überfordert fühlte und andere Lebenswege einschlug, verlor sie nicht nur den Mann, sondern ihre gesamte, anerzogene Lebenshaltung. Alles gerät in so einem Fall ins Wanken, und den einzigen Halt bietet dann nicht selten das Essen.

Die Suche nach der eigentlichen Ursache

Befragen Sie sich, ob Sie seit einer Trennung soviel essen und/oder keine Lust mehr verspüren, sich körperlich zu betätigen. Wenn ja, forschen Sie weiter, ob es wirklich die Trennung war, die diese Verhaltensweisen ausgelöst hat, oder ob es tieferliegende Gründe gibt, die höchstwahrscheinlich auf die frühe Kindheit oder die Jugendzeit zurückgehen.

Nach der Schwangerschaft

Verblüfft stellen manche Frauen ein halbes Jahr nach der Geburt ihres Kindes fest, daß sie im Vergleich zu früher mächtig an Gewicht zugelegt haben. 10 bis 20 Kilogramm zuviel sind da keine Seltenheit. Dazu können natürlich die hormonellen Umstellungen im Körper während der Schwangerschaft beigetragen haben, da unser Appetitgefühl und die Bereitschaft der Fettzellen, Fett zu speichern, von Hormonen gesteuert wird. Es gibt aber noch eine Reihe von psychischen Gründen, die an der Gewichtszunahme – vor allem an einer starken Gewichtszunahme – schuld sein können.

Manche Frauen »panzern« sich während der Schwangerschaft mit ihrer Leibesfülle für alle Eventualitäten.

Ängste: So manche Frau verbindet mit der Vorstellung, bald ein Kind zu haben, Ängste. Wenn sie in ungesicherten Verhältnissen lebt, die Partnerfrage ungeklärt ist oder gesundheitliche Probleme anstehen, kann die freudige Erwartung zur Besorgtheit werden. Gerade solche unter Umständen durchaus ernstzunehmenden Zukunftsängste können den Appetit und die Pfunde wachsen lassen nach dem unterbewußten Motto: »Was ich hab', das hab' ich. Das nimmt mir keiner mehr weg, und davon kann ich bzw. mein Kind zehren, was immer auch kommen mag.« In sorgenvollen Zeiten können auch unterbewußte Urängste wie die Angst vor dem Verhungern wieder wach werden und zu verstärktem Essen führen.

Essen für zwei: Es gibt Frauen, die sich ihr Lebtag vernünftig ernährt haben, aber in der Schwangerschaft plötzlich von dem Gefühl getrieben werden, für zwei essen zu müssen. In Panik, dem heranwachsenden Kleinen nicht genug zukommen zu lassen oder selbst nicht mehr genug Kraft zu haben, fangen sie an, sich zu überessen. Selbstverständlich kann jede Schwangerschaft gelegentlich Heißhungergefühle auslösen, und ein vernünftiges Maß an zusätzlicher Kost (10 bis 20 Prozent) ist anzuraten. Doch das Essen für zwei ist eine Überreaktion, die, einmal zur Gewohnheit geworden, beträchtliches Übergewicht zur Folge hat.

Wer für Gewohnheiten anfällig ist, sollte während einer Schwangerschaft darauf achten, die Ernährung nicht völlig aus dem Ruder laufen zu lassen.

Lebensziel erreicht: Für viele Frauen stellt eine Schwangerschaft und die Geburt des Kindes die Erfüllung ihres Lebensziels dar. Von da an glauben viele unbewußt, das Wichtigste erreicht zu haben, und vergessen leicht, für ihr eigenes Fortkommen die nötige Sorge zu tragen. Figurprobleme treten fortan in den Hintergrund, und unregelmäßige oder auch überreichliche Ernährung aus Schwangerschaftszeiten kann sich in dem einen oder anderen Fall fortsetzen. Spätestens nach ein paar Jahren wird die Betroffene dann mit erheblichen Gewichtsproblemen zu kämpfen haben, was keineswegs nur optische Aspekte hat, sondern vor allem gesundheitliche, soziale und private Defizite auslösen kann.

Essen aus Angst

Viele Menschen haben mit Ängsten zu kämpfen. Dabei muß man deutlich unterscheiden zwischen Ängsten, die begründet sind, und solchen, die jeglicher Grundlage entbehren, also eine psychische Störung darstellen. Nach einer Umfrage vom Januar 1996 fürchteten sich 20- bis 35jährige Frauen in Deutschland vor

- Umweltzerstörungen (69 Prozent)
- Krieg (68 Prozent)
- Vergewaltigung (54 Prozent)
- Krankheiten (knapp 50 Prozent).

Das sind Beispiele für Ängste, die nicht ganz unangebracht sind und uns helfen, uns so zu verhalten, daß wir dem Angstfall möglichst entgehen.

Ganz anders verhält es sich mit den irrationalen Ängste, wie Platzangst, Angst vor Mäusen oder Spinnen, Angst vorm schwarzen Mann, Verfolgungsängste, Versagensängste oder die Angst, als abstoßend empfunden zu werden usw. Nicht selten werden solche unbegründeten Ängste von körperlichen Symptomen begleitet; dazu gehören Schweißausbrüche, Blässe, Zittern, Herzrasen, Durchfall oder sexuelle Störungen. Selbst körperliche Krankheiten können auf Angstzustände zurückzuführen sein. Angina, Verdauungsstörungen, Magenbeschwerden u. ä. sind oft nur dazu da, uns eine Entschuldigung zu liefern, warum wir nicht zur Arbeit erscheinen. Die Angst vor der Zukunft oder einem bestimmten Ereignis – dem Auftritt, dem Einstellungsgespräch, der Verabredung – kann ebenfalls starke körperliche Ausfallerscheinungen hervorrufen.

Angstzustände sind nicht zu unterschätzen und können zu schwerwiegenden körperlichen Beschwerden führen. Neueren Untersuchungen nach klagt jeder vierte Patient beim Arzt über Angstsymptome. Und die meisten der Betroffenen sind Frauen.

Gefährliche Doggen

Die Ursache für solche übersteigerten Angstreaktionen oder ständigen Angstgefühle sind meist unverarbeitete Erlebnisse. Oft hat sich im Unterbewußtsein schon in der Kindheit der Zusammenhang zwischen einem Erlebnis und einem Grund, Angst zu haben, festgesetzt. So können Erwachsene beispielsweise immer noch Angst vor Hunden haben, weil früher ihr Schulweg an einem Gatter vorbeiführte, hinter dem zwei große Doggen herumtollten und sie manchmal kräftig erschreckten, wenn sie laut losbellten und an dem Gatter hochsprangen. Derartige Schreckmomente haben sich dann tief ins Unterbewußtsein eingegraben und bestimmen auch noch die Gefühlswelt im Erwachsenenalter. Unterschwellig ist die Angst vor Hunden – möglicherweise speziell Doggen – präsent.

Vor, während und nach der Geburt

Sigmund Freud sah den Ursprung aller Angst in einem schmerzhaften Kindheitserlebnis – nämlich in der Situation der ersten Trennung von der Mutter, als wir abgestillt wurden. Heute weiß man, daß selbst pränatale Vorkommnisse oder das Geburtstrauma selbst für spätere Angstzustände verantwortlich sein können.

Doch was auch immer die Ängste hervorgerufen haben mag, fest steht: Manche ängstlichen Menschen neigen dazu, viel zu essen. Häufig wird versucht, die unterbewußte Angst mit Vielessen regelrecht zu dämpfen. Schon allein die verdauungsbedingte Schwere, die uns nach einem üppigem Essen überkommt, kann Angstgefühle verschwinden lassen. Auch die vertraute Sicherheit, die wir empfinden, wenn wir Kuchen oder Wurst aus dem Kühlschrank oder Küchenschrank holen, kann Ängste eine Zeitlang vergessen lassen. Das Gefühl, das wir dabei haben, ist nämlich durchdrungen von der Erfahrung, dabei passiert nichts, da gibt es keinen Grund, Angst zu haben.

Mechanismen von Angstübertragung

So vielfältig, wie die Ursachen der Angst selbst sind, können auch die Übertragungsmechanismen sein, die jemanden aus Angst zuviel essen lassen. Falls Sie meinen, daß Sie zu diesem Personenkreis gehören, sollten Sie sich folgende Fragen stellen und ehrlich beantworten: Befürchten Sie etwas, was Sie verstärkt Beruhigung beim Essen suchen läßt? Essen Sie vor allem, wenn Sie unruhig werden und sich Angstgefühle ankündigen? Haben Sie vielleicht Angst vor etwas Bestimmtem, über das Sie nicht sprechen wollen, z. B. Angst vor dem Verlust des Partners, dem Alter, dem Tod oder auch vor Kleinigkeiten wie der Meinung der Nachbarin, schlecht behandelt zu werden o. ä.

Die Angst vorm Zunehmen

So paradox es klingt: Wer dem Schlanksein zuviel Gewicht beimißt, hat Schwierigkeiten, schlank zu sein oder zu bleiben.

So seltsam das auch klingen mag, aber gerade die Angst vorm Zunehmen kann die Pfunde anschwellen lassen – nach dem Motto: Wer fürchtet, gestaltet das Schlimme! Wer ständig um seine Figur besorgt ist und ängstlich jede noch so geringe Gewichtszunahme beobachtet, kann in eine psychische und körperliche Verfassung geraten, die geradezu dick macht. Wenn der tägliche Gang zur Waage bereits Furcht einflößt, weil diese ein halbes Kilogramm zuviel anzeigen könnte, oder das Essen nur noch häppchenweise, bei gleichzeitigem Studium einer Kalorientabelle, eingenommen wird, beginnt der Traum von der schlanken Linie zum Alptraum zu werden.

Selbst vollkommen normalgewichtige oder sogar schlanke Frauen können davon betroffen sein. Um jeden Preis trachten sie danach, ihre Vorstellungen vom geltenden Schönheitsideal zu erfüllen. Hinzu kommt, daß nicht wenige Ehemänner, Partner oder Freunde von Betroffenen unterschwellig oder ganz unverhohlen Druck ausüben. Da heißt es dann manchmal sogar: »Wenn Du nicht abnimmst, suche ich mir eine andere Partnerin.« Jedes Kilogramm zuviel löst dann Panikanfälle aus.

Von Astro bis Rohei

Manche solcherart unter Druck stehenden Frauen sind wahre Diätexpertinnen. Von der flüssigen Astronautendiät bis hin zur Roheikost haben sie alles ausprobiert. 100 Diätversuche sind keine Seltenheit. Und meistens haben sie mit dem Gefühl des Versagens geendet. Ganz nebenbei gesagt, sind die Spannungen in der Beziehung häufig gewachsen, weil die Restaurantbesuche wieder einmal flachgefallen sind, der Sex nicht mehr so klappte oder im Kühlschrank nur noch Magerquark stand, den der Partner nicht ausstehen konnte.

Die Ursachen für die übersteigerte Angst, aus figürlichen Gründen den Partner zu verlieren, liegen meist viel tiefer, als es auf den ersten Blick den Anschein hat. Es kann sich um verschüttete Verlassenheitsängste aus der Kindheit handeln oder auch um die Angst, ein selbständiges Leben führen zu müssen. Und diese Existenzängste sitzen oft tiefer als der Wunsch nach Emanzipation. Das übersteigerte Bestreben – vor allem von Frauen –, immer in gefälliger Topform zu sein, beruht auf der Angst, nicht geliebt zu werden, auf Versuche in der Kindheit, Liebe zu erlangen, die in herber Enttäuschung endeten.

Die Medien propagieren mittlerweile ein Schlankheitsideal, das die allerwenigsten Frauen erfüllen können, ohne ständig zu hungern.

Eßstörungen nehmen zu

Das ständige Ringen ums Idealgewicht wird in der Regel mit erheblichen Eßstörungen quittiert. Der gesamte Verdauungstrakt kann von dem permanenten Wechsel zwischen zuviel und zuwenig in Mitleidenschaft gezogen werden, und der Körper neigt zunehmend dazu, immer mehr Fett statt Muskeln anzusetzen. Das Ganze kann auch in Eß-Brechsucht bzw. Magersucht enden

Die Angst vor dem anderen Geschlecht

Auch sexuelle Belästigung in der Kindheit kann eine der Ursachen für das Vielessen sein. In diesem Fall sollte therapeutische Hilfe gesucht werden.

Eine weitere Angst, die Vielessen verursacht, kann die Angst vor dem anderen Geschlecht sein. Unbewußt wird gegessen, weil man nicht schön sein und dem anderen Geschlecht nicht gefallen will. Auch hierfür liegen die Ursachen meist in der Kindheit.
Vielleicht wurde man durch den andersgeschlechtlichen Elternteil vermeintlich oder tatsächlich nicht akzeptiert, man fühlte sich vernachlässigt oder ungerecht behandelt. Man ißt nun aus Angst vor erneuter Enttäuschung möglichst viel und versucht, mit seiner ausufernden Leibesfülle für einen Geschlechtspartner nicht mehr interessant zu sein.

Probleme in den Wechseljahren

Viele Frauen erleben die Wechseljahre ohne größere Probleme. Sie verkraften die Veränderungen, die normalerweise zwischen dem 45. und 55. Lebensjahr auftreten, recht gut. Vor allem seelisch ausgeglichene Frauen können der Tatsache, daß sie fortan keine Kinder mehr zur Welt bringen werden, ruhig entgegensehen und die körperlichen Veränderungen während der Zeit des Wechsels ziemlich gelassen hinnehmen.
Während der Wechseljahre stellt sich der gesamte Hormonhaushalt des weiblichen Körpers um, da die Eierstöcke ihre Tätigkeit langsam einstellen und keine Hormone mehr ausschütten. Die Monatsblutungen werden unregelmäßig und bleiben mit der Zeit ganz aus. Das gesamte Stoffwechselgeschehen reduziert sich um wenigstens zehn Prozent. Eine Reihe von Frauen hat mit dieser Umstellung jedoch einige Schwierigkeiten. Sie reagieren darauf mit Herzklopfen, Herzstechen, Schwindelgefühlen, Atemnot, Schweißausbrüchen, Frösteln, Nachtschweiß, Blasenbeschwerden etc. Sollten solche Beschwerden zu stark werden, wird der Arzt Hormone verabreichen, um den Umstellungsprozeß besser abzufedern.
Doch unabhängig von solchen körperlichen Beschwerden haben einige Frauen während des Klimakteriums auch mit beträchtlichen psychischen Schwierigkeiten zu kämpfen. Sie empfinden sich nicht mehr als vollwertige Frauen. Sie befürchten, sexuell nicht mehr attraktiv zu sein und in Liebesdingen schon zum alten Eisen zu gehören.

Erwiesenermaßen begünstigt die Hormonumstellung im Körper solche depressiven Gefühle. Alles erscheint dann schlimmer, als es in Wirklichkeit ist. »Kein Mann findet mich noch attraktiv!« ist in der Zeit des Wechsels ein häufiger Gedanke. Oder: »Mein Mann hält längst nach einer Jüngeren Ausschau!« (Obwohl er eigentlich nur Verständnis für seine eigene Midlife-crisis sucht, die bei Männern genauso dramatisch verlaufen kann wie bei Frauen). Und wie so oft, bietet sich dann das Essen als Trost, als Liebesersatz, als Ausdruck der Verzweiflung an. Hinzu kommt, daß der veränderte Hormonhaushalt während des Wechsels die Fettbildung begünstigt, was jede Sünde doppelt so schwer wiegen läßt.

Tips für die Wechseljahre

Man sollte ab dem Eintreten der Wechseljahre grundsätzlich weniger Nahrung aufnehmen als zuvor, da der Körper fortan weniger Energie verbraucht, nämlich die Energiemenge weniger, die er früher für die Bereitstellung der Gebärfähigkeit benötigte. Alle, deren Pfunde gerade in dieser Zeit zu wachsen anfangen, sollten folgendes beherzigen: Machen Sie sich klar, daß Ihre gegenwärtige Sicht der Dinge nicht zuletzt von den Veränderungen in Ihrem Hormonhaushalt abhängt und nicht der Wirklichkeit entsprechen muß. Außerdem: Die Wechseljahre sind bald vorüber. Dann werden Sie alles wieder mit anderen, wahrscheinlich glücklicheren Augen sehen.

Liebeshunger

Das Vielessen enspringt oft aus dem Gefühl heraus, nicht geliebt zu werden und auch nicht liebenswert zu sein. Dieses tief verwurzelte Minderwertigkeitsgefühl und das daraus resultierende mangelnde Selbstvertrauen wurden meist in der Kindheit angelegt. Gründe können sein, daß vielleicht ein anderes Kind vorgezogen wurde oder die Eltern sich ein Kind anderen Geschlechts wünschten. Die betroffenen Kinder fühlen sich dann von den Eltern abgelehnt und entschädigen sich für die fehlende Zuneigung durch Essen – ein Verhalten, das sie ins Erwachsenenalter mit hinübernehmen.

Auch das Gefühl, nicht mehr schön, liebenswert oder fraulich zu sein, z. B. nach einer Scheidung, kann zu verstärktem seelischen Hunger führen, den man fälschlicherweise mit Essen zu stillen versucht.

Falsche Konfliktbewältigung

Den Ärger hinunterschlucken – manche essen als Entschädigung für den Verzicht auf Anerkennung.

Statt Zorn und Ärger abzureagieren, fressen ihn viele buchstäblich in sich hinein. Negative Gefühle werden kompensiert, indem der Kühlschrank leergeräumt wird, anstatt sich dort zu wehren, wo die Ursache des Ärgers liegt – nämlich an der Arbeitsstelle oder beim Partner. Viele Menschen essen, wenn sie sich verletzt oder nicht anerkannt fühlen. Sie trösten sich durch Essen, wenn Ihnen im Beruf oder privat jemand vorgezogen wird, wenn man sie kritisiert, nicht grüßt oder in irgendeiner Form links liegen läßt. Sie glauben häufig, »nicht gut genug zu sein«, fühlen sich minderwertig.

Schuldgefühle

Auch Schuldgefühle werden gerne mit Essen bekämpft. Man könnte fast sagen, Betroffene »würgen alles hinunter«, obwohl sie eigentlich etwas loswerden möchten. Oder noch schlimmer: Sie versuchen, sich für ihre Schuld unterbewußt zu bestrafen, indem sie einen unansehnlichen und schlaffen Körper entwickeln. Möglich ist auch, daß das Unterbewußtsein sich gegen die Schuldgefühle wehrt und zum Ausdruck bringen will: Du bist ja gar nicht schuldig – es war alles nur ein Unfall, ein unvorhersehbares Unglück, höhere Gewalt, und du trägst keine Schuld. Das versucht das Unterbewußtsein dadurch zu verdeutlichen, daß es Betroffene ständig essen läßt – nach dem Motto: Schau her, wem soviel Gutes widerfährt, der ist nicht schuldig.

Ausgesprochen neurotische Schuldgefühle entstehen meist im Kindesalter, z. B. nach einer Scheidung der Eltern: Das Kind glaubt fälschlicherweise, daß es vom Vater oder der Mutter verlassen wurde, weil es sich nicht richtig verhalten hat.

Dieselbe Reaktion kann durch den Tod eines Elternteils hervorgerufen werden. Das Kind glaubt dann, die Mutter oder der Vater ist gestorben, weil es nicht artig war. Quasi als Selbstbestrafung will es nun nicht mehr ansehnlich sein.

In solchen schwierigen, oft traumatischen Fällen ist therapeutische Hilfe meist unerläßlich. Ansonsten gilt: Schuldgefühle beruhen in der Regel auf einer Fehleinschätzung der wirklichen Sachlage. Wahrhaft schuldig ist nur, wer in voller Absicht Böses getan hat. Solche Fälle von »echter Schuld« führen aber kaum zu neurotischen Schuldgefühlen und haben mit dem Eßverhalten wenig zu tun.

Übung: Ein Ernährungstagebuch führen

Lernen Sie verstehen, in welchen Situationen und Gefühlslagen Sie essen, ohne wirklich Hunger zu haben. Schauen Sie einmal ganz genau hin, was Sie wann essen, und schreiben Sie es auf. Führen Sie dazu ein Ernährungstagebuch.

- Notieren Sie Tag für Tag alle Speisen und Getränke, die Sie zu sich genommen haben.
- Schreiben Sie auf, wie die Situation war, als Sie etwas gegessen haben. Notieren Sie Ihre Gefühle vor und nach dem Essen. So könnte eine Zeile in Ihrem Ernährungstagebuch aussehen:

Datum Tageszeit	Speisen/ Getränke	Situation/ Grund	Gefühle vor dem Essen	Gefühle nach dem Essen
16.7. 14 Uhr	1 Tafel Schokolade	Unangenehmes Telefonat	Ärgerlich	Ruhiger, satter

- Führen Sie dieses Ernährungstagebuch tagtäglich etwa 14 Tage lang.
- Und vergessen Sie dabei bitte nicht, daß Sie Ihr Ernährungsverhalten nicht bewerten sollen. Bitte beobachten und notieren Sie lediglich Ihre Eßgewohnheiten.
- Tragen Sie gleich nach jeder Mahlzeit oder jedem Imbiß ein, was Sie gegessen oder getrunken haben. Nicht erst alles zusammen am Abend. Sie könnten sonst leicht etwas vergessen, vor allem auch Ihre jeweilige Stimmungslage.
- Nachdem Sie 14 Tage lang ein Tagebuch geführt haben, studieren Sie Ihre Eintragungen einmal in aller Ruhe. Es müßte nun deutlich erkennbar sein, wann Sie aus Hunger und wann aus »Frust« oder anderen seelischen Ursachen essen.

Essen Sie aus Hunger, oder essen Sie aus Frust? Das Ernährungsbuch hilft Ihnen, diese Situationen deutlich zu unterscheiden.

Checkliste: Essen ohne Hunger

Die nebenstehende Checkliste soll Ihnen helfen, sich über unnötiges Essen klar zu werden.

Bitte kreuzen Sie das jeweils für Sie Zutreffende an. In welchen Situationen essen Sie, um sich hinterher besser zu fühlen? Ich esse ...

- ❑ ... wenn ich einsam bin.
- ❑ ... wenn ich traurig oder deprimiert bin.
- ❑ ... um mich zu belohnen.
- ❑ ... wenn ich eine schwierige Aufgabe vor mir habe.
- ❑ ... wenn ich eine schwierige Aufgabe bewältigt habe.
- ❑ ... wenn ich Probleme mit meinem Partner habe.
- ❑ ... nach einem Streit.
- ❑ ... wenn ich das Gefühl habe, etwas verpatzt zu haben.
- ❑ ... wenn ich beruflich sehr im Streß bin.
- ❑ ... aus Liebeskummer.
- ❑ ... zur Belohnung, wenn ich etwas besonders gut gemacht habe.
- ❑ ... wenn ich mich geärgert habe.
- ❑ ... wenn ich das Gefühl habe oder hatte, unterlegen zu sein.
- ❑ ... wenn ich mich unsicher oder ängstlich fühle.
- ❑ ... wenn mir jemand Vorschriften macht, wieviel ich essen darf.
- ❑ ... wenn ich ....?

Sie können weitere Situationen eintragen, in denen Sie sich dabei ertappen, daß Sie völlig unnötig essen.

Checkliste: Gründe, nicht abzunehmen

Bitte kreuzen Sie das Zutreffende an. In Ihrem Unterbewußtsein sind Gründe gespeichert, die Sie bisher daran gehindert haben abzunehmen: Ich habe nicht abgenommen ...

- ❑ ... weil ich ohnehin bald wieder zunehmen würde.
- ❑ ... weil ich nicht über einen starken Willen verfüge.
- ❑ ... weil ich ohne Essen mit meiner Wut, Langeweile, Trauer, Einsamkeit usw. nicht zurecht komme.
- ❑ ... weil Essen mein einziges Vergnügen ist.
- ❑ ... weil es mir nach dem Essen immer besser geht.
- ❑ ... weil ich nie aussehen möchte wie ....
- ❑ ... weil ich aussehen möchte wie ...., die/den ich wirklich toll finde.
- ❑ ... weil ich Angst vor Menschen habe.
- ❑ ... weil ich dann häufiger intime Kontakte hätte, vor denen ich letztlich Angst habe.
- ❑ ... weil ich meinen Eltern (meinem Partner, meinen Freunden) zeigen möchte, daß es mir gut geht.
- ❑ ... weil mein Partner (meine Eltern) von mir verlangt, daß ich immer tüchtig mitesse.
- ❑ ... weil ich dann im Beruf (in der Familie, in der Freizeit, mit meinen Freunden) viel mehr gefordert würde.
- ❑ ... weil ich ....?

Sie können weitere Gründe eintragen, warum Sie glauben, daß Sie bisher nicht abgenommen haben.

Vieles spielt eine Rolle, wenn jemand nicht abnehmen will: Am seltensten sind es die Fettzellen, am häufigsten handelt sich sich um unbewußte Blockaden.

Phase 2: Umlernprozesse

Nun beginnt die wohl schwierigste Phase. In ihr werden Sie lernen, alteingefahrene Gewohnheiten, die Sie als falsch erkannt haben, durch neue zu ersetzen. Die im Unterbewußtsein vorhandenen negativen, dickmachenden Programmierungen müssen gelöscht und durch positive, schlankmachende, ersetzt werden. Sie werden mit der Zeit davon abkommen, sich im Geist als dick zu betrachten und sich wie eine Dicke zu verhalten. Sie werden vielmehr lernen, sich als schlanke Person zu sehen und sich wie jemand zu verhalten, der ganz natürlich schlank ist. Ihr äußeres Erscheinungsbild wird sich mit der Zeit nach dieser Vorstellung richten.

Umlernen und Entspannung

Am besten funktioniert das Umlernen in Verbindung mit bestimmten Entspannungstechniken (siehe Seite 120ff. und Seite 135ff.). Sie können eine wertvolle Hilfe dabei sein, falsche Programmierungen gewissermaßen aufzuweichen und einen lockeren Nährboden für das Erlernen besserer Verhaltensweisen zu bereiten.

Sie müssen wollen, was Sie tun werden

Jeder Mensch verfügt über ein enormes geistiges Potential, genau das zu tun, was er will, und das zu erreichen, was er sich wünscht, vor allem schlank und gesund zu sein.

Wer sich den Umlernprozeß allein nicht so recht zutraut, kann hierbei auch fachpsychologische Hilfe in Anspruch nehmen oder in eine Selbsthilfegruppe gehen. Aber Sie sollten sich über eines im klaren sein: Umlernen müssen Sie in jedem Fall aus eigener Kraft heraus. Der Psychologe oder Therapeut kann dabei immer nur unterstützende Arbeit leisten.

In unserem Unterbewußtsein sind eine Menge von Vorstellungen und Erwartungen gespeichert, die unser ganzes Leben beeinflussen, meist ohne daß wir davon Kenntnis haben. Negative Vorstellungen können zu Krankheiten oder eben zu Übergewicht führen, positive Vorstellungen helfen, die Gesundheit zu erhalten und Übergewicht zu beseitigen falls nötig.

Für viele Menschen ist eine positive Einstellung zum Leben ganz natürlich, andere müssen erst die Kunst erlernen, wie sie sich durch positive Selbstbeeinflussung die guten Gedankenkräfte zunutze machen können.

Setzen Sie sich ein Ziel!

Zum Umlernen gehört der Entschluß

Wenn Sie abnehmen wollen, wird es Zeit, einen Entschluß zu fassen. Sie haben ihn natürlich schon gefaßt, indem Sie dieses Buch gekauft haben. Aber fassen Sie Ihren Entschluß noch einmal ausdrücklich: Fassen Sie den Entschluß, schlank und gesund zu werden. Erst wenn Ihr Entschluß fest und unverrückbar ist, werden Sie auch über die geistige Kraft verfügen, ihn in die Tat umzusetzen.

Setzen Sie sich zunächst als Ziel, wieviel Sie abnehmen wollen. Doch bedenken Sie: Rom wurde auch nicht an einem Tag erbaut. Gehen Sie daher schrittweise vor. Setzen Sie sich erst einmal ein Nahziel, dann ein mittelfristiges und schließlich ein Fern- oder Endziel.

Die Ziele müssen wohlüberlegt sein. Vermeiden Sie zu hoch gesteckte Ziele.

Zunächst ist das Nahziel wichtig, denn es spornt sie an und motiviert Sie zum Weitermachen. Ein vernünftiges, ohne Diäten gut erreichbares Nahziel ist die Abnahme von ein bis zwei, höchstens drei Kilogramm pro Monat. (Falls Ihnen das zuwenig erscheint, bedenken Sie, daß es wahrscheinlich Jahre gedauert hat, Ihr Übergewicht aufzubauen.)

- Das Nahziel könnte also lauten: Ich möchte in vier Wochen vier Pfund abnehmen.
- Ein realistisches mittelfristiges Ziel wäre etwa: In drei Monaten wiege ich zwölf Pfund weniger.
- Und das Endziel: In einem halben oder einem Jahr habe ich mein Idealgewicht erreicht und wiege ...... Kilogramm, das sind .... Pfund weniger als jetzt.

Realistisch bleiben

Lassen Sie bitte bei der realistischen Festsetzung Ihres persönlichen Idealgewichts folgende individuelle Faktoren nicht außer acht:

- Alter
- Erbanlagen
- Skelettstruktur
- Schwangerschaften
- Einnahme der Antibabypille
- Wechseljahre bzw. Östrogenersatztherapien
- Individueller Körperbau

Berücksichtigen Sie all diese Faktoren, und ermitteln Sie ihr persönliches Wunschgewicht, bei dem Sie sich gesund und voller Elan fühlen – unabhängig von einem geltenden Schönheitsideal.

Das Unterbewußtsein steuern

Diese Zielsetzung ist eminent wichtig, denn das Unterbewußtsein muß schließlich wissen, wohin es überhaupt »gezielt« steuern soll. Es ist für die meisten Menschen von entscheidender Bedeutung, daß sie ein Ziel vor Augen haben, sei es in beruflicher oder privater Hinsicht. So ein Ziel verfolgt man aber gern im Hinblick auf die Meinung anderer. Man will Anerkennung, vielleicht sogar Liebe damit erringen.

Das Ziel, schlank zu werden, sollten Sie jedoch ausschließlich für sich selbst setzen. Tun Sie es nicht für Ihren Mann, Ihre Freundinnen, die Familie oder die Arbeitskollegen. Auch bestimmte Ereignisse wie eine bevorstehende Hochzeit oder ein geplanter Urlaub, den Sie mit einer guten Figur antreten wollen, sind keine wirklich überzeugenden Gründe, um dauerhaft an Gewicht zu verlieren. Denn sobald das Ereignis vorüber ist, schwindet meist auch der Wille abzunehmen, und man nimmt um so schneller wieder zu.

Gewicht und Figur

Sie sollten berücksichtigen, daß das Gewicht nicht immer ein zuverlässiger Indikator für eine schlankere Figur ist. Vielleicht sollten Sie dazu übergehen, zu messen, wieviel Umfang Sie verlieren möchten. Messen Sie den Umfang Ihrer Oberarme, der Brust, der Taille, der Hüfte und der Oberschenkel. Drücken Sie ihr Ziel in Zentimetern aus. Oder richten Sie Ihr Ziel darauf, daß Ihre schwarze Hose nicht mehr zwickt oder Ihnen das rote Partykleid wieder paßt, das Sie vor fünf Jahren gekauft und seither nicht mehr tragen konnten. Oder betrachten Sie Ihre Figur im Spiegel, und richten Sie Ihr Endziel darauf, daß der Bauch flacher wird und die Oberschenkel nicht mehr aneinander reiben.

Die Messung des Körperfettanteils ist nur bei spezialisierten Ärzten möglich.

Man kann auch den Körperfettanteil messen lassen. Für Frauen bis zu 30 Jahren sind 18 bis 25 Prozent Fettanteil ideal, für Frauen über 30 Jahren sind es 24 bis 36 Prozent. Für Männer liegt der Körperfettanteil generell etwas niedriger.

Übung: Sich ein Ziel setzen

Es empfiehlt sich, mit niemandem über das von Ihnen gewählte Ziel zu sprechen. Die Kraft, die aus dem Unterbewußtsein heraus wirkt, ist viel stärker, wenn das beabsichtigte Ziel nicht auf die gröbere Ebene der Sprache gehoben und von anderen zerredet wird. Aber schreiben Sie Ihr Ziel in jedem Fall auf, denn damit wird es fester im Unterbewußtsein verankert. Sie können sich an die Angaben halten oder eigene Vorgaben machen. Bitte füllen Sie aus:

- **Mein Nahziel ist**
  In .... Wochen wiege ich .... Pfund weniger.
  In .... Wochen messe ich um die Taille .... Zentimeter weniger.
  In .... Wochen ....
- **Mein mittelfristiges Ziel ist**
  In .... Wochen werde ich .... Pfund abnehmen.
  In .... Wochen werde ich .... Zentimeter verlieren.
  In .... Wochen ....
- **Mein Endziel ist**
  In .... Monaten habe ich mein Idealgewicht erreicht und wiege dann .... Kilogramm.
  In .... Monaten habe ich um die Taille .... Zentimeter verloren und messe dann .... Zentimeter.
  In ...... Monaten habe ich ....

Tip: Schreiben Sie Ihr persönliches Idealgewicht oder Ihre Wunschmaße auf einen Zettel, den Sie auf die Waage kleben oder in den Geldbeutel legen. So prägt sich Ihr Ziel besser ein.

Körpermaße (in cm)	Momentan	Gewünscht
Brustumfang	....	....
Oberarmumfang	....	....
Taillenumfang	....	....
Hüftumfang	....	....
Oberschenkelumfang	....	....

Wenn Sie sich einen Wunschzettel schreiben, sollten Sie darauf achten, daß niemand anderes diesen Zettel zu Gesicht bekommt. Er ist Ihr Geheimnis.

Wie das Unterbewußtsein funktioniert

Der unterbewußte Wecker funktioniert bei vielen recht gut, außer wenn sie zu spät ins Bett gegangen sind oder ein Gläschen Alkohol zuviel getrunken haben.

Wenn man morgens aufstehen muß, etwa um halb sieben Uhr, stellt man sich den Wecker. Durch diesen Vorgang und durch den bewußt verinnerlichten Gedanken: »Morgen, halb sieben Uhr aufstehen« prägt sich dieser Termin im Unterbewußtsein fest ein. Der unterbewußte Wecker klingelt dann am nächsten Morgen bei vielen Menschen bereits um fünf vor halb sieben. Man steht auf und hat noch genügend Zeit, um den Signalton abzustellen, ehe er einen unsanft aus den Träumen holen könnte.

Es scheint fast so, als würde einen das Unterbewußtsein wach werden lassen, damit man nicht von dem scharfen Summton unsanft aus dem Schlaf gerissen wird.

Vier Pfund in vier Wochen

Ebenso arbeitet das Unterbewußtsein beim Abnehmen. Sie geben das Ziel ein: vier Pfund in vier Wochen. Das Ziel wird dann allein dadurch, daß Sie sich dieses Ziel gesetzt und es auch aufgeschrieben haben, in Ihrem Unterbewußtsein gespeichert. Wenn das Unterbewußtsein gut funktioniert (und wir werden lernen, wie man das fördert), wird es dieses Ziel automatisch ansteuern. Das bedeutet, daß Sie dann von sich aus weniger essen werden – und auch vernünftiger essen, sich mehr bewegen, sich eine anregende Umgebung suchen werden, damit Sie dieses Ziel auch erreichen. Sie haben kaum mehr Appetit auf kalorienreiche, nährstoffarme Leckerbissen oder schwere, fettige und allzu süße Speisen.

Und wenn Sie einmal über die Stränge geschlagen haben, wird Ihnen das Unterbewußtsein signalisieren, daß jetzt ein paar maßvollere Tage angebracht wären. Sie haben folglich weniger Appetit – eigentlich ganz von selbst.

Die Programmierung ändern

Allerdings sind, bis das Unterbewußtsein automatisch richtig funktioniert, noch Hilfestellungen nötig. Bisher war Ihr Unterbewußtsein, wahrscheinlich ohne daß Sie es wußten, aufs Dicksein programmiert. Diese Programmierung muß nun gelöscht und durch eine neue ersetzt werden, nämlich durch die Programmierung:

- Ich bin schlank! oder Ich werde schlank!

Nehmen Sie sich Zeit!

Wer dauerhaft abnehmen möchte, also Fett verlieren und Muskeln aufbauen will, sollte sich unbedingt Zeit nehmen.

- Erstens hat es ja auch viele Jahre, vielleicht sogar Jahrzehnte gedauert, bis Sie so wurden, wie Sie jetzt sind – nun sollte es auf einige Monate auch nicht mehr ankommen.
- Zweitens birgt zu schnelles Abnehmen die Gefahr in sich, daß sich Heißhunger und Nachholbedarf einstellen und, wie bei den Diäten zuvor, kleine Erfolge rasch wieder zunichte gemacht werden. Es ist leider so, daß zu rascher Gewichtsverlust meist wieder eine rasche Gewichtszunahme zur Folge hat.
- Drittens werden Sie, um dauerhaft abzunehmen, Ihr Denken, Ihr Fühlen und Ihr Verhalten verändern – und das braucht seine Zeit. Um eine sichtbare Veränderung Ihres Körpers zu erzielen, die auch dauerhaft beibehalten wird, sollten Sie mindestens 10 bis 20 Wochen, also bis zu einem halben Jahr, einkalkulieren.
- Und viertens sind Sie bestimmt auch so liebenswert, wie Sie jetzt sind, ganz unabhängig von dem Gewicht, das Sie anstreben.

Ganz wichtig ist: Langsam abzunehmen bedeutet, dauerhaft abzunehmen.

Machen Sie sich einen Plan. Überfordern Sie sich aber nicht: Sie und vor allem Ihr Körper brauchen schon etwas Zeit für die Umstellung.

Psychologische Selbsthilfen

Der Abbau von Übergewicht muß vom Kopf her durch eine Umprogrammierung des Unterbewußtseins und durch Umlernen erfolgen. Das klingt etwas einfacher, als es ist, denn dazu ist es nötig, eingefahrene Gewohnheiten durch andere zu ersetzen.
Jeder kennt das: Es ist irgend etwas kaputt, z. B. ein Wasserhahn. Man weiß es zwar, aber wie oft läuft man noch hin, ganz automatisch, um ihn aufzudrehen. Es kommt kein Wasser? Stimmt, er ist ja kaputt. Es dauert eine Zeitlang, bis man verinnerlicht hat, daß der Hahn defekt ist, und man schließlich nicht mehr hinfaßt, um ihn aufzudrehen. Wenn der Klempner dann endlich da war, braucht es wiederum eine gewisse Zeit, bis der vertrauensvolle Urzustand wiederhergestellt ist. Wenn man den Hahn das erstemal wieder nutzt, ist man fast überrascht, daß er wieder anstandslos funktioniert.

- Als Faustregel gilt: Es dauert mindestens vier bis acht Wochen, bis man von einer festen Gewohnheit abkommt.

Problemesser werden in der Umlernphase auch erfahren, daß das Essen die Probleme nicht löst, ganz im Gegenteil, sie werden in der Regel dadurch nur noch größer. Problemesser sollten sich mit anderen Problemlösungsmechanismen vertraut machen.

Mit Gewohnheiten brechen

Da Gewohnheiten automatisch funktionieren, praktisch wie »im Schlaf«, dauert es eine Weile, bis man sie durch andere Verhaltensweisen ersetzen kann.

Die Gewohnheit ist eine der stärksten Kräfte im menschlichen Leben. Eine gute Angewohnheit, wie regelmäßig Sport zu treiben, kann ungemein hilfreich sein. Eine schlechte Angewohnheit, z.B. Rauchen oder Sich ständig Überessen, ist auf Dauer sehr schädlich. Gewohnheiten sind automatische Handlungsweisen, die ablaufen, ohne daß jeweils bewußte Entscheidungen getroffen werden müssen. Gewohnheiten sind für viele Lebensvorgänge gut und notwendig, denn Sie können sich nicht bei jeder Handlung im einzelnen neu entscheiden, wie Sie z. B. gehen, sprechen, beim Autofahren schalten, ein Musikinstrument spielen, schreiben, lesen, lachen usw.
Wenn Sie gegen eine Gewohnheit handeln, werden Sie merken, daß ihr Organismus darauf erst einmal unangenehm reagiert. Eine Gewohnheit zu verändern, kostet etwas Mühe.

Übung: Das Hungergefühl wieder lernen

- Ich esse nur noch, wenn ich wirklich (körperlichen) Hunger habe.
- Ich höre auf zu essen, sobald ich eine leichte Sättigung verspüre.
- Ich esse auch dann nicht weiter, wenn noch etwas auf dem Teller liegt.

Wichtig: Durch Essen löst man keine seelischen Probleme, im Gegenteil, man schafft dadurch nur neue.

Sie haben bisher, außer wenn Sie hungrig waren, noch aus verschiedenen anderen Gründen gegessen, aus Streß, Kummer, Einsamkeit etc. Von nun an fragen Sie sich jedesmal, ehe Sie etwas essen: »Bin ich wirklich hungrig?« Wenn Sie daraufhin feststellen, daß dem nicht so ist, daß Sie also keinen echten körperlichen, sondern »nur« seelischen Hunger verspüren, werden Sie dennoch – aus Gewohnheit – weiterhin das Verlangen nach Essen haben. Auch wenn Sie Ihre Denk- und Eßgewohnheiten bereits geändert haben, sind die Reaktionen des Körpers noch eine Weile die alten. Aber diese negativen Gefühle werden nach einer Weile verschwinden. Dann, wenn Sie eine neue Gewohnheit verinnerlicht haben, nämlich die, daß Sie auf negative Gefühle nicht mehr mit Essen reagieren.

Mit der Zeit wird der seelische Hunger ganz verschwinden. Sie sind zwar wie früher manchmal im Streß, fühlen sich einsam und vernachlässigt oder haben Kummer, aber Sie müssen darauf nicht mehr mit Essen reagieren.

Bis dieser Umlernvorgang abgeschlossen ist, dauert es mindestens vier Wochen, wahrscheinlich sogar länger. Kummer ist jetzt für Sie ein Signal, um sich mit seelischen Problemen auseinanderzusetzen, nicht mehr ein Signal zum Essen. Das 20-Wochen-Programm (Seite 152ff.) wird ihnen helfen, die Umgewöhnung im Hinblick auf Ihr Eß- und Bewegungsverhalten leichter zu vollziehen.

Die Macht der Gewohnheit

Alte Gewohnheiten haben die Eigenschaft, daß sie sich gegen Veränderungen zur Wehr setzen. Das äußert sich in Gedanken wie:

- Das schaffe ich nie, diese Situation (Streß, Verzweiflung, Einsamkeit) ohne Essen durchzustehen.

- Schokolade stärkt die Nerven. Ohne Süßigkeiten bin ich den täglichen Belastungen schutzlos ausgeliefert.
- Warum soll ich mich überhaupt verändern, ich bin doch im Moment ganz o.k.
- Ich weiß jetzt, wie es geht, mich zu verändern, aber ich muß ja nicht gleich heute damit anfangen.
- Ich fühle mich miserabel. Wenn ich jetzt nichts esse, werde ich nur schwach und krank.
- Das ist doch alles Blödsinn, was da geschrieben wird. Auf diese Weise nimmt man doch nicht ab.
- Ich bin nun einmal dick, und so soll es wohl sein.

Negative Gedanken vermeiden

Sie müssen mit starken mentalen Abwehrmechanismen rechnen, wenn Sie sich ändern wollen.

Negative Gedanken stellen noch den Einfluß der alten Gewohnheiten dar. Es sind lediglich Tricks, um sich vor Veränderungen zu schützen. Es gibt eine starke innere Abwehrhaltung gegenüber Neuem. Halten Sie dem in Gedanken entgegen:

- Es gab bisher verschiedene Gründe für mich, dick zu werden. Nun habe ich mich aber entschieden, schlank zu sein. Ab jetzt überwiegen die Gründe, schlank zu werden.
- Ich werde Essen nicht mehr als Mittel benutzen, um mit emotionalen Problemen umzugehen.
- Je weniger ich den alten Gewohnheiten nachgebe, desto rascher werden mir die neuen Gewohnheiten geläufig sein.
- Es hat seine Zeit gebraucht, dick zu werden, nun braucht es wieder Zeit, bis ich denke, fühle und handle wie schlanke Menschen.

So verändern Sie negative Gewohnheiten

- Zuerst machen Sie sich Ihre negativen Gewohnheiten bewußt.
- Dann überprüfen Sie die Gewohnheiten und ersetzen diese, wenn es nötig ist, durch neue, bessere Gewohnheiten.
- Die neuen Gewohnheiten prägen sich durch Wiederholung ein, bis sich ein Automatismus einstellt.

Erst sich annehmen, dann abnehmen

Wichtig: Wer schlank ist, ist nicht gleichzeitig zufrieden und erfolgreich, sondern erst einmal »nur» schlank.

Viele beleibtere Personen glauben, Sie würden glücklicher sein, wenn sie nur erst schlank wären. Ebenso wie andere glauben, sie wären ganz bestimmt glücklich, wenn sie nur erst reich wären. Das scheint so nicht zu stimmen. Ein Armer, der reich wird, ist dann zwar reich, aber nicht unbedingt auch glücklich. Und eine Dicke, die schlank wird, ist dann zwar schlank, aber vielleicht nach wie vor unglücklich. Nur wer dick schon glücklich war, wird nach dem Abnehmen wahrscheinlich auch glücklich bleiben – und dazu noch schlank sein. Damit Sie später gleichzeitig schlank und glücklich werden, sollten Sie sich zunächst um Ihr persönliches Glück kümmern. Versuchen Sie, innerlich mit sich selbst ins reine zu kommen. Arbeiten Sie daran, daß Sie sich selbst so annehmen können, wie Sie momentan sind. Denn eigenartigerweise fällt dann das Schlankwerden viel leichter. Warum? Zum einen ist man nicht mehr so empfindlich, weil man sich ja mag. Kritik oder Bemerkungen anderer nimmt man dann nicht mehr persönlich und muß vermeintliche oder tatsächliche Zurückweisungen auch nicht durch Freßorgien kompensieren. Zum anderen wird man beliebter und von anderen leichter akzeptiert, wenn man zu sich steht und sich mag, wie man nun einmal ist.

Nicht dauernd ans Abnehmen denken

Wer sich selbst in seiner runden Form akzeptiert, muß nicht dauernd ans Abnehmen denken und damit im gleichen Atemzug wieder vom Essen träumen. Andernfalls kreisen die Gedanken nur immer um das gleiche Thema: Abnehmen – Essen – Abnehmen – Essen usw. – und zwar so lange, bis sich ein gewaltiger Heißhunger, entstanden aus dem vermeintlich notwendigen Verzicht, entwickelt hat. Dann quält man sich noch eine Weile herum, wirft schließlich alle guten Vorsätze über Bord und trabt zum Bäcker, um Kuchen zu holen.

In diesem Zusammenhang eine Binsenweisheit: Wie sollen andere Sie mögen, wenn Sie sich selbst nicht einmal mögen? Diejenigen, die sich zunächst als dick annehmen, stehen nicht unter dem ständigen Druck, abnehmen zu müssen. Sie denken meistens gar nicht daran. Vermutlich sind sie viel zu beschäftigt mit anderen Dingen.

Eine wichtige Bedingung fürs Schlankwerden ist daher, sich erst einmal so zu akzeptieren, wie man ist.

Übung: Lernen, sich zu mögen

Machen Sie jeden Tag zweimal folgende Übung, am Morgen gleich nach dem Aufstehen und am Abend beim Abschminken: Stellen Sie sich vor Ihren Spiegel, schauen Sie sich direkt in die Augen, und sprechen Sie diesen Satz laut aus:

- »Ich mag mich, so wie ich bin.«

Auch wenn Sie anfangs das Gefühl haben, daß das nicht der Wahrheit entspricht, halten Sie sich nicht weiter bei diesem Gedanken auf. Wenn Sie einen inneren Widerstand gegen diese Aussage verspüren, legen Sie ihn, bildlich gesprochen, zur Seite. Ignorieren Sie ihn einfach, ohne sich dabei zu verkrampfen. Mit der Zeit wird das Unterbewußtsein den Satz »Ich mag mich, so wie ich bin!« verinnerlichen.

Übung: Lernen, sich positiv zu sehen

Damit ein positives Selbstbild in Ihrem Unterbewußtsein verankert wird, sollten Sie sich die Liste Ihrer positiven Eigenschaften täglich einmal durchlesen.

Überlegen Sie, was Sie an sich und Ihrem Körper positiv finden, und schreiben Sie es auf. Wenn sie meinen, daß an Ihnen nicht viel Positives sei, dann überlegen Sie einmal, ob Sie vielleicht Eigenschaften haben, die sie auch an anderen Menschen feststellen und an denen vielleicht sogar bewundern. Sollte das der Fall sein, bedenken Sie: Diese Eigenschaften sind auch an Ihnen bewundernswert!

- Ich mag an mir charakterlich:..
- Ich mag an mir körperlich (Füße, Brust, Ohren, sonstiges): ....
- Weshalb mag ich das?..

Notieren Sie auf kleine Zettel alle Liebenswürdigkeiten, die man zu Ihnen sagt, auch wenn sie noch so nebensächlich erscheinen. Heben Sie diese Zettel in einer hübschen Dose auf, und lesen Sie sie durch, wenn Sie deprimiert sind oder sich einsam fühlen.

Entspannung ist wichtig

Das Unterbewußtsein hat eine Schutzfunktion. Erlebnisse, die den Menschen zu sehr belasten würden, werden dort solange »verstaut«, bis man in der Lage ist, diese Dinge anzusehen und zu »verarbeiten«. Durch Entspannung öffnen sich die Türen Ihres Unterbewußtseins. Im Zustand der Entspannung können dickmachende Verhaltensmuster im Unterbewußtsein quasi aufgeweicht und leichter durch andere, schlankmachende ersetzt werden. Auch alle Vorstellungsübungen fallen in einem entspannten Zustand wesentlich leichter. Es hat sich zudem gezeigt, daß im Zustand tiefer Entspannung Gedanken und Bilder aufsteigen können, die der Schlüssel zur Frage sind, warum Sie überhaupt soviel essen. Eine unverkrampfte, entspannte Betrachtungsweise schärft die Fähigkeit zur Selbsterkenntnis und macht Sie objektiver.

Es gibt viele verschiedene Möglichkeiten, sich zu entspannen. Bewährte Methoden der Entspannung, wie sie später noch vorgestellt werden, sind das autogene Training (Seite 120ff.) und Yoga-Übungen (Seite 135ff. und Seite 163ff.).

Stellen Sie sich vor ...

Die Vorstellungsübungen, die das Gehirn mit neuen Bildern füllen, fallen am leichtesten, wenn Sie entspannt sind.

Vieles von unserer Vorstellungswelt entstand nicht aus uns selbst heraus, sondern von außen, durch Fremdeinwirkung. Es sind vor allem die Vorstellungen unserer Eltern, Lehrer, Freunde usw., aber auch die Vorstellungen der Medien und unseres gesellschaftlichen Umfelds. Erst muß uns das bewußt werden, dann können wir darangehen, unsere eigenen Vorstellungen in den Computer Gehirn einzugeben.

Dazu empfiehlt es sich, jeden Tag fünf bis zehn Minuten lang spezielle Vorstellungsübungen zu machen. Dadurch wird Ihr Bild, das Sie im Unterbewußtsein von sich haben, als Dicke oder Dicker nämlich, allmählich gelöscht und durch ein anderes, schlankes Bild, ersetzt. Und Ihr Aussehen wird mit der Zeit dem Bild, das Sie vor Ihrem geistigen Auge von sich haben, folgen. Wer Probleme hat, sich in der Phantasie etwas auszumalen, beginnt mit einer ganz einfachen Vorstellungsübung:

- Schließen Sie die Augen, und lassen Sie vor Ihrem geistigen Auge erst einmal etwas »Einfaches« erscheinen: eine Rose, einen Tannenbaum, eine Sommerwiese oder das Haus, in dem Sie wohnen.

Diese Vorstellungsübung sollte etwa fünf bis zehn Minuten dauern.

Übung: Lernen Sie umzudenken

Sie können diese Imaginationsübung machen, so oft Sie wollen. Auf jeden Fall sollten Sie aber ein paar Minuten direkt vor dem Einschlafen darauf verwenden, und zwar am besten täglich. Lassen Sie vor Ihrem geistigen Auge, möglichst mit geschlossenen Augen, folgende Bilder und Vorstellungen erscheinen:

- **Die Vorstellung, wie sie gern aussehen möchten**
  Sehen Sie sich so, wie Sie gern aussehen wollen, also gesund, fit, kraftvoll, schlank und schön. Aber sehen Sie sich mit »Ihrer« ganz persönlichen Idealfigur. Diese muß nicht mit den Vorstellungen der Werbung in Hochglanzmagazinen übereinstimmen. Denken Sie auch daran, daß Sie das Grundgerüst Ihres Körpers nicht verändern können. Der Körper- und Knochenbau bleibt, wie er ist. Wer klein und etwas rundlich angelegt ist, wer also einen kräftigen Knochenbau aufweist, wird nicht mit einem Mal lang und schmal.
- **Die Bild von sich selbst in Aktion**
  Die Vorstellungsübung fällt Ihnen leichter, wenn Sie sich in Aktion sehen. Sehen Sie sich im Gymnastikkurs, wie Sie elegant und mit Leichtigkeit in einem flotten Gymnastikdreß alle Übungen bewältigen, wie Sie die Treppe zum fünften Stock hochlaufen, ohne außer Atem zu kommen, wie Ihnen das tägliche Joggen ein körperliches und seelisches Hochgefühl verschafft. Stellen Sie sich in Kleidern vor, die Sie gern tragen möchten, im kleinen Schwarzen, im knappen Bikini. Sehen Sie sich, wie Sie tanzen, laufen oder hüpfen.
- **Das Bild genau fassen**
  Seien Sie in Ihren Traumbildern und Wunschvorstellungen möglichst konkret. Stellen Sie sich alles ganz detailliert vor.
- **Das Ausmalen von Situationen**
  Vielleicht hilft es Ihnen auch, wenn Sie sich bestimmte Situationen ausmalen, z. B. wie Ihnen, schlank und hübsch gekleidet, jemand begegnet, der Sie von früher kennt, als Sie noch dicker waren.

Übung: Lernen Sie umzudenken

Stellen Sie sich vor, wie diese Leute reagieren: ihre Überraschung, ihre Gesichter, die ausdrücken: »Das ist doch nicht etwa ...? Die hätte ich jetzt beinahe nicht mehr erkannt!« Stellen Sie sich in allen möglichen Situationen vor – zu Hause, am Arbeitsplatz, mit Ihrem Partner, aber stellen Sie sich immer schlank vor, mit einem gesunden Körper.

- **Die Vorstellung vom erreichbaren Ziel**
  Stellen Sie sich vor, was Sie alles tun werden, um Ihr Ziel, die Idealfigur, zu erreichen. Sehen Sie sich in einem Restaurant, wie Sie eine vitaminreiche, hochwertige Speise bestellen, wie Sie nur wenig essen und den Rest auf dem Teller lassen, weil Sie satt sind. Wie Sie die Sahnetorte ablehnen, die Ihnen die Bedienung zum Dessert vorschlägt – einfach weil Sie keinen Appetit darauf haben, sie sogar als zu fettig und zu süß empfinden. Sehen Sie sich in Ihrer Küche, wie Sie einen knackigen Salat aus vielerlei frischen Zutaten zubereiten und wie Sie ihn anschließend mit Genuß verspeisen.
- **Die Situationen fühlen**
  Wenn Sie etwas fortgeschrittener in bezug auf Ihre Vorstellungskraft sind, werden Sie diese Situationen nicht nur sehen, sondern auch fühlen. Sie fühlen Freude, Glück und Stolz. Sie spüren sich in Ihrem Idealkörper.
- **Mit Zweifeln umgehen**
  Natürlich klappen diese positiven Vorstellungsübungen nicht gleich auf Anhieb. Aber wenn Sie regelmäßig üben, wird es von Mal zu Mal besser gehen. Es werden anfangs noch Zweifel in Ihnen aufsteigen, die ihnen einzuflüstern versuchen: »So werde ich nie aussehen.« Oder Sie sehen Bilder von Ihrem Ist-Zustand. Das ist ganz normal.
- **Negative Gedanken links liegenlassen**
  Lassen Sie negative Gedanken und Zweifel ruhig vorüberziehen, und beschäftigen Sie sich nicht weiter mit ihnen. Wenden Sie sich einfach wieder Ihrem Wunschbild zu.

Sie können die Übung auch machen, wenn Sie irgendwo sitzen und warten müssen (in einer Praxis, im Zug oder Bus).

Das Bild von sich verändern

Mit entsprechenden Phantasiereisen werden negative Selbstbilder mit der Zeit aus Ihrem Kopf verbannt. Je häufiger Sie solche Vorstellungsübungen machen, desto eher prägt sich im Unterbewußtsein ein schlankes Bild von ihnen ein und desto eher werden Sie sich wie jemand verhalten, der von Natur aus schlank ist. Die Imaginationsübung oder, einfacher gesagt, die bewußt gestalteten Tagträume, kosten Sie nichts außer ein paar Minuten Zeit täglich. Sie sind einfach in der Handhabung und sehr wirksam.

Es empfiehlt sich, die Imaginationsübung zu machen, während Sie auf dem Sofa liegen oder draußen in der warmen Sonne sitzen. Nehmen Sie eine bequeme Haltung im Sitzen oder Liegen ein, schließen Sie die Augen, spüren Sie eine Weile Ihren Atem, und lassen Sie dann allmählich die Wunschbilder vor Ihrem geistigen Auge abrollen.

Imaginationsübungen tragen auch zu Ihrer Entspannung bei, schon allein dadurch, daß Sie sich täglich ein paar Minuten Zeit für sich selbst nehmen.

Mit der Zeit wird das Gehirn dadurch umprogrammiert; die alten automatischen, schlechten Denkgewohnheiten werden durch neue, positive ersetzt. Denken Sie einfach nicht mehr daran, wie Sie sich heute fühlen, sondern denken Sie, wie es sein wird, wenn Sie schlank und gesund sind. Malen Sie sich den Weg dorthin in ihrer Phantasie aus. Manchen gelingt es sogar, solche Imaginationsübungen mit offenen Augen während eines Spazierganges, beim Bügeln oder anderen leichten Tätigkeiten zu machen. Am besten wirken sie jedoch, wenn man sie regelmäßig vor dem Einschlafen praktiziert. Außerdem entführen sie einen leichter in schöne Traumwelten.

Machen Sie sich ein Bild

Suchen Sie als Hilfe ein Bild von sich aus früheren Tagen, auf dem Sie sich gefallen, auf dem Sie schlank und hübsch sind, heraus. Wenn Sie kein solches Bild haben, wählen Sie ein passendes aus einer Illustrierten, und fertigen Sie eine Collage mit Ihrem Gesicht (ausgeschnitten von einem Foto, auf dem Sie sich gefallen) an. Kleben Sie das Bild auf den Kühlschrank, oder stellen Sie das gerahmte Bild dorthin, wo Sie es jeden Tag sehen. Wenn Ihnen das unangenehm ist, achten Sie darauf, daß niemand anderes das Bild zu Gesicht bekommt.

Denken Sie immer positiv

Denken Sie nie mehr »Ich bin dick« oder »Ich bin häßlich«, auch nicht »Ich schaffe es nie, abzunehmen« oder »Ich bin ein Versager« oder »Eine Veränderung ist für mich nicht möglich«. Solange Sie diese oder ähnliche Gedanken haben, wird davon auch Ihr Verhalten bestimmt. Diese Gedanken haben Ihr Leben bisher so gestaltet, wie es ist. Sie können es aber in jede gewünschte Richtung verändern.

Auf Positives reagiert das Unterbewußtsein direkter

Ersetzen Sie negative Gedanken durch positive, also bejahende. Auf positive Ziele reagiert das Unterbewußtsein direkter. Statt »Ich will nicht dick werden« (enthält »dick«) denken Sie lieber »Ich bin (werde) schlank«. Statt »Ich habe keinen Hunger« denken Sie lieber »Ich bin satt«.

Wer sich vertieft mit der Technik des positiven Denkens und den Beweisen für dessen Wirksamkeit auseinandersetzen möchte, kann das beispielsweise mit den Werken (weit über 100 Buchtitel) von K. O. Schmidt tun.

Streßbewältigung, ohne zu essen

In Streßsituationen produziert die Nebennierenrinde in verstärktem Maß Adrenalin, ein Hormon, das sich, wenn es nicht abgebaut wird, zerstörerisch auf den Organismus auswirkt. Dauerstreß kann beispielsweise zum Herzinfarkt führen.

Wichtig ist, nicht gleich zum Kühlschrank zu laufen nach Enttäuschungen oder bei Streß. Eine Form der Streßbewältigung besteht darin, sich z. B. zu bewegen bzw. Sport zu treiben. Wer von sich weiß, daß er unter starker Anspannung zuviel ißt, sollte sich angewöhnen, zuerst körperlich aktiv zu werden. Schwimmen, Laufen, den Garten umgraben, sogar Fensterputzen sind Tätigkeiten, die das überschüssige Adrenalin im Körper wirkungsvoll abbauen. Hinterher müssen Sie zur Streßbewältigung mit Sicherheit nicht mehr viel essen.

Wer im täglichen Leben, beruflich oder privat, starken Belastungen ausgesetzt ist und als Folge davon zuviel ißt, sollte unbedingt regelmäßige Entspannungstechniken in seinen Tagesablauf einbauen. Yoga, Meditation, Tai Chi Chuan, Qi Gong etc. sind geeignete Methoden zum Abbau von Spannungen.

Entsprechende Kurse werden von den Krankenkassen, Volkshochschulen oder in Gesundheitsparks angeboten.

Es gibt viele Möglichkeiten, etwas anderes zu tun, als zu essen. Hier seien nur einige genannt:

- Nehmen Sie ein Bad, oder funktionieren Sie Ihren Feierabend gleich zu einem richtigen Schönheitsabend um mit Gesichtsmaske, Haar- und Körperpackung, Maniküre, Pediküre etc. Hören Sie dazu schöne, ruhige Musik, und entspannen Sie sich.
- Schreiben Sie einen Brief, oder telefonieren Sie mit jemandem, der Ihnen wohlgesonnen ist.
- Schreiben Sie Situationen, die starke Gefühle bei Ihnen erzeugen, auf. Dabei kommt es nicht auf Ihre schriftstellerischen Qualitäten an, sondern allein darauf, die Dinge einmal zu Papier zu bringen. Das kann Distanz schaffen.
- Wenn Sie essen wollen, weil Sie auf jemanden ärgerlich sind und es der betreffenden Person nicht direkt sagen können, so gehen Sie an eine einsame Stelle oder in den Keller und schreien sich Ihre Wut von der Seele. Dabei kann folgendes hilfreich sein: Rücken Sie einen Stuhl zurecht, und stellen Sie sich vor, die betreffende Person sitze darauf. Dann sagen oder schreien Sie der (vorgestellten) Person alles ins Gesicht, was Sie sonst nicht sagen können.

Positive Selbstbeeinflussung durch autogenes Training

Ziel des autogenen Trainings ist eine positive Lebenseinstellung sowie die Entspannung von Körper, Geist und Seele.

Das autogene Training, das vor etwa 50 Jahren von dem Berliner Nervenarzt Johannes Heinrich Schultz entwickelt wurde, ist eine Art Selbsthypnose oder positiver Selbstbeeinflussung, die Sie zu Hause, ohne die Zuhilfenahme eines Therapeuten, ausüben können. Mit dieser Trainingsmethode haben Sie ein Instrument in der Hand, mit dem Sie, in Verbindung mit veränderten Ernährungs- und Bewegungsgewohnheiten, Ihre Gewichtsprobleme in den Griff bekommen können. Einfach ausgedrückt funktioniert das autogene Training so: Sie denken in einer entspannten Körperhaltung immer wieder bestimmte Formeln, wobei durch die ständige Wiederholung die Inhalte dieser Formeln mit der Zeit fest im Unterbewußtsein verankert und schließlich Realität werden.

Fachliche Anleitung ist sinnvoll

An dieser Stelle soll nur kurz das Grundprinzip dieser Entspannungstechnik umrissen werden. Sie würden vielleicht sicherer damit umgehen, wenn Sie das autogene Training unter fachmännischer Anleitung erlernen. Kurse (meistens zwei Stunden pro Woche, sechs bis acht Wochen lang) werden in Gesundheitsparks, bei den Krankenkassen oder bei Ärzten angeboten. Wenn Sie es aber ohne Kurs erlernen wollen, sollten Sie möglichst die hier vorgestellten Grundbegriffe anhand eines ausführlicheren Buches noch vertiefen.

Sechs Grundübungen

Basis des autogenen Trainings sind sechs Grundübungen, von denen jede einzelne eine Woche lang eingeübt werden soll. Wenn Sie dann alle sechs Übungen beherrschen, machen Sie immer das ganze Programm.

Üben Sie möglichst nicht mit vollem Magen – das beeinträchtigt die Autosuggestion.

Um das gewünschte Ergebnis, nämlich die positive Selbstbeeinflussung, zu erzielen, sollten Sie anfangs am besten dreimal täglich üben, zumindest aber zweimal täglich, nämlich morgens und abends. Das autogene Training vor dem Schlafengehen ist übrigens eine gute Einschlafhilfe. Nur wenn Sie sehr wenig Zeit haben, wäre es immer noch besser, es zumindest einmal täglich zu praktizieren als gar nicht.

So läuft das autogene Training ab

- Für die Übungen nehmen Sie eine entspannte Haltung ein, entweder bequem und leicht nach vorn geneigt sitzend (sogenannte Kutscherhaltung, siehe dazu die Abbildung auf Seite 122) oder flach auf dem Rücken liegend.
- Schließen Sie Ihre Augen.
- Wiederholen Sie in Gedanken die Formeln (siehe Seite 123ff.), die Sie jedoch nicht laut aussprechen. Jede Formel wird etwa sechsmal gedacht.
- Sie müssen sich nicht mit aller Kraft auf den Inhalt der Formeln konzentrieren. Wiederholen Sie einfach konsequent und in aller Ruhe die Formeln, und legen Sie Ihr Bewußtsein in den angesprochenen Körperteil. Sie werden bemerken, daß sich mit der Zeit das, was Sie denken, z. B. Schwere, Wärme, Ruhe oder Stirnkühle, auch wirklich einstellt.

Wegfallen darf die Rücknahme, wenn Sie das Training vor dem Einschlafen machen oder wenn Sie während des Trainings einschlafen.

- Am Anfang jeder Übung und nach sechsmaliger Wiederholung der einzelnen Formel steht zusätzlich die Kurzformel »Ich bin ganz ruhig«. Sie wird immer nur einmal gedacht.

Ganz wichtig: die Rücknahme

Am Ende des autogenen Trainings steht immer die Rücknahme des Übungszustandes und die Rückkehr in den normalen Spannungszustand. Wenn diese Rücknahme nicht erfolgt, ist es möglich, daß Sie noch Stunden später unangenehme körperliche Empfindungen verspüren. Die Rücknahme erfolgt durch die Formel »Arme fest – tief ein- und ausatmen – Augen auf«. Dabei werden die Arme kraftvoll bewegt und die Hände zu Fäusten geballt. Dann wird tief und hörbar geatmet. Schließlich werden die Augen wieder geöffnet. Es schadet nicht, wenn Sie anschließend noch ein, zwei Minuten sitzen oder liegenbleiben.

***Die Kutscherhaltung:** Oberkörper/Oberschenkel, Oberschenkel/Unterschenkel sowie Unterschenkel/Füße bilden einen rechten Winkel. Halten Sie die Wirbelsäule aufrecht, und lehnen Sie sich nicht an.*

Übung: Autogenes Training

Üben Sie in der ersten Woche

- Ich bin ganz ruhig (1x)
- Formel: rechter (Linkshänder: linker) Arm ganz schwer (6x)
- Ich bin ganz ruhig (1x))
- Rechter (bzw. linker) Arm ganz schwer (6x)
- Ich bin ganz ruhig (1x)
- Rechter (bzw. linker) Arm ganz schwer (6x)
- Arme fest – tief ein- und ausatmen – Augen auf (1x)

Üben Sie in der zweiten Woche

- Ich bin ganz ruhig (1x)
- Rechter (bzw. linker) Arm ganz schwer (6x)
- Ich bin ganz ruhig (1x)
- Formel: rechter (Linkshänder: linker) Arm ganz warm (6x)
- Ich bin ganz ruhig (1x)
- Rechter (bzw. linker) Arm ganz warm (6x)
- Ich bin ganz ruhig (1x)
- Rechter (bzw. linker) Arm ganz warm (6x)
- Arme fest – tief ein- und ausatmen – Augen auf (1x)

Üben Sie in der dritten Woche

- Ich bin ganz ruhig (1x)
- Rechter (bzw. linker) Arm ganz schwer (6x)
- Ich bin ganz ruhig (1x)
- Rechter (bzw. linker) Arm ganz warm (6x)
- Ich bin ganz ruhig (1x)
- Formel: Atmung ganz ruhig und gleichmäßig (oder: Es atmet mich) (6x)
- Ich bin ganz ruhig (1x)
- Atmung ganz ruhig und gleichmäßig (6x)
- Ich bin ganz ruhig (1x)
- Atmung ganz ruhig und gleichmäßig (6x)
- Arme fest – tief ein- und ausatmen – Augen auf (1x)

Die Formel »Es atmet mich« besagt, daß der Atem nicht willentlich beeinflußt werden soll. Denken Sie die Formel, und lassen Sie den Atem in seinem natürlichen Rhythmus einfach zu.

Wem es sehr unangenehm ist, die Aufmerksamkeit auf das Herz zu richten, etwa weil er unter Herzbeschwerden leidet, der kann diese Formel überspringen und gleich zur nächsten Übung übergehen.

Übung: Autogenes Training

Üben Sie in der vierten Woche

- Ich bin ganz ruhig (1x)
- Rechter (bzw. linker) Arm ganz schwer (6x)
- Ich bin ganz ruhig (1x)
- Rechter (bzw. linker) Arm ganz warm (6x)
- Ich bin ganz ruhig (1x)
- Atmung ganz ruhig und gleichmäßig (oder: Es atmet mich) (6x)
- Ich bin ganz ruhig (1x)
- Formel: Herz schlägt ganz ruhig und regelmäßig (oder: Brustraum frei und weit) (6x)
- Ich bin ganz ruhig (1x)
- Herz schlägt ganz ruhig und regelmäßig (6x)
- Ich bin ganz ruhig (1x)
- Herz schlägt ganz ruhig und regelmäßig (6x)
- Arme fest – tief ein- und ausatmen – Augen auf (1x)

Üben Sie in der fünften Woche

- Ich bin ganz ruhig (1x)
- Rechter (bzw. linker) Arm ganz schwer (6x)
- Ich bin ganz ruhig (1x)
- Rechter (bzw. linker) Arm ganz warm (6x)
- Ich bin ganz ruhig (1x)
- Atmung ganz ruhig und gleichmäßig (oder: Es atmet mich) (6x)
- Ich bin ganz ruhig (1x)
- Herz schlägt ganz ruhig und regelmäßig (oder: Brustraum frei und weit) (6x)
- Ich bin ganz ruhig (1x)
- Formel: Sonnengeflecht strömend warm (oder: Leib bzw. Bauch strömend warm) (6x)
- Ich bin ganz ruhig (1x)
- Sonnengeflecht strömend warm (6x)

Übung: Autogenes Training

- Ich bin ganz ruhig (1x)
- Sonnengeflecht strömend warm (6x)
- Arme fest – tief ein- und ausatmen – Augen auf (1x)

Das Sonnengeflecht ist das Nervengeflecht in der Körpermitte, etwa in der Höhe des oberen Magens. Lenken Sie Ihr Bewußtsein also zum Bauch und in die Magengegend.

Üben Sie in der sechsten Woche

- Ich bin ganz ruhig (1x)
- Rechter (bzw. linker) Arm ganz schwer (6x)
- Ich bin ganz ruhig (1x)
- Rechter (bzw. linker) Arm ganz warm (6x)
- Ich bin ganz ruhig (1x)
- Atmung ganz ruhig und gleichmäßig (oder: Es atmet mich) (6x)
- Ich bin ganz ruhig (1x)
- Herz schlägt ganz ruhig und regelmäßig (oder: Brustraum frei und weit) (6x)
- Ich bin ganz ruhig (1x)
- Sonnengeflecht strömend warm (oder: Leib bzw. Bauch strömend warm) (6x)
- Ich bin ganz ruhig (1x)
- Formel: Kopf frei und klar, Stirn angenehm kühl (2x)
- Ich bin ganz ruhig (1x)
- Kopf frei und klar, Stirn angenehm kühl (2x)
- Ich bin ganz ruhig (1x)
- Kopf frei und klar, Stirn angenehm kühl (2x)
- Arme fest – tief ein- und ausatmen – Augen auf (1x)

Da diese Formel erfrischt, sollten Sie sie weglassen, wenn Sie das autogene Training vor dem Einschlafen machen. Denken Sie auf keinen Fall »kalt« statt »kühl«, das könnte zu Schwindel oder Kopfschmerzen führen.

Für die Entspannung des Sonnengeflechts (Solarplexus) ist es am Anfang hilfreich, wenn Sie Ihre Hände auf den Magen legen.

Übung: Autogenes Training

Die tägliche Übung lautet

- Ich bin ganz ruhig (1x)
- Rechter (bzw. linker) Arm ganz schwer (6x)
- Ich bin ganz ruhig (1x)
- Rechter (bzw. linker) Arm ganz warm (6x)
- Ich bin ganz ruhig (1x)
- Atmung ganz ruhig und gleichmäßig (oder: Es atmet mich) (6x)
- Ich bin ganz ruhig (1x)
- Herz schlägt ganz ruhig und regelmäßig (oder: Brustraum frei und weit) (6x)
- Ich bin ganz ruhig (1x)
- Sonnengeflecht strömend warm (oder: Leib bzw. Bauch strömend warm) (6x)
- Ich bin ganz ruhig (1x)
- Kopf frei und klar, Stirn angenehm kühl (2x)
- Arme fest – tief ein- und ausatmen – Augen auf (1x)

Das Grundübungsprogramm läßt sich in fünf bis sieben Minuten absolvieren. Es schadet jedoch nicht, wenn Sie sich mehr Zeit lassen. Wer die letzten drei Formeln nicht gern macht, kann sich auch nur auf die ersten vier Formeln beschränken.

Ihre persönliche Schlankheitsformel

Autogenes Training führt zur sogenannten Tiefenentspannung.

Wenn Sie mit Hilfe dieses Grundprogramms konsequent täglich morgens und abends üben (und zusätzlich noch in besonderen Streßsituationen), dann werden Sie schon bald eine gewisse Tiefenentspannung erreicht haben, die Ihrer Gesundheit und der schlanken Linie dient. Darüber hinaus bietet das autogene Training aber auch die Möglichkeit durch eine bestimmte Formel, die Sie sich selbst zusammenstellen können, ganz gezielt Einfluß auf das Übergewicht zu nehmen, sobald Sie den Zustand der Entspannung erreicht haben. Diese Formel wird auch Ihre Motivation in bezug auf neue Eß- und Lebensgewohnheiten positiv beeinflussen.

Die sogenannte Schlankheitsformel wird an die vorhergehenden Übungen angehängt. Erst danach erfolgt dann die gewohnte Rücknahme der Übungszustände (Arme fest – tief ein- und ausatmen – Augen auf). Die Formel, mit deren Hilfe Sie Ihr Eßverhalten gezielt beeinflussen, muß mindestens vier bis sechs Wochen regelmäßig angewandt werden, ehe die Selbstbeeinflussung zu wirken beginnt.

Berücksichtigen Sie bei der Schlankheitsformel Ihre ganz speziellen Vorlieben und Probleme.

Es gibt verschiedene Suggestionsformeln, die Ihr Eßverhalten beeinflussen können. Wählen Sie diejenigen aus, die Ihnen am ehesten zusagen.

Wer häufig zwischen den Mahlzeiten nascht, wählt beispielsweise folgende Formeln:

- Ich fühle mich wohl, frei und satt.
- Essen zwischen den Mahlzeiten vollkommen gleichgültig (unwichtig).

Wer immer wieder von bestimmten Dingen, z. B. Süßigkeiten, Schokolade, Torten oder Kartoffelchips zuviel ißt, baut seine spezielle (ungesunde) Leidenschaft in die Formeln ein:

- Ich bin ruhig, gelassen und satt.
- Süßigkeiten (oder ähnliches) vollkommen gleichgültig (unwichtig).

Wer häufig zu üppig ißt, kann sich mit folgendem behelfen:

- Ich esse und trinke leicht.
- Leicht und frei.

Wer zu schnell ißt oder schlingt, kann sich sagen:

- Jeden Tag esse ich ruhig und mit Genuß.

Auf jeden Fall positiv

Wichtig ist, daß die Formeln positiv formuliert sind und keine direkten Verbote enthalten. Dadurch wird suggeriert, daß bestimmte Lebensmittel, an denen man sich überißt, kein Problem mehr darstellen. Sie sind praktisch Nebensächlichkeiten. Ein striktes Verbot würde innerlich einen Widerstand aufbauen, den man aller Wahrscheinlichkeit nach doch überwindet, um dann in alter Manier weiterzuessen.

Gelassenheit und Bejahung sind zwei grundlegende Aspekte bei den Suggestionsformeln.

Die Formulierung »vollkommen gleichgültig« bewirkt eine gelassene Einstellung gegenüber den dickmachenden Verhaltensweisen und Lebensmitteln. Die positiven Suggestionen »frei sein, sich wohl fühlen, satt sein, gelassen sein« sollen bewirken, daß Ihnen die Verwirklichung der Vorsätze hinsichtlich einer neuen, gesünderen, schlankmachenden Lebensführung leichter fällt.

So werden Suggestionen wirksam

Ihre persönliche Schlankheitsformel sollte:

- Positiv formuliert sein
- Kurz und prägnant sein
- Eintönig und rhythmisch klingen
- Unbedingt in der Gegenwartsform (z.B. »Ich fühle mich wohl«) stehen.

Die Aussehensformel

Andere Varianten der Formel betreffen Ihr Gewicht und Ihr Aussehen, wie Sie es sich wünschen. Durch die ständige Wiederholung der Formel, Ihr Aussehen und Wunschgewicht betreffend, wird ein neues Bild von Ihnen in Ihrem Unterbewußtsein gespeichert. Mit der Zeit werden Ihre Verhaltensweisen sich dahingehend verändern, daß Ihr tatsächliches Bild sich dem anpaßt, das Sie in Ihrer Vorstellung von sich haben. Formeln, die das Äußere betreffen, könnten folgendermaßen lauten:

- Ich bin rank und schlank und vollkommen gesund.
- Ich sehe gut aus, bin und bleibe vollkommen gesund.
- Schlank ist schön und gesund.
- Ich bin rank und schlank und fühle mich vollkommen wohl und auch gesund.

Die Wunschgewichtsformel

Die Formel, die Ihr Wunschgewicht betrifft, könnte möglicherweise so lauten:

- Ich wiege höchstens .... Kilogramm (Wunschgewicht einfügen).

Finden Sie Ihre Formel

Es steht Ihnen frei, die Formeln abzuwandeln und entsprechend Ihren persönlichen Problemen zu kombinieren, beispielsweise indem Sie das Grundprogramm des autogenen Trainings durchlaufen und dann folgende Formeln anhängen:

- Ich fühle mich wohl.
- Süßigkeiten vollkommen gleichgültig.
- Ich bin rank und schlank und wiege höchstens 65 Kilogramm. (10- bis 30mal)
- Arme fest – tief ein- und ausatmen – Augen auf. (1mal)

Sie können die Formeln auch sprachlich etwas verändern, aber achten Sie darauf, daß die Formulierungen immer positiv sind, damit nichts Negatives in Ihrem Unterbewußtsein gespeichert wird.

- Suggerieren Sie sich niemals: »Ich bin nicht dick« – sondern statt dessen: »Ich bin rank und schlank«.

Was Sie beim autogenen Training beachten sollten

Ruhe ist beim autogenen Training wichtig: Schalten Sie Störquellen wie Radio, Telefon etc. aus.

Die Übungen des autogenen Trainings erlernt man in Stufen. Halten Sie sich also bitte an die auf Seite 123ff. angegebene Abfolge. Wenn Sie diese beherrschen, können Sie erst Ihre persönlichen Formeln sinnvoll einbauen.

Regelmäßigkeit ist beim autogenen Training ganz entscheidend. Nur durch dauernde Wiederholung läßt sich der Körper durch den Geist beeinflussen. Sie sollten – wenn möglich – dreimal täglich üben, zumindest aber zweimal. Empfehlenswerte Übungszeiten sind Tageseinschnitte, also morgens nach dem Aufwachen, mittags während der Mittagspause und abends vor dem Einschlafen. Das morgendliche Üben fällt »Nachteulen« normalerweise schwer; Betroffene sollten daher immer aufstehen, um der Gefahr des Einschlafens zu entgehen.

Wenn Sie »Ihre« ganz persönliche zusätzliche Formel gefunden haben, sollten Sie auch dabei bleiben. Hängen Sie Ihre persönliche Formel am Schluß des autogenen Trainings (vor der Rücknahme) an, dann ist Ihr Unterbewußtsein durch die tiefe Entspannung besonders aufnahmebereit. Wiederholen Sie die Formel in Gedanken etwa 10- bis 30mal.

Weitere Strategien zur Bewältigung von Problemen

Wie man mit Kritik umgehen kann

Stellen Sie sich folgende Situation vor: Sie sind dick und werden z. B. im Berufsleben kritisiert. Die Kritik könnte dann folgende Gedanken auslösen: »Ich bin eine Null, eine Niete, ein Versager. Es ist ja kein Wunder, daß mich niemand mag, so wie ich aussehe, dick und rund.« Anschließend kaufen Sie sich drei Großpackungen fettiger Kartoffelchips und setzen sich damit frustriert und gekränkt vor den Fernseher.

Sie sollten bedenken, daß auch schlanke und gutaussehende Menschen Kritik einstecken müssen.

Doch es gibt auch andere, gesündere Formen der Problembewältigung: Man könnte sich überlegen, ob die Kritik nicht möglicherweise berechtigt war – und man könnte versuchen, aus dieser Erfahrung zu lernen, um es das nächstemal besser zu machen. Dann benutzt man praktisch die Kritik als Mittel, um sich weiterzuentwickeln. Man weiß genau, daß es nichts mit dem persönlichen Wert zu tun hat, wenn etwas nicht gleich auf Anhieb klappt.

Es muß möglich sein, daß an Ihnen beruflich und privat Kritik geübt wird, ohne daß Sie es persönlich nehmen, in ein tiefes Loch fallen und sofort denken »Ich bin nichts wert« oder »Man mag mich nicht, weil ich dick bin. Deswegen sucht man nur nach einem Grund, um an mir herumzunörgeln«.

Kleines Gedankentraining

Verinnerlichen Sie sich folgendes: Sie sind genausoviel wert wie jeder andere Mensch, auch wenn Sie dick sind.

Kennen Sie die Geschichte mit dem Hammer?

In »Anleitung zum Unglücklichsein« erzählt Paul Watzlawick die Geschichte mit dem Hammer. Ein Mann will einen Nagel in die Wand schlagen, um ein Bild aufzuhängen, findet aber keinen Hammer. Er überlegt, ob er zum Nachbarn gehen soll, um sich dort einen Hammer auszuleihen. Doch plötzlich kommt ihm folgendes in den Sinn: »Was wird der Nachbar denken, wenn ich mir einen Hammer von ihm ausleihe? Bestimmt wird er denken: Das muß ein schöner Haushalt sein, in dem es nicht einmal einen Hammer gibt. Wahrscheinlich hat er auch Angst, daß ich seinen Hammer schmutzig oder gar kaputt mache und ihn am Ende nicht mehr zurückbringe. Das kennt man doch. Wahrscheinlich hält er mich für völlig unfähig.« In diesem Sinne kreisen die Gedanken des Mannes noch eine Weile um den Nachbarn. Schließlich kommt ihm in den Sinn, daß es ganz schön unverschämt von diesen Nachbarn ist, ihn für unfähig zu halten. Er reißt die Haustür auf, klingelt beim Nachbarn, und als dieser ahnungslos öffnet, schreit er ihn wutentbrannt an: »Behalten Sie sich doch Ihren Hammer, Sie Idiot!« Das Gesicht des Nachbarn können Sie sich vorstellen.

So geht es vielen von uns, und ganz besonders den Übergewichtigen. Wir mutmaßen ständig, was andere von uns denken könnten und malen uns das in den buntesten Farben aus. Ganz alltägliche Situationen werden oft fehlinterpretiert und zum Anlaß genommen, sich mies zu fühlen oder das negative Bild, das man von sich hat, zu bestätigen. Was die anderen in Wahrheit denken, hat mit unserer Interpretation der Dinge in aller Regel rein gar nichts zu tun.

Eine winzige Mißachtung, ein unfreundlicher Gruß etc. können gleich eine Flut übler Gedanken oder Minderwertigkeitsgefühle – und in der Folge Freßanfälle – auslösen.

Nicht von allen geliebt sein wollen

Bedenken Sie auch immer folgendes: Es muß einen nicht jeder mögen. Das hat nichts mit Ihren Qualitäten zu tun, nur mit der Einstellung, den Gefühlen des anderen. Sie können wahrscheinlich auch nicht jeden leiden. Bei den meisten Fällen von Abneigung handelt es sich um Vorurteile gegenüber Menschen, die man nicht gut kennt und deren Beweggründe man nicht versteht. Prägen sie sich folgendes ein:

- Sie sind liebenswert, auch wenn jemand an Ihnen Kritik übt, Sie übersieht o. ä.
- Wer eine positive Einstellung zu sich hat, d.h. vor allem, wer ein gesundes Selbstbewußtsein und Selbstvertrauen besitzt, ist auf die Anerkennung seitens anderer nicht angewiesen, auch wenn er sie natürlich wie jeder gern erfährt.
- Man kann es nicht allen recht machen. Es wird immer irgend jemanden geben, der Sie nicht voll akzeptiert. Das bedeutet aber nicht, daß Sie nicht liebenswert sind, sondern es hat nur mit den Vorstellungen dieses einzelnen Menschen zu tun, denen Sie zufällig nicht entsprechen. Na und?

Wichtig ist bei dieser Übung vor allem, daß Sie sich so annehmen, wie Sie sind.

Übung: Sein Verhalten analysieren

Wenn Sie sich öfter abgelehnt oder gekränkt fühlen und dann immer zum Trost zuviel essen, können Sie es mit dieser Übung zur Analyse des eigenen Verhaltens versuchen. Teilen Sie dazu ein Blatt Papier in vier Spalten ein:

- Spalte 1: Ereignis
- Spalte 2: meine Auslegung
- Spalte 3: mein Verhalten
- Spalte 4: frei lassen

1. In der ersten Spalte schreiben Sie die Situation auf, die sich zugetragen hat.
2. Daneben schreiben Sie Ihre Auslegung der Situation, alles, was Sie sich dabei gedacht haben.
3. In der dritten Spalte beschreiben Sie Ihr Verhalten in dieser Situation.
4. Die rechte Spalte lassen Sie vorerst frei.

Wenn Sie nun eine Reihe von Situationen aufgelistet haben, schauen Sie sich die Liste genau an und stellen sich zu den einzelnen Ereignissen folgende Fragen:

- War meine damalige Bewertung der Situation richtig?
- Oder habe ich durch eine negative Beurteilung eine an sich alltägliche Sache in ein negatives Licht gerückt?
- Hätten Sie sich anders verhalten können?
- Tragen Sie nun in die freie Spalte ein, wie Sie sich auch hätten verhalten können, wenn Sie das Ganze im nachhinein und mit Überlegung betrachten.
- Akzeptieren Sie sich bitte auch, wenn Sie im nachhinein feststellen, daß Sie bei der damaligen Situation falsch reagiert oder überreagiert haben.

Nehmen Sie sich an, mitsamt Ihrer Unsicherheit, Ihren Selbstvorwürfen, Ihrem Dicksein – das ist der beste Weg zu einem neuen, selbstbewußten Leben.

Negative Gefühle gegenüber anderen abbauen

Ein wichtiger Schritt beim Abnehmen ist die Beseitigung von negativen Gefühlen – von Vorwürfen, Haß, Rache- und Schuldgefühlen – gegenüber anderen und gegenüber sich selbst. Denn negative Gefühle haben auch körperliche Auswirkungen. Sie sind die Quelle vieler Krankheiten und oft auch von chronischem Übergewicht. Häufig wenden sich negative Gefühle, die man anderen entgegenbringt, mit der Zeit gegen einen selbst. Und wir bestrafen uns dann mit Krankheiten oder auch Übergewicht.

Wer nicht verzeihen kann, lebt immer in der Vergangenheit, kann sich also nicht auf die Zukunft und auf künftige Veränderungen konzentrieren.

Die negativen Gefühle verhindern, daß positives Gedankengut in unserem Unterbewußtsein Raum erhält, und stören unser geistiges Vorwärtskommen, das sich natürlich auch in einem veränderten Äußeren ausdrücken würde. Für den Abbau von Übergewicht müssen daher erst einmal negative Emotionen ausgeräumt werden. Der einfachste Weg, dies zu erreichen, liegt darin, daß Sie beispielsweise einem Menschen, der Ihnen Leid zugefügt hat, innerlich verzeihen. Verzeihen bedeutet, daß Sie sich aus dem geistigen Gefängnis der negativen Gefühle befreien. Verzeihen heißt nicht klein beigeben, es bedeutet loslassen und sich auf die Gegenwart, auf das Hier und Jetzt besinnen. Wenn Sie auf folgende Fragen mit Ja antworten, dann gibt es für Sie höchstwahrscheinlich etwas zu verzeihen:

- Fühlen Sie noch immer einen Schmerz, wenn Sie daran denken, was Ihnen (vor langer Zeit) einmal zugefügt wurde?
- Haben Sie gegenüber jemandem negative Gefühle?
- Haben Sie negative Gefühle gegenüber sich selbst?

Übung: Wie man verzeiht

Schreiben Sie auf ein Blatt Papier die Namen aller Personen, denen Sie etwas vorzuwerfen haben. Notieren Sie daneben, was es ist, das Sie ihnen noch immer nachtragen, beispielsweise:

- Meiner Mutter trage ich nach, daß ....
- Meinem Bruder trage ich nach, daß ....
- Meiner Freundin .... trage ich nach, daß ....
- Meinem (ehemaligen) Mann trage ich nach, daß ....
- Meiner Tochter .... trage ich nach, daß ....

Wenn Sie bemerken, daß Sie trotzdem noch mit bitteren Gefühlen an bestimmte Personen oder an sich selbst denken, dann wiederholen Sie die Übung über einen längeren Zeitraum.

Übung: Wie man verzeiht

- Meinem Lehrer, Herrn .... trage ich nach, daß ....
- Meiner Chefin, Frau .... trage ich nach, daß ....
- Meinem Arbeitskollegen .... trage ich nach, daß ....
- Meinem Arzt, Dr. .... trage ich nach, daß ....
- Meinem Unfallgegner .... trage ich nach, daß ....
- Meiner Nachbarin .... trage ich nach, daß ....
- Sonstige Personen ....

Wenn Sie diese Auflistung beendet haben, nehmen Sie sich eine Person heraus und gehen wie folgt vor: Lassen Sie in Ihrer Phantasie die Person erscheinen, der gegenüber Sie negative Gefühle hegen. Falls vorhanden, können Sie auch ein Foto der Person zur Hand nehmen. Holen Sie diese Person in Ihrer Erinnerung vor sich. Sagen Sie dann laut und deutlich:

- »Ich verzeihe dir aufrichtig, was du mir angetan hast. Ich weiß jetzt, daß du nur aufgrund deiner Erziehung, deiner Erfahrungen, deiner eigenen Not wegen oder aus Ungeschick so gehandelt hast. Das befreit mich von allen Vorwürfen, von Haß und schlechten Gefühlen.«
- Seien Sie ehrlich zu sich selbst. Haben Sie vielleicht auch negative Gefühle gegen sich selbst? Wenn Sie solche Gefühle bei sich feststellen, sagen Sie laut und deutlich:
  »Ich verzeihe mir aufrichtig, denn ich habe nur aufgrund meines damaligen Wissens, meiner Erfahrungen, aus Not oder Ungeschick so gehandelt. Das befreit mich von allen Vorwürfen, von Haß und schlechten Gefühlen.«
- Sollte Ihnen jedoch jemand etwas so Schlimmes angetan haben, daß Sie einfach nicht verzeihen können, so können Sie auf folgende Formulierung zurückgreifen:
  »Ich wende mich an eine höhere Macht. Sie möge dir .... (den Namen aussprechen) .... (die Tat – auch wenn es sich um eine für Sie fürchterliche Tat handelt – unbedingt aussprechen) verzeihen.«

Schuldgefühle abbauen

Sie haben Schuldgefühle, wenn Sie beispielsweise die Diät, die Sie sich fest vorgenommen haben, nicht durchhalten. Was sind Schuldgefühle? Sie sind Ausdruck eines schlechten Gewissens, weil man der eigenen Meinung nach versagt hat, und das macht einen ärgerlich. Doch was bringen Schuldgefühle? Die Tatsache, daß Sie nun verärgert sind, macht die Situation nicht ungeschehen und verhindert eine ähnliche Situation in Zukunft auch selten.

Ein schlechtes Gewissen macht weder vergangene Taten ungeschehen, noch verhindert es künftige.

Verstehen und besser machen

Akzeptieren Sie sich, auch wenn Sie einen Fehler gemacht haben. Wir sind nicht vollkommen, wir alle machen Fehler. Verzeihen Sie sich. Denken Sie daran, daß Sie es beim nächstenmal besser machen wollen. Akzeptieren Sie sich mit all Ihren Fehlern und Schwächen, was aber nicht heißen soll, daß Sie nicht daran arbeiten, sich zu verbessern.

Wie man Angst bekämpfen kann

Die meisten Ängste sind unbegründet. Nur in seltenen Fällen macht Angst Sinn und kann sogar lebensrettend sein. Die psychotherapeutischen Praxen sind jedoch voll von Leuten, die völlig irrationale Ängste haben, Ängste, die jeglicher Grundlage entbehren. Dutzende von Ängsten treiben die Menschen um und werden häufig auch durch Essen bekämpft. Eine Möglichkeit, die hilft: Wenn Sie nicht an die Angst bzw. den Auslöser der Angst denken, dann haben sie auch keine. Doch leider ist es sehr schwer, an etwas nicht zu denken. Einfacher ist es hingegen, an etwas anderes zu denken, sein Bewußtsein auf etwas anderes zu lenken. Wenn Sie unter Ängsten leiden und fühlen, wie diese aufkommen, dann probieren Sie einmal eine Übung aus dem Zen-Buddhismus aus: die Hara-Übung. Sie hat schon vielen Menschen geholfen.

Hara heißt Bauch

Durch diese Übung aktivieren Sie das Kraftzentrum Ihres Körpers, das Hara, der sich zwei Fingerbreit unter dem Bauchnabel befindet. Das Wort »Hara« kommt aus dem Japanischen und bedeutet eigentlich Bauch, meint aber mehr. Damit wird auch die »Erdmitte« des Körpers bezeichnet, sein körperliches und seelisches Kraftzentrum.

Die Hara-Übung versorgt Sie gewissermaßen mit geistiger Energie. Sie brauchen dann nicht mehr soviel aus der Nahrung zu schöpfen.

Übung: Das Stehen im Hara

Sie können diese Übung im Alltag so oft ausführen, wie Sie wollen. Das Ruhen im Hara kann erstaunliche Verbesserungen des Allgemeinbefindens bewirken und eine positive Veränderung der gesamten Persönlichkeit herbeiführen.

1. Stellen Sie sich gerade und breitbeinig hin. Die Arme hängen herunter.
2. Spüren Sie bewußt, wie Sie mit Ihren Fußsohlen auf der Erde stehen.
3. Entspannen Sie Ihre Schultern, und lassen Sie Ihr Bewußtsein in den Bauch hinabgleiten.
4. Drücken Sie mit beiden Fäusten etwa zwei Fingerbreit unter dem Nabel in den Bauch, und pressen Sie die Fäuste allein mit der Kraft Ihrer Bauchmuskeln wieder heraus.
5. Nehmen Sie die Anspannung in den Bauchmuskeln wieder zurück, aber nicht vollständig. Eine leichte Spannung sollte erhalten bleiben.
6. Seien Sie ganz in Ihrem Bauch, im Zentrum Ihres Körpers. Spüren Sie die Ruhe und die Kraft, die von Ihrem Bauch her den ganzen Körper durchströmt.
7. Jetzt stehen Sie felsenfest und unerschütterlich wie eine Pyramide.

Das für den Anfänger wichtige Eindrücken des Bauches mit den Fäusten und das anschließende Herausdrücken mit den Bauchmuskeln ist später nicht mehr nötig. Geübte schaffen es auch ohne diese Hilfe.

Die Hara-Stellung hat sich als Sofortmaßnahme bei aufkommenden Ängsten bestens bewährt. Sie zieht das Bewußtsein von den Angstgefühlen wirksam ab und aktiviert eine Kraft, die jeder nach kurzer Übungszeit schon am eigenen Leib erfahren kann. Wer es versteht, sein Bewußtsein vollständig in den Bauch zu lenken, braucht ihn auch nicht mehr mit Nahrung vollzustopfen.

Nehmen Sie sich etwas vor

Abzunehmen ist kein Lebensziel. Für schlanke Menschen ist Essen ein angenehmer und natürlich wichtiger Bestandteil des Lebens, nicht jedoch der absolute Lebensmittelpunkt. Nehmen Sie sich für die Zukunft etwas vor, was Sie schon immer gern tun wollten. Geben Sie Ihrem Leben einen anderen Sinn als die Sorge um ihr Gewicht. Wer mit etwas beschäftigt ist, das Spaß und Sinn macht, muß nicht ständig ans Essen denken. Machen Sie beispielsweise Yoga, oder beschäftigen Sie sich mit östlicher Philosophie. Erlernen Sie eine Sportart. Vielleicht suchen Sie sich eine Aufgabe in Ihrer Gemeinde und wenden sich Menschen zu, die Ihre Hilfe unter Umständen bitter nötig hätten, wie Obdachlose, alte Menschen oder Kranke. Werden Sie Schülerlotse. Geben Sie Nachhilfeunterricht. Lernen Sie ein Instrument, oder gehen Sie in einen Chor. Vielleicht haben Sie Lust, in einer Laienspielgruppe mitzuwirken? Auch der Tierschutzverein, Umweltschutzorganisationen, Malteser Hilfsdienst usw. sind für Ihre Mitarbeit dankbar. Sie könnten sich auch zu einer Gartenexpertin mit einem «grünen Daumen» entwickeln.

Entwickeln Sie neue Interessen, und wenden Sie sich neuen Betätigungsfeldern zu. Das kann die Aufmerksamkeit, die bisher ständig ums Essen kreiste, in andere Bahnen lenken.

Sich um andere, z. B. ältere Menschen zu kümmern kann ein tief befriedigendes Erlebnis sein. Und Zufriedenheit läßt einen vernünftig handeln und vernünftig essen.

Sein Leben mit sinnvollen Beschäftigungen zu füllen kann so befriedigend sein, daß man Ersatzhandlungen und Kompensationen – auch das Frustessen – vergißt.

Übung: Sich etwas vornehmen

Schreiben Sie alle Vorhaben auf, die Sie in den nächsten Monaten in Angriff nehmen wollen. Legen Sie diesen Zettel an einen Platz, an dem sie ihn öfter sehen.

Das werde ich in den nächsten Monaten machen:

- Im Beruf: ....
- Für meine Gesundheit: ....
- Mit meinem Partner: ....
- Für mein Äußeres: ....
- Mit den Kindern: ....
- In der Freizeit: ....
- Zu meinem Vergnügen: ....
- Für meine Fitneß: ....
- Mit meiner besten Freundin: ....
- Aus Interesse oder zur Fortbildung: ....
- In Gesellschaft oder für andere Menschen: ....
- Sonstiges: ....

Führen Sie zusätzlich ein Tagebuch, in dem Sie Ihre positiven Erlebnisse und persönlichen Erfolge festhalten. Fangen Sie gleich heute damit an. Notieren Sie alles, von dem Sie glauben, daß es für Sie persönlich ein großer Fortschritt war. Schreiben Sie auch Ihre Gedanken, Einstellungen und Gefühle auf, die Sie dabei hatten.

- Beispielsweise: War abends nach hartem Berufsalltag schlapp und müde. Bin trotzdem noch zur Gymnastik gegangen. Habe mich hinterher großartig gefühlt.

Wählen Sie eine Betätigung, die Sie wirklich beansprucht und die Ihnen Freude macht. Das wird nicht nur Ihre Gedanken vom Essen ablenken, sondern Ihnen auch Anerkennung und Befriedigung verschaffen, so daß Sie nicht mehr essen müssen, um eine innere Leere zu füllen.

Therapeutische Hilfen

Wer bemerkt, daß er trotz allem Bemühen mit dem Abnehmen einfach keinen Erfolg hat, sollte in Erwägung ziehen, fachmännische Hilfe in Anspruch zu nehmen. Da gibt es die unterschiedlichsten Angebote. Am besten wenden Sie sich zunächst an Ihren Hausarzt, der Sie beraten und an einen Spezialisten überweisen wird. Auch von den Krankenkassen oder Gesundheitsämtern erhalten Sie Adressen geeigneter Therapeuten und Therapieeinrichtungen.

Gesprächstherapie

Um Patienten zu helfen, sich besser kennenzulernen und die Ursachen für ihr Verhalten aufzuspüren, hat sich eine Einzelgesprächstherapie gut bewährt. Der Therapeut als Gesprächspartner wird motivierend auf Sie einwirken, so daß Sie eine Änderung ihres Ernährungs- und Bewegungsverhaltens auch durchhalten.
Unter Umständen genügen bereits etwa 20 Sitzungen. Wichtig ist allerdings bei allen Therapien, daß man dem Therapeuten Vertrauen entgegenbringt, damit man auch über sehr persönliche Probleme und Schwierigkeiten frei sprechen kann.

Die Kosten einer Gesprächstherapie werden meistens von den gesetzlichen Krankenkassen übernommen.

Psychoanalyse

Eine «klassische» Psychoanalyse nimmt sehr viel mehr Zeit in Anspruch. 100 bis 200 Sitzungen sind hierbei eher die untere Grenze. Da sich eine Analyse oft über mehrere Jahre hinzieht, ist sie zwecks Aufspüren der Gründe des Übergewichts nur bei sehr schweren seelischen Störungen anzuraten. In der Psychoanalyse wird versucht, die Wurzeln falschen Eß- und Bewegungsverhaltens aufzudecken. Mit der Erkenntnis und Verarbeitung des Erlebten wird schließlich eine Veränderung des Verhaltens einhergehen.

Gruppentherapie

Gerade bei Übergewicht haben sich Selbsthilfegruppen unter der Leitung erfahrener Therapeuten besonders bewährt. Die Hauptarbeit wird aber von den Gruppenmitgliedern selbst geleistet, während der Therapeut nur bei Bedarf lenkend eingreift. Als sinnvoll haben sich kleinere Gruppen von sechs bis acht Personen erwiesen.

Von Bedeutung ist bei dieser Therapieform, daß sich hier Menschen treffen, deren seelische Probleme die gleichen Auswirkungen haben, nämlich Übergewicht. Sie sind hier nicht die Ausnahme in einer Umgebung von Schlanken, sondern erkennen, daß es viele andere Menschen gibt, die die gleichen Probleme und vermeintlichen Schwächen haben. Aus diesem Grund können sich die Gruppenmitglieder schneller und freier über Ihre Konflikte und Erfahrungen austauschen. In der Gruppe geht es um:

- Erfahrungsaustausch bezüglich verschiedener Abnehmmethoden und Diäten
- Erkennen und Überwinden der für das Übergewicht verantwortlichen emotionalen Störungen
- Einübung von richtigem Eß- und Bewegungsverhalten
- Motivation zum Durchhalten.

Die Gruppentherapie ist ein hervorragendes Mittel zur Bekämpfung von Übergewicht für alle, die es allein nicht schaffen. Solche Gruppen werden von vielen Therapeuten, aber auch Krankenkassen und Volkshochschulen angeboten.

Selbsthilfegruppen

Die Adressen solcher Selbsthilfegruppen in Ihrer Nähe erfahren Sie aus dem Serviceteil der Tageszeitung, aber auch aus dem örtlichen Telefonbuch, bei den Krankenkassen und bei Therapeuten.

Nach dem Motto »Gemeinsam geht's leichter« sind mittlerweile weltweit operierende Selbsthilfegruppen von Übergewichtigen entstanden wie die »Weight Watchers« oder die »Overeaters Anonymous (OA)«, die nach ähnlichen Grundsätzen arbeiten wie die »Anonymen Alkoholiker«.

In den Sitzungen der OA, der anonymen Vielesser, kommen nur Betroffene zusammen, die auf die Unterstützung von Therapeuten verzichten. Obwohl sie ohne fachliche Anleitung arbeiten, können sie beste Erfolge vorweisen.

Die Gruppen der «Weight Watchers« werden dagegen von Therapeuten geleitet. Die Sitzungen finden meist im Wochenturnus statt.

Ziel dieser und anderer Selbsthilfegruppen ist der Erfahrungsaustausch, die Einsicht in die Notwendigkeit neuer Eß- und Bewegungsgewohnheiten und deren Erlernung.

Ganz wichtig ist die Motivation zum Durchhalten, die die Teilnehmer untereinander leisten.

Sogar das Immunsystem kann durch eine Hypnosetherapie verändert und stabilisiert werden. Das Foto zeigt eine Aufnahme einer Untersuchung an der Universität Konstanz.

Hypnoanalyse

Über Hypnose wird auf sanfte Weise das Unterbewußtsein beeinflußt. Bei der Hypnoanalyse wird der Patient vom Hypnotherapeuten in Hypnose versetzt und erinnert sich so besser an frühkindliche Erfahrungen, die ihn zum Vielesser gemacht haben. Zusammen mit dem Therapeuten wird nun versucht, diese Erfahrungen aufzuarbeiten. Bei der Hypnosetherapie werden auch die Notwendigkeit einer Schlankheitskur, die Fähigkeit zum Durchhalten sowie vernünftige Ernährungsgewohnheiten suggeriert. Eine wirksame Form der Selbsthypnose ist das autogene Training (siehe Seite 120ff.).

Unter Hypnose können Blockaden, die die Erinnerung versperren, gelöst werden.

Verhaltenstherapie

Der russische Forscher Iwan Pawlow fand bei Versuchen mit Hunden etwas Interessantes heraus: Bekanntermaßen sondern Hunde Speichel ab, wenn man ihnen Futter zeigt. Pawlow ließ nun jedesmal, wenn er den Tieren Futter zeigte, einen Ton erklingen. Als er das Futter nach einer Weile wegließ, kam es bei den Tieren bereits dann zur Speichelbildung, wenn sie einfach nur den Ton hörten. Man nennt so etwas einen bedingten Reflex.

Übergewicht entsteht durch falsche Ernährungs- und Lebensgewohnheiten, ursächlich jedoch durch seelische Faktoren, die diesen Gewohnheiten zugrunde liegen. Gemäß der Verhaltenstherapie ist es nun so, daß auch emotionale Störungen durch falsche Lernprozesse entstanden sind – ganz wie bei den Pawlowschen Hunden. Dadurch wurden Verhaltensweisen eingeübt, die später allein durch den Willen nur schwer veränderbar sind.

Lob und Tadel

Wenn man beispielsweise durch Lob und Tadel in der Kindheit dazu angehalten wurde, seinen Teller leerzuessen, ißt man später auch alles brav auf – obwohl man längst satt ist und auch nicht mehr dafür getadelt würde, wenn man es nicht täte. Dieses eingeübte Verhalten wurde aber durch die frühere ständige Wiederholung zum »bedingten Reflex«, der von Verstand oder Willen nicht mehr kontrollierbar ist.

Das Verhältnis Therapeut/Patient muß so vertrauensvoll sein, daß ein angstfreies Einstudieren von neuen Gewohnheiten möglich ist.

In der Verhaltenstherapie wird versucht, ohne weiter nach dem Woher und Weshalb zu forschen, alte, dickmachende Lerninhalte durch neue, gesündere zu ersetzen. Das geht natürlich nicht immer ohne Komplikationen, besonders wenn ein bestimmtes Verhalten mit Strafen anerzogen wurde. Um Konflikte zu entschärfen, gehen verhaltenstherapeutische Maßnahmen daher immer auch mit Anleitungen zur Entspannung einher.

Eine Verhaltenstherapie nimmt etwa 20 bis 30 Sitzungen in Anspruch. Während dieser Zeit sollte mit einer vernünftigen Umstellung der Ernährung und Lebensweise begonnen werden.

Logotherapie – dem Leben einen Sinn geben

Der Psychiater Viktor E. Frankl (geboren 1905 in Wien) hat mit der Bewältigung seiner eigenen Lebenskrisen auf eindrucksvolle Weise bewiesen, wie recht er mit der von ihm so genannten Logotherapie (griechisch »Logos« = Sinn) hat. Die Logotherapie ist in gewisser Weise eine Sinntherapie, bei der, vereinfacht gesagt, bestimmte Schwierigkeiten dadurch beseitigt werden, daß man seinem Leben einen neuen Sinn gibt oder überhaupt erst erkennt, daß man nur lebt, solange das Leben Sinn macht.

Frankl mußte während der Zeit des Naziterrors den Verlust seiner Familie erleben, die auf grausame Weise in Konzentrationslagern umkam, und durchlitt jahrelang selbst die Hölle einer solchen Vernichtungsstätte. Was er dabei an sich selbst und anderen feststellte, war folgendes:

- Solche Qualen überleben nur Menschen, die ihrer Existenz einen Sinn abgewinnen können.
- Wer keinen Sinn in seinem Leben findet, und sei es nur ein ganz persönlicher Sinn, der unter Umständen nichts mit dem großen »Sinn des Lebens« zu tun haben muß, ist unter solchen Extrembedingungen zum Scheitern verurteilt. Das Sinnvakuum läßt ihn dann zusammenbrechen.

Ein Rat an all jene, die sich im Wechselbad der Abnehm-Zunehm-Gefühle verstrickt haben: Geben Sie Ihrem Leben einen anderen Sinn als die Sorge um Ihr Gewicht.

Aus diesen Einsichten entwickelte Frankl später im Rahmen seiner psychologischen Forschungen die Theorie, daß seelische Krankheiten und neurotisches Fehlverhalten (wie etwa das Vielessen) auf eine Art von Sinnvakuum zurückzuführen sind. Demzufolge kann die Sinnleere, die gerade heutige Menschen, die ohne echte Aufgabe oder gelebte Religiosität sind, oft befällt, an Übergewicht oder körperlicher Vernachlässigung schuld sein.

Mit Hilfe eines Logotherapeuten kann man versuchen, der »inneren Leere« zu begegnen, kann man sich bemühen, seinem Leben wieder einen Sinn zu geben.

Worin dieser Sinn besteht, ist sicherlich von Mensch zu Mensch verschieden. Doch für alle Übergewichtigen sollte auf jeden Fall gelten: Geben Sie Ihrem Leben einen anderen Sinn, als ständig zu essen. (Vergleichen Sie hierzu auch die Übung »Sich etwas vornehmen«, Seite 138.)

Phase 3: Änderung von Verhaltensweisen

In dieser Phase werden Sie mit den neu erlernten Denk-, Eß- und Lebensgewohnheiten dem Übergewicht auf Dauer zu Leibe rücken. Die Anleitungen im 20-Wochen-Programm werden Ihnen dabei Hilfestellung leisten (siehe Seite 152ff.). Wenn Sie nach einer Weile Ihr persönliches Idealgewicht erreicht haben, wird es Ihnen ein Leichtes sein, dieses Gewicht auch zu halten – denn Sie haben nicht nur mittels Diäten an der Oberfläche gekratzt, sondern die wahren Ursachen für Ihr Übergewicht beseitigt.

Ein neuer Lebensstil

Bald werden Sie kaum mehr daran denken, daß Sie einmal dick waren. Denn Sie sind nun von innen heraus, in Ihrem Denken, Fühlen und Verhalten, schlank.

In der Umlernphase haben Sie Ihre Einstellungen und Gefühle, was das Essen betrifft, überprüft und sie gegebenfalls geändert. Den neuen Einstellungen und Gefühlen müssen nun Taten folgen, d. h. Sie sollten Ihr Verhalten und Ihre Gewohnheiten allmählich den gewonnenen Einsichten anzupassen versuchen. Denn nur wer sein Verhalten ändert, wird schließlich auch seinen Körper verändern.
Bisher war schon die Rede davon gewesen, daß es eine bestimmte Zeit braucht, um liebgewordene, jahrzehntealte Gewohnheiten zu ändern und neue Gewohnheiten einzustudieren. Deshalb sollte sich ein Programm, das die Umstellung der Eß- und Lebensgewohnheiten anstrebt, auch über einen längeren Zeitraum erstrecken.
Im folgenden 20-Wochen-Programm (das sind immerhin fünf Monate!) machen Sie sich mit einem neuen Lebensstil vertraut, der Sie allmählich an Gewicht verlieren läßt und der es Ihnen ermöglicht, Ihr Wunschgewicht anschließend auch mühelos beizubehalten. Dabei wird in kleinen Schritten vorgegangen. Alle zwei Wochen legen Sie ihr Augenmerk auf eine andere kleine Veränderung Ihrer Eß- und Lebensgewohnheiten sowie Ihrer Ernährungsweise. Nach diesen 20 Wochen wird es Ihnen ein Bedürfnis sein, den neuen Lebensstil auch beizubehalten. Er wird zum dauerhaften Bestandteil Ihres Lebens werden.
Die drei wichtigsten Programminhalte sind:

- Körperliche Bewegung tut gut
- Auswahl der Nahrungsmittel
- Veränderte Eßgewohnheiten statt Diät.

Körperliche Bewegung tut gut

Mit der Atemluft müssen etwa 70 Billionen Zellen unseres Körpers, die Muskeln und die inneren Organe mit Sauerstoff versorgt werden. Über die Lungen und das Herz wird der Sauerstoff in den Blutkreislauf und von dort aus in Muskeln und Zellen geleitet. Körperliche Betätigung ist die einzig wirksame Methode, um den Körper ausreichend mit Sauerstoff zu versorgen.
Was wenige wissen: Sauerstoff treibt den Fettabbau voran und gewährleistet, daß, wenn Sie schlank sind, nicht so rasch neues Fett gespeichert wird. Während Sie turnen, spazierengehen oder joggen werden außerdem Endorphine ausgeschüttet, die bewirken, daß Sie sich wohl fühlen und guter Laune sind. Die Übungen für den Körper bewirken noch anderes:

- Sie fördern den Muskelaufbau und vergrößern die Beweglichkeit.
- Sie stärken Herz und Kreislauf und regen den Stoffwechsel an.
- Sie verhindern die Ansammlung von Flüssigkeit im Gewebe und straffen die Haut.
- Sie fördern die Ausscheidung von Giften.
- Sie nehmen Hungergefühle und wirken streßreduzierend.

Außerdem erhalten Sie aufgrund der besseren Durchblutung klare Augen, eine rosige Haut, anmutigere Bewegungen, einen elastischen Gang, eine kraftvolle Haltung und insgesamt ein gesünderes Aussehen.

Wie wird geübt?

Sie fangen ganz langsam mit dem Bewegungstraining an und steigern Ihre Leistung allmählich. Es macht Spaß mitzuerleben, wie man immer mehr Kondition bekommt – aber dazu müssen Sie schon regelmäßig zwei- bis dreimal die Woche üben. Es muß ja nicht immer gleich ein anstrengender Dauerlauf oder ein Gymnastikkurs für Fortgeschrittene sein. Viel bewegen können Sie sich auch im Alltag. Machen Sie sich folgendes zur guten Angewohnheit:

Regelmäßigkeit in der Bewegung ist für die Fettverbrennung und den Muskelaufbau von großer Bedeutung.

- Gehen Sie so oft wie möglich spazieren. 15 bis 30 Minuten sind schon von Nutzen. Ein Abendspaziergang fördert zudem den gesunden Schlaf.

- Nehmen Sie, wann immer es geht, statt des Lifts die Treppe. (Natürlich müssen Sie das nicht tun, wenn Sie vollbepackt vom Großeinkauf kommen).
- Gewöhnen Sie es sich an, für kürzere Strecken auf das Auto zu verzichten: Gehen Sie zu Fuß, oder fahren Sie mit dem Fahrrad.
- Wenn Sie viel sitzen müssen, versuchen Sie es zwischendurch am Schreibtisch doch einmal mit folgender Übung: Setzen Sie sich gerade hin. Strecken Sie die Beine unter dem Schreibtisch aus, und heben und senken Sie die Beine 25mal.

Auswahl der Nahrungsmittel

Eine gesunde Ernährung soll hochwertig, fettarm, ballaststoffreich und dennoch abwechslungsreich und wohlschmeckend sein. Sie müssen dabei keineswegs auf irgend etwas verzichten. Auch wenn man ab und zu über die Stränge schlägt, wird es nicht gleich zu einem Rückfall in alte Ernährungsgewohnheiten kommen. Es ist im Gegenteil wichtig, daß Sie das Essen weiterhin genießen können, denn Lebensfreude ist mindestens genauso wichtig für Ihre Gesundheit wie eine vollwertige Ernährung.

Hände weg vom Fett

Zum Vergleich: In Japan liegt der Fettanteil bei nur 16 Prozent, im übrigen Asien bei 20 bis 25 Prozent.

Nur wer weniger Fett ißt, wird auf Dauer wirklich schlank. Der Fettanteil der Nahrung liegt in Deutschland im Durchschnitt bei 40 Prozent und ist damit eindeutig zu hoch. Die ideale Fettmenge sollte 20 bis 25 Prozent betragen. Oder in Gramm ausgedrückt: Bei einem Tagesbedarf von 2000 Kilokalorien sollten nicht mehr als 60 Gramm Fett in der Nahrung enthalten sein. Das ist leicht gesagt, erfordert aber einiges Umlernen, denn Fett schmeckt gut und bringt das Aroma von Fleisch und Gemüse oft erst so richtig zur Entfaltung.
Die Fettzellen, die ein Mensch hat, wurden meist schon in der Kindheit angelegt. Ißt ein Kind andauernd zuviel, bilden sich zahlreiche Fettzellen, die später auch nicht mehr verschwinden. Was sich ändert, ist lediglich ihr Füllungsgrad. Man kann die Fettzellen an ein niedrigeres Füllungsniveau gewöhnen. Dazu muß man jedoch langsam abnehmen (etwa zwei bis vier Pfund im Monat).

Wenig Süßigkeiten ...

Kuchen, Schokolade, Zuckerhaltiges aller Art üben einen besonderen Reiz auf unser Appetitzentrum im Gehirn aus. Je mehr Süßigkeiten man ißt, desto größer wird der Appetit darauf. Wenn wir uns Süßigkeiten zugeführt haben, erhöht sich anschließend unser Blutzuckerspiegel. Das fördert die Insulinproduktion in der Bauchspeicheldrüse. Das Hormon Insulin sorgt dafür, daß der Blutzuckerspiegel wieder sinkt, indem Zucker zur Leber und zu den Körperzellen geschafft wird. Ein Übermaß an Zucker erzeugt auch ein Übermaß an Insulin, das schließlich in größerer Menge vorhanden ist, als sie zum Senken des Blutzuckerspiegels gebraucht wird.

Insulin dient gleichzeitig auch als Botenstoff für unser Appetitzentrum. Bei Insulinüberschuß wird dem Gehirn signalisiert, mehr Zucker aufzunehmen, um die freien Insulinkapazitäten sozusagen zu binden. Dieser Ablauf kann Suchtcharakter annehmen.

Die Folge einer Insulinüberproduktion durch zuviel Zucker ist: Man hat noch mehr Hunger auf Süßigkeiten.

... und ein wenig Disziplin

Um ein kleines bißchen Disziplin in Sachen Süßigkeiten wird man bei Übergewicht mit Sicherheit nicht herumkommen. Von der Spirale des mehr und mehr muß man herunter. Denken Sie in diesem Zusammenhang auch an die Abnehmformel des autogenen Trainings: (siehe Seite 127).

Greifen Sie bei Hunger auf Süßes lieber zu Honig, der vom Körper so verarbeitet wird, daß in der Folge kein neuerlicher Appetit auf Süßes einsetzt.

Veränderte Eßgewohnheiten statt Diät

Verabschieden Sie sich grundsätzlich vom übertriebenen Kalorienzählen und vor allem vom Denken eines übergewichtigen Menschen. Sie müssen weder fasten noch eine Diät einhalten, um abzunehmen. Im Gegenteil: Sie sollten essen – aber nicht in der Weise, die Sie bisher praktiziert haben und die Sie hat dick werden lassen.

Sie werden lernen, mit Ihrer Ernährung anders, nämlich verantwortlich umzugehen.

Werfen Sie Ihre bisherigen Eßgewohnheiten über Bord. Entwickeln Sie ein natürliches, unverkrampftes Verhältnis zum Essen, so wie es natürlich schlanke Menschen von Haus aus haben, und lernen Sie richtig zu essen, so wie es schlanke Menschen ganz automatisch tun. Dabei ist zwar auch von Bedeutung, was Sie essen, aber ebenso wann, wie und wieviel Sie essen.

Was passiert bei einer Diät?

Wer hungert oder öfter hintereinander Diäten macht, erreicht, daß der Körper jede Nahrung intensiver verwertet. Denn wenn Sie bei einer Diät die Kalorienzufuhr drastisch einschränken, schaltet Ihr Organismus, um zu überleben, erst einmal auf »Sparflamme« um. Dabei passiert folgendes:

- Der Stoffwechsel verlangsamt sich, damit er mit weniger Kalorien auskommt.
- Die Fettzellen vermehren die fettspeichernden (lipogenen) Enzyme, damit sie für mögliche kommende Notzeiten besser gewappnet sind. (Deshalb funktioniert nach Beendigung der Diät auch die Fettabspeicherung besonders gut, und man nimmt schnell wieder zu.)
- Muskelgewebe wird abgebaut, um Kalorien für lebensnotwendige Funktionen zu gewinnen.

Besonders tückisch sind Diäten für das Muskelgewebe. Muskeln verbrennen bekanntlich Kalorien, und je weniger Muskeln Sie haben, desto weniger Kalorien werden verbrannt und desto mehr Kalorien können eingespart werden.
Um abzunehmen, müssen Sie essen – allerdings richtig essen. Nur wer regelmäßig und ausgewogen ißt, wird fit und schlank – und wird es vor allem bleiben.

Abschied von der Diät-Mentalität

Wenn Sie ständig daran denken, daß Sie abnehmen müssen, wie Sie das wohl schaffen könnten, welche Nahrungsmittel Sie essen dürfen und welche nicht und daß es Ihnen vielleicht nie gelingen wird, Ihr Übergewicht loszuwerden, dann kreisen Ihre Gedanken unaufhörlich um einen einzigen, unerfreulichen Themenkreis: Diät, Verzicht und lebenslange Eßkontrolle.
Kein Wunder, daß sie sich dabei verkrampfen, bis Sie schließlich alle guten Vorsätze sausenlassen und frustriert weitermachen wie bisher. Frauen, die schon viele Diäten hinter sich haben, werden oft nicht schlanker, sondern handeln sich zu ihrem Übergewicht zusätzlich noch Eßstörungen ein. Eines ist klar: Durch die übliche Diät-Mentalität wird man sein Eßverhalten nicht dauerhaft verändern. Sie müssen das Gegenteil tun, nämlich essen – und zwar das richtige und auf die richtige Art und Weise. Dadurch werden Sie von der zwanghaften Beschäftigung mit dem Thema »Essen«, in das Sie durch Ihre Diät-Mentalität getrieben wurden, für immer befreit.

Sie werden fortan nur noch ans Essen denken, wenn Sie Hunger haben oder eine Mahlzeit vorbereiten – und nicht wie in Ihren Diätzeiten rund um die Uhr.

Diäten führen zu Eßstörungen

Wer ständig auf Diät ist, hat mit Sicherheit eine Eßstörung. Denn Essen wird nicht mehr als positiv, als Nahrung für Körper und Seele empfunden, sondern zum bloßen Dickmacher abqualifiziert. Mit einer solchen Einstellung kann Essen kein Genuß mehr sein, es wird vielmehr zum Problem, um das den ganzen Tag und manchmal auch nachts noch die Gedanken kreisen.

Das grüne Krokodil

Ein alter indischer Meister sagte einmal, wer im Begriff ist, etwas aufzugeben, ist innerlich noch nicht frei, denn seine Gedanken sind ständig damit beschäftigt, etwas nicht zu tun. Eine Diätexpertin und Psychologin formulierte es anders: »Was passiert, wenn Ihnen jemand sagt: ›Stellen Sie sich jetzt kein grünes Krokodil vor!‹« Es liegt auf der Hand, was passiert: Ein lustiges oder gefährliches, ein junges oder altes, auf jeden Fall aber ein grünes Krokodil taucht vor Ihrem inneren Auge auf.

Eine ähnliche Gedankenfixierung passiert bereits beim Vorsatz, eine (die wievielte auch immer) Diät zu machen. Von just dem Moment an, in dem man sich vorgenommen hat, abzunehmen, denkt man nur noch an das eine: an all die Saucen, Braten, Pralinen, Torten, die man nun nicht mehr essen darf. Der ständige Gedanke daran läßt den Mund wäßrig werden, macht die Magensäfte mobil, und der Hunger wird riesengroß, größer als jemals zuvor.
Ernährungspsychologen empfehlen deshalb für die Anfangsphase einer reduzierten Ernährung, sich unbedingt auf andere Gedanken zu bringen.

- Auf andere Gedanken kann man in der Diskothek kommen, in der Oper, in der Sauna, beim Schwimmen oder Volleyballspielen – alles Situationen, in denen man (normalerweise) nichts ißt.
- So abgelenkt, entspannt man sich und vergißt allmählich das leidige Thema Diät. Das sollte man im übrigen überhaupt tun, wenn man wirklich auf Dauer abnehmen möchte.

Diät vergessen!

Die außerordentliche psychische Belastung, die durch zwanghaftes Eßverhalten hervorgerufen wird, kann zu Depressionen führen.

Schauen wir uns einmal an, warum schlanke Menschen schlank sind. Bei ihnen ist es so, daß sie nicht bewußt kontrollieren, was sie essen und wieviel sie essen. Der Mechanismus von Hunger und Sättigung wird bei ihnen vegetativ, d. h. unwillkürlich vom Körper gesteuert; er läuft quasi automatisch ab.

- Bei den Schlanken funktioniert das Essen automatisch, so wie das Schlucken, das Atmen oder der Herzschlag.
- Schlanke essen, wenn sie Hunger haben, und hören auf zu essen, wenn sie satt sind.

Nun soll aber, wer auf Diät ist, aufhören zu essen, sobald eine bestimmte Kalorienanzahl erreicht ist und nicht, wenn er satt ist. Dies ist ein massiver Eingriff von außen in das vegetativ gesteuerte Hunger- und Sättigungsempfinden. Das Ergebnis ist, daß gerade durch Diäten, also durch ein streng kontrolliertes Eßverhalten, mit der Zeit Eßstörungen entstehen, die zur Folge haben, daß man zwar für kurze Zeit abnimmt, auf lange Sicht gesehen aber immer dicker wird.
Eine vergleichbare Erfahrung ist die, wenn man beginnt, Einfluß auf die Atmung zu nehmen. Dann passiert folgendes: Die vegetativ ge-

steuerte Atmung gerät durcheinander, und viele bekommen dadurch erst Atemstörungen. Deshalb sollte, wer auf Dauer abnehmen will, von jeder Diät Abstand nehmen. Wichtig ist, daß erst einmal das natürliche Hunger- und Sättigungsempfinden wiederhergestellt wird. Sobald Sie die Bedürfnisse Ihres Körpers wieder wahrnehmen und auch danach zu handeln beginnen, geht das Abnehmen praktisch wie von selbst.

Abschied von der Diät-Mentalität heißt das wichtigste Ziel Ihrer neuen Eßgewohnheiten.

Sie dürfen sich zwischendrin auch mal den Wunsch nach einer Leckerei erfüllen.

DAS 20-WOCHEN-PROGRAMM

Am besten überfliegen Sie dieses Programm erst einmal zur Gänze. Dann beginnen Sie wieder von vorn und lesen den ersten Programmpunkt genau durch – und befolgen ihn, so gut es geht. Nachdem Sie einen Programmpunkt 14 Tage lang eingeübt haben, beschäftigen Sie sich mit dem nächsten etc. Konzentrieren Sie sich wirklich zwei Wochen lang immer nur auf den einen Schritt, auch wenn Sie versucht sind, alle auf einmal zu verwirklichen. Durch das schrittweise Vorgehen ist optimal gewährleistet, daß jede neu angelernte Verwaltensweise zu einer festen Gewohnheit ausgebaut werden kann – und daß Sie schlank werden und es auch bleiben. Viel Erfolg!

10 Schritte zum dauerhaften Gewichtsverlust

Begleitend zu den Programmpunkten werden psychologische Übungen vorgestellt, die auf das Erlernen von bestimmten schlankmachenden Verhaltensweisen abzielen, oder es wird auf Übungen früherer Kapitel verwiesen.

Das 20-Wochen-Programm besteht aus zehn Schritten, die jeweils 14 Tage umfassen. Sie beginnen mit dem ersten Schritt, Ihrem körperlichen Trainingsprogramm. Alle 14 Tage nehmen Sie einen weiteren Programmpunkt hinzu, wobei die zuvor einstudierten Regeln und Gewohnheiten beibehalten werden und sich mit der Zeit immer mehr verfestigen.

Sie beginnen damit, daß Sie zwei- bis dreimal in der Woche eine Viertelstunde körperliche Bewegung haben. Die Übungsdauer wird dann nach und nach gesteigert. Der zweite Schritt zeigt Ihnen, wie Sie sich entspannen und dadurch Streß vermeiden können. Es folgen im Abstand von jeweils zwei Wochen die Schritte drei bis zehn, die auf eine Umstellung ihrer Ernährungsgewohnheiten ausgerichtet sind. Die Schritte vier und sechs beziehen sich auf eine gesündere Ernährungsweise. Insbesondere gewöhnen Sie sich an, auf den Fettgehalt der Nahrungsmittel zu achten und Ihren Fettkonsum und den Verbrauch an »leeren« Kohlenhydraten einzuschränken.

Wann fange ich an?

Da es sich um keine neue Diät handelt, sondern um eine natürliche Umstellung ihrer Eß- und Bewegungsgewohnheiten, brauchen Sie den Start dieses Programms nicht dauernd auf einen geeigneten Termin zu verschieben. Es muß nicht wie bei einer Diät heißen: nach dem Wochenende, nach der Geburtstagsparty, wenn mein Partner verreist ist oder die Kinder in den Ferien sind. Sie müssen sich im folgenden nicht großartig etwas verkneifen. Deshalb können Sie sofort mit dem ersten Schritt der neuen Lebensweise beginnen.

Warum 20 Wochen?

Sie haben Zeit, jeden Schritt zwei Wochen lang einzuüben, ehe Sie zum nächsten Schritt kommen. Das ist genug Zeit, um nicht mehr darüber nachdenken zu müssen, was Sie tun dürfen und was nicht. Sie haben sich die neuen Verhaltensweisen dann »einverleibt«.

Auch aus einem anderen Grund sollten Sie sich soviel Zeit lassen. Einige Wochen wird es schon dauern, bis erste Veränderungen an Ihrem Körper sichtbar werden. Diese sicht- und meßbaren Anzeichen der neuen Lebensweise werden Sie dann mehr und mehr anspornen, mit dem schlankmachenden, gesünderen Lebensstil fortzufahren.

Wer kann das 20-Wochen-Programm machen?

Wenn Sie unsicher in bezug auf Ihren Gesundheitszustand sind, sollten Sie erst zum Arzt gehen.

Das 20-Wochen-Programm eignet sich für alle, die keine schwerwiegenden gesundheitlichen Beschwerden haben. Wer wirklich ernsthafte Probleme hat (Herzfehler, Rückgrat- bzw. Bandscheibenleiden o. ä.), sollte ärztlichen Rat einholen, ehe er mit dem Bewegungstraining beginnt. Dieses Programm eignet sich also für:

- Alle, die Übergewicht haben und abnehmen wollen
- Alle, die ihr Gewicht halten wollen
- Frauen, die nach der Schwangerschaft ihr altes Gewicht wiedererlangen möchten
- Frauen, die – bedingt durch die Hormonumstellung in den Wechseljahren (verlangsamter Stoffwechsel) – einer Gewichtszunahme vorbeugen wollen
- Frauen, die durch die Pille oder eine Östrogenersatztherapie zugenommen haben
- Alle, die das Rauchen aufgegeben haben und deshalb dicker geworden sind.

Programmüberblick

Hier können Sie sich grob orientieren, was in den nächsten 20 Wochen auf Sie zukommt.

1. Schritt: Regelmäßige Bewegung

Dieser Programmpunkt (1. und 2. Woche) umfaßt Vorschläge für 2- bis 3mal 15 Minuten körperliche Bewegung pro Woche.

2. Schritt: Entspannung und Streßvermeidung

Bei diesem Programmpunkt (3. und 4. Woche) lernen Sie, sich zu entspannen und Streß zu vermeiden.

Plus: 2- bis 3mal 20 Minuten körperliche Bewegung pro Woche.

Programmüberblick

3. Schritt: Nur bei (körperlichem) Hunger essen
Dieser Programmpunkt (5. und 6. Woche) vermittelt Ihnen, daß Sie nur essen, wenn Sie Hunger haben.
Plus: 2- bis 3mal 25 Minuten körperliche Bewegung pro Woche.

4. Schritt: Den Fettverbrauch einschränken
Der vierte Schritt (7. und 8. Woche) bezieht sich auf eine gesündere Ernährungsweise, auf die Reduktion von Fett.
Plus: 2- bis 3mal 30 Minuten körperliche Bewegung pro Woche.

5. Schritt: Rechtzeitig aufhören zu essen
Dieser Programmpunkt (9. und 10. Woche) zielt wie der dritte auf die Änderung Ihrer Eßgewohnheiten.
Plus: 2- bis 3mal 35 Minuten körperliche Bewegung pro Woche.

6. Schritt: Die Ernährung umstellen
Der sechste Programmpunkt (11. und 12. Woche) sagt Ihnen, wie Sie künftig anders essen.
Plus: 2- bis 3mal 40 Minuten körperliche Bewegung pro Woche.

7. Schritt: Essen, worauf Sie Lust haben
Dieser Programmpunkt (13. und 14 Woche) zeigt Ihnen, wie Sie die Lust am Essen nicht verlieren. Sie dürfen alles essen.
Plus: 2- bis 3mal 45 Minuten körperliche Bewegung pro Woche.

8. Schritt: Bewußtes Essen
Der achte Programmpunkt (15. und 16. Woche) will Sie zu bewußtem Essen anregen.

9. Schritt: Öfter am Tag (weniger) essen
Dieser Programmpunkt (17. und 18. Woche) zeigt Ihnen, wie Sie Ihre Mahlzeiten geschickter verteilen können.

10. Schritt: Nicht zu spät essen
Der letzte Programmpunkt (19. und 20. Woche) handelt vom zu späten Essen und wie man es vermeidet.

Für alle Programmpunkte gilt: Die zuvor gelernten Verhaltensweisen behalten Sie auch bei den folgenden Schritten bei.

1. Schritt: Regelmäßige Bewegung

Wer abnehmen will, muß sich bewegen – das ist eine Binsenweisheit. Bewegung regt ganz besonders die Produktion der fettschmelzenden Enzyme an und verhindert, daß der Körper (wie bei manchen Diäten) Muskelmasse statt Fett abbaut. Für die optimale Versorgung des Körpers mit Sauerstoff ist es am besten, wenn Sie sich an der frischen Luft bewegen.

Luft zum Leben

Das Fitneßtraining Aerobic ist vom griechisch-lateinischen »aerob«, d.h. Sauerstoff zum Leben brauchend, abgeleitet. Aerobier nennt man übrigens Organismen, die, wie wir Menschen auch, Sauerstoff zum Leben brauchen.

Manche wird es schon ein bißchen Überwindung kosten, das Trainingsprogramm so lange durchzuhalten, bis sich meßbare Erfolge zeigen. Doch es lohnt sich!

Ihre aerobische Aktivität, die Sie ins Schwitzen bringt, sollte anfangs 15 Minuten, später im Durchschnitt 30 Minuten in Anspruch nehmen, eher noch etwas mehr, nämlich 45 Minuten. Nur so ist gewährleistet, daß ausreichend Sauerstoff in Zellen, Muskeln und innere Organe gepumpt wird. Dies stellt die wirksamste Methode dar, um das Fett aus den Fettzellen zu verbrennen.
Außerdem steigt der Grundumsatz, d. i. die Energie, die der Körper selbst in Ruhestellung benötigt, nach dem Training für 24 Stunden stark an.

Worauf es in der 1. und 2. Programmwoche ankommt

Viele Übergewichtige (und auch andere) haben lange keinen Sport mehr getrieben. Beginnen Sie ganz locker mit 15 Minuten Training, machen Sie dieses Training aber zwei- bis dreimal die Woche, am besten immer an den gleichen Tagen und zur gleichen Uhrzeit.
Dann steigern Sie die Trainingsdauer alle zwei Wochen um fünf Minuten, bis Sie bei zwei- bis dreimal 45 Minuten in der Woche angelangt sind.
Denken Sie daran: Bei Ausdaueraktivitäten über 20 Minuten kommen über 50 Prozent des Brennstoffs aus den Fettzellen.

Psychotraining zu Schritt 1

Vielleicht haben Sie Lust, sich in den ersten beiden Wochen des Programms vertieft mit den Ursachen Ihres bisherigen Eßverhaltens auseinanderzusetzen. Dazu könnten Sie sich noch einmal die entsprechenden Abschnitte des Kapitels »Negative Eßprogrammierungen in der frühen Kindheit« (Seite 72ff.) vornehmen und die Übung von »Mehr über sich selbst erfahren« (Seite 79) machen.

Tips, wie Sie dabeibleiben

Wählen Sie eine Bewegungsform, die ihnen Spaß macht. Denn wenn Ihnen das Bewegungsprogramm keine Freude macht, werden Sie es auf die Dauer nicht durchhalten. Am besten ist jede Bewegung, die an der frischen Luft ausgeübt wird, und bei der Puls und Atmungsfrequenz gleichmäßig und andauernd erhöht werden.

Sie können ganz einfach mit Spazierengehen beginnen. Dabei sollten Sie aber zügig gehen. Oder wählen Sie unter den bekannten Ausdauersportarten: Schwimmen, Joggen, Radfahren, Rollschuh- oder Eislaufen, Bergsteigen, Wandern, Rudern, Schwimmen, Gymnastik usw.

- Übernehmen Sie sich nicht, sonst kann es sein, daß Sie am nächsten Tag keine Lust mehr haben, weil Sie sich schwach fühlen oder starken Muskelkater haben.
- Setzen Sie sich anfangs nur kleine Ziele. Wer seine Ziele zu hoch steckt, hält erfahrungsgemäß zwei oder drei Tage, vielleicht sogar ein oder zwei Wochen durch, dann aber braucht man eine Verschnaufpause und läßt es erst einmal sein – bis zum nächsten Versuch.
- Wer nicht allein trainieren mag, sollte sich mit jemandem verabreden. So kann man sich gegenseitig motivieren.
- Wählen Sie eine Tageszeit, die sich gut in Ihren Tagesablauf einfügt. Wer berufstätig ist und nach der Arbeit trainiert, sollte am besten gar nicht erst heimgehen. Sonst passiert es leicht, daß man anschließend nicht mehr »hochkommt«. Auch die Mittagspause bietet sich für sportliche Betätigung an.
- Wer beim Sport öfter mal das Tempo wechselt, treibt die Fettverbrennung zusätzlich voran.

Walking hat sich übrigens als wirklicher »Schlankmachersport« bewährt. Wer diese Fitneßart regelmäßig betreibt, hat gute Chancen, sein Gewicht zu regulieren, ohne groß auf das Essen achtgeben zu müssen.

Wer zweimal am Tag je 20 Minuten Sport treibt, erhöht den Grundumsatz des Körpers am stärksten.

- Es ist ein häufig verbreiteter Irrtum, daß um so mehr Fett abgebaut wird, je kräftiger Sie trainieren. Es hat sich im Gegenteil herausgestellt, daß das meiste Fett verbrannt wird, wenn die Bewegung über einen längeren Zeitraum gleichmäßig und nicht zu heftig ausgeübt wird. Und wenn Sie ein ganzes Stück unter Ihrer maximalen Belastungsgrenze bleiben. So gelangt besonders viel Sauerstoff, der den Fettabbau vorantreibt, in die Fettzellen.
- Sie sollten beim Training nie völlig außer Atem geraten. Ihre Bewegung hat die richtige Intensität, wenn Sie sich währenddessen noch leise unterhalten könnten.
- Wenn Sie beim Training das Gefühl haben, daß die Beine oder Arme schon ein wenig schwach werden, sollten Sie noch ein bißchen weitermachen. Das stärkt die Kondition und läßt Fettzellen schneller schrumpfen.
- Für die ersten Wochen ist es weniger wichtig, wie Sie trainieren, sondern daß sie überhaupt trainieren. Lassen Sie sich deshalb anfangs durch nichts von Ihrem Trainingsprogramm abbringen.

Walking ist optimal, um die Fettzellen schrumpfen zu lassen.

- Das bei körperlicher Aktivität ausgeschüttete Hormon Endorphin wirkt als Appetitzügler. Deshalb hat man unmittelbar nach dem Sport zunächst keinen Hunger. Dennoch sollten Sie nach dem Training z.B. eine Scheibe Vollkornbrot essen, um Hungergefühlen vorzubeugen. Es empfiehlt sich, erst später dann die Hauptmahlzeit einzunehmen.
- Als günstigste Trainingszeit hat sich etwa 17 Uhr abends herausgestellt. Herz und Kreislauf funktionieren dann am besten. Da der Kalorienverbrauch noch etwa zwölf Stunden nach der körperlichen Aktivität höher ist als sonst, nehmen Sie praktisch »im Schlaf« weiter ab.

Übrigens ...

Ausdauersport verdoppelt die Sauerstoffversorgung des Gehirns und beseitigt Fett, das sich auch zwischen den Gehirnzellen festsetzt. Wer regelmäßig Sport treibt, wird daher feststellen, daß er schneller denken und sich bessser konzentrieren kann.

Ihr persönliches Fitneßniveau

Viele Übergewichtige haben lange keinen Sport mehr getrieben. Sei es, weil Sie sich wegen Ihrer Figur oder Ihrer schlechten körperlichen Verfassung schämten, sei es, weil sie von Gelenk- oder Rückenschmerzen geplagt wurden oder weil sie bei der geringsten Angstrengung außer Atem gerieten, die Glieder schwer und schwach wurden. Damit Ihnen nun nicht gleich der Wind aus den Segeln genommen wird, sollten Sie folgendes berücksichtigen:

Wer vor dem Schlafengehen noch einen Spaziergang macht, hält die fettschmelzenden Enzyme auch über Nacht aktiv.

- Sie können Übungen, die Sie beispielsweise in einem Gymnastikkurs machen, so abwandeln, daß auch Sie sie bewerkstelligen. Drosseln Sie einfach das Tempo bei den Übungen, machen Sie nur einmal, was die anderen in derselben Zeit zwei-, dreimal machen, heben Sie Arme und Beine nur halb so hoch, oder laufen Sie langsamer.
- Trainieren Sie auf Ihrem ganz persönlichen Fitneßniveau, und lassen Sie sich durch die Blicke der anderen (Kursteilnehmer, Jogger etc.) nicht aus der Ruhe bringen. Wichtig ist erst einmal, daß Sie sich körperlich betätigen, und mit etwas Ausdauer werden Sie allmählich auch wieder mit den anderen mithalten können

Achten Sie darauf, daß Sie beim Üben nie völlig außer Atem geraten, nicht total in Schweiß gebadet sind oder sogar Schmerzen haben. Das ist immer ein Zeichen, daß Sie sich übernommen haben. Wer nicht trainiert ist und auf einmal zuviel des Guten tut, riskiert Kreislaufprobleme und Verletzungen.

- Beginnen Sie beispielsweise mit einfachen Spaziergängen, dreimal die Woche eine Viertelstunde, das ist durchaus machbar. Wenn Sie merken, daß Ihre Kondition wächst, Herz und Kreislauf kräftiger werden, gehen Sie allmählich schneller. Legen Sie zwischendurch einen kurzen Lauf ein, oder laufen Sie eine Treppe hoch und wieder hinunter.

  Schon bald werden Sie eine Viertelstunde langsam laufen können, ohne daß Ihr Puls zu rasen beginnt. Wenn Sie merken, daß Sie außer Atem geraten, wechseln Sie einfach wieder zum Gehen über. Wenn Sie aber feststellen, daß Sie noch Kapazitäten haben, schwenken Sie die Arme beim Laufen kraftvoll mit, heben die Beine höher oder machen größere Schritte. So werden mehr Muskeln in den Bewegungsablauf einbezogen und belastet. Auf diese Weise gestalten Sie Ihr Bewegungsprogramm auf Ihrer ganz persönlichen Fitneßstufe.

Übung: Ziel des Bewegungstrainings

Überlegen Sie, was Sie mit Hilfe des Bewegungstrainings erreichen möchten. Kreuzen Sie das Zutreffende an.

- ❑ Ich möchte meine Gelenkigkeit erhöhen und im Alltag einfach belastbarer sein.
- ❑ Ich möchte Fett verlieren und Muskeln aufbauen, um mehr Kraft zu haben und um schöner auszusehen.
- ❑ Ich möchte die Muskeln trainieren, um gegen meine Gelenk- und Rückenschmerzen anzugehen.
- ❑ Ich möchte Herz und Lunge kräftigen, um nicht bei jeder Gelegenheit außer Atem zu geraten.
- ❑ Ich möchte mich mehr bewegen, um meine Laune zu verbessern.
- ❑ Ich möchte meine Hungergefühle wieder den natürlichen körperlichen Bedürfnissen anpassen.
- ❑ Ich möchte Streß und Ärger abreagieren.
- ❑ Ich möchte meine Kreislaufprobleme in den Griff bekommen.

2. Schritt: Entspannung und Streßvermeidung

Entspannung ist ganz wichtig für jene Menschen, die sich besonders in Streßsituationen überessen – oder wenn sie sich ärgern. Eine französische Studie belgt, daß fast zwei Drittel aller Frauen in Streßsituationen essen. Aber auch für alle anderen, die abnehmen wollen, ist eine gelassene Geisteshaltung in jedem Fall dienlich, damit das Thema Abnehmen nicht der Mittelpunkt ihres Lebens wird. Es gibt unzählige Entspannungstechniken. Hier soll nur eine kleine Auswahl an Yoga-Übungen vorgestellt werden, die sehr wirksam und im Alltag leicht zu praktizieren sind. Anstelle von Yoga-Übungen können Sie aber auch mit einem autogenen Training beginnen, wie es auf Seite 120ff. beschrieben ist, oder mit anderen Entspannungsübungen.

Verschiedene Entspannungsübungen schließen sich gegenseitig nicht aus. Sie können sich auch für zwei Arten entscheiden – falls Sie gewillt sind, dies durchzuhalten.

Worauf es in der 3. und 4. Programmwoche ankommt

Behalten Sie das bisherige Bewegungstraining zwei- bis dreimal pro Woche bei, und erhöhen Sie es auf jeweils 20 Minuten. Zusätzlich machen Sie jetzt Ihr persönliches Entspannungsprogramm:

- Wenn Sie das Yoga-Übungsprogramm (siehe Seite 163ff.)zu Ihrer Entspannung wählen, sollten Sie es jeden Tag oder zumindest jeden zweiten Tag machen.
- Bauen Sie darüber hinaus Pausen in Ihren Tagesablauf ein, in denen Sie sich entspannen. Dann sind Sie abends nicht total gestreßt und brauchen nicht das Essen zum Abschalten.

Übrigens …

Bewegungstraining bzw. Sport ist etwas ganz anderes als Yoga. Wer Sport treibt, will sich verausgaben. Wer Yoga macht, will Kraft und seelische Ausgeglichenheit gewinnen, will sich entspannen.

Psychotraining zu Schritt 2

Wenn Sie das Kapitel »Essen zur Lösung seelischer Probleme« (siehe Seite 84ff.) nochmals lesen und zwei Wochen lang ein Ernährungstagebuch (siehe Seite 101) führen, kommen Sie dickmachenden Eßgewohnheiten leichter auf die Spur.

Verspannungen im Büroalltag lösen

Wer im Job verspannt ist und dann normalerweise zu Schokoriegel, Nüssen oder Kuchen greift, kann es mit folgenden Übungen versuchen:

Ausatmen

- Das Fenster weit aufmachen und frische Luft hereinlassen.
- Die Augen schließen und die Schultern entspannen.
- Dann langsam durch die Nase einatmen und mit lautem »Pffft« durch den Mund wieder ausatmen.
  Wiederholung: 20mal und öfter wiederholen.

Schulter- und Nackenentspannung

- Setzen sie sich aufrecht hin, der Rücken ist gerade, die Schultern sind locker.
- Lassen Sie zuerst den Kopf nach hinten fallen, dann nach vorn, anschließend den Kopf wieder aufrichten.
- Drehen Sie den Kopf nach rechts, dann nach links.
- Lassen Sie den Kopf nach vorn fallen, und beschreiben Sie große Kreise. Rechts herum, dann links herum kreisen lassen.
- Heben Sie die rechte Schulter. Lassen Sie sie wieder fallen. Nun heben Sie die linke Schulter, ebenfalls wieder fallen lassen.
- Dann heben Sie beide Schultern gleichzeitig, und lassen sie wieder fallen.
  Wiederholung: Wiederholen Sie alle Übungen mehrere Male, so oft es Ihnen angenehm ist.

Kleines Yogaübungsprogramm

Regelmäßigkeit wirkt Wunder. Yogalehrer empfehlen, besser regelmäßig weniger zu üben als unregelmäßig viel.

Die folgenden Übungen sind ein einfaches, aber wirksames Yogaprogramm, das nichts mit komplizierten, akrobatischen Stellungen zu tun hat, die wir von manchen Darstellungen her kennen. Jeder kann es machen, und es wird jedem guttun.

Die Übungen werden Sie von ihren Sorgen ablenken, Ihnen ein besseres Körperbewußtsein vermitteln, zur Straffung verschiedener Körperpartien und zur Gesundung der Organe beitragen. Und sie werden Ihnen helfen, sich zu entspannen und Ihren alltäglichen Streß abzubauen.

Yogaübungen zur Entspannung

Sammeln

Diese Übung sollten Sie immer zu Anfang als Einstimmung in die anderen Entspannungsübungen machen.

- Breiten Sie eine Decke auf dem Boden aus und setzen Sie sich im Schneidersitz darauf.
- Schließen Sie die Augen, und fühlen Sie eine Minute lang Ihren Körper. Spüren Sie, wo Sie Verspannungen oder Schmerzen haben, welche Körperteile relaxed und ohne Schmerzen sind. Wenn Sie möchten, sprechen Sie ein stilles Gebet.

Pranayama (Atemübung)

Diese Übung kräftigt Herz und Lunge und entspannt die Nerven. Setzen Sie sich dazu bequem, aber aufrecht hin, im Schneidersitz oder auf einen Stuhl. Schließen Sie die Augen und den Mund. Entspannen Sie sich.

- Halten Sie mit dem rechten Daumen das rechte Nasenloch zu, atmen Sie langsam durch das linke Nasenloch ganz aus.
- Atmen Sie durch dasselbe Nasenloch wieder ein, verschließen Sie es mit dem Mittel- und Ringfinger der rechten Hand, und öffnen Sie das rechte Nasenloch, um auszuatmen.
- Atmen Sie in gleicher Weise durch das rechte Nasenloch wieder ein etc.

Wiederholen Sie diese Atemübung ein paar Minuten lang, allerdings höchstens einmal täglich und nie länger als fünf Minuten.

Da die Atemübung sehr intensiv ist, sollten Sie sie nur einmal täglich machen. Bei Atemschwierigkeiten brechen Sie sie bitte sofort ab.

Gesäßübung

Sie kräftigt Becken und Rücken, löst Verspannungen in den Gelenken und beruhigt die Nerven.

- Knien Sie nieder, und setzen Sie sich auf Ihre Fersen. Die Fersen sind dabei nach außen geneigt, die großen Zehen liegen über Kreuz.

Bei Krampfadern sollten Sie auf die Gesäßübung verzichten.

Yogaübungen zur Entspannung

- Legen Sie die Hände in den Schoß, die rechte liegt in der linken Hand, die Handflächen weisen nach oben. Kopf, Nacken und Rückgrat sind gerade.
- Bleiben Sie etwa 15 Sekunden in dieser Stellung, und erfüllen Sie Ihren Geist mit Gedanken der Dankbarkeit.

Die Übung ein- bis dreimal wiederholen. Sollten Ihnen die Beine dabei weh tun, kürzen Sie die Übung ab. Mit der Zeit wird dies besser.

Rollen

Das Rollen bewirkt eine Massage der Wirbelsäule und des Rückens und entspannt den gesamten Unterleib.

- Legen Sie sich auf den Rücken, ziehen Sie die Knie an, und umfassen Sie sie mit beiden Händen.
- Ziehen Sie die Knie so weit wie möglich an die Brust, und heben Sie den Kopf ein wenig. Zählen Sie bis zehn.
- Ziehen Sie die Knie weiter bis an das Kinn heran, und rollen Sie ganz sanft auf die rechte Seite, bis Sie mit dem Handgelenk den Fußboden berühren.
- Rollen Sie anschließend auf die linke Seite, indem Sie sich mit dem rechten Ellbogen abstoßen. Der Kopf bleibt angehoben, er liegt nicht am Boden auf. Rollen Sie langsam und bewußt (mindestens zehnmal).
- Schaukeln Sie auch über den Rücken vorwärts und rückwärts. Aber achten Sie darauf, daß Sie nicht zuviel Schwung bekommen.
- Lassen Sie die Knie los, und legen Sie sich einen Moment zur Entspannung auf den Rücken.

Schulterstand bzw. Kerze

Diese Übung fördert die Durchblutung im Kopf und sorgt für schöne Haare und gesunde Augen. Sie hilft bei geistiger Er-

Yogaübungen zur Entspannung

schöpfung, beugt Krampfadern vor, lindert Schulterverspannungen und wirkt positiv auf die inneren Organe.

- Legen Sie sich auf den Rücken. Die Beine sind geschlossen. Die Hände liegen mit den Handflächen nach unten neben dem Körper.
- Beim Einatmen drücken Sie sich mit den Händen vom Boden ab und heben langsam die gestreckten Beine, bis sie einen 90-Grad-Winkel zum Körper bilden.
- Nun heben Sie die Taille vom Boden und stützen die Hüften mit den Händen ab. Neigen Sie die Beine schräg nach hinten in Richtung Kopf. Das Kinn wird fest an den Hals gedrückt.
- Bleiben Sie am Anfang 30 Sekunden in dieser Stellung, und steigern Sie allmählich auf eine Minute.
- Lösen Sie die Stellung, indem Sie Wirbel für Wirbel sanft abrollen (mit den Händen am Boden abstützen) und in die Ausgangslage zurückkehren. Anschließend eine halbe Minute in der Ruhestellung verharren.

Einfacher Kniekuß

Diese Übung stärkt und entspannt das Rückgrat und die Unterleibsorgane.

- Setzen Sie sich auf den Boden, und strecken Sie das linke Bein aus. Winkeln Sie das andere Bein an, und biegen Sie es so weit nach innen, daß die Ferse im Schritt zu liegen kommt.
- Beugen Sie sich nach vorn, und umfassen Sie mit beiden Händen die Fußsohle des gestreckten Fußes. Die Arme bleiben dabei ebenfalls gestreckt. Anfangs werden Sie wahrscheinlich nur bis zu den Knöcheln oder Unterschenkeln reichen können.
- Ziehen Sie den Unterleib ein, und versuchen Sie, mit der Stirn das Knie zu berühren. (So weit es eben geht, es wird mit zunehmendem Üben immer besser gehen.) Bleiben Sie 10 bis 15 Sekunden lang in dieser Stellung.

Verharren Sie bewußt in den jeweiligen Stellungen. Konzentrieren Sie sich auf die entsprechenden Körperregionen.

Lösen Sie Stellungen immer langsam auf, und entspannen Sie dann die Muskeln.

Yogaübungen zur Entspannung

- Gehen Sie in die Ausgangsstellung zurück, und wiederholen Sie die Übung mit dem anderen Bein (ein- bis dreimal mit beiden Beinen).

Pflug

Diese Übung stärkt die Wirbelsäule, entspannt die Hals- und Schulterpartie und wirkt entschlackend und belebend.

- Legen Sie sich auf den Rücken, mit den Armen an den Seiten. Erheben Sie sich langsam zur Kerze (siehe vorletzte Übung).
- Senken Sie dann die gestreckten Beine so weit nach hinten ab, bis die Zehen den Boden berühren. Schieben Sie die Beine möglichst weit nach hinten, bis das Kinn die Brust berührt. Legen Sie dann die Arme locker um den Kopf.
- Verweilen Sie in der Position, zählen Sie langsam bis zehn.
- Dann rollen Sie langsam Wirbel für Wirbel in die Ausgangsstellung zurück und ruhen sich eine halbe Minute aus.

Wiederholen Sie diese Übung ein- bis dreimal. Wenn sich Kopfschmerzen ankündigen, sollten Sie sie nicht machen.

Kobrastellung

Diese Übung kräftigt die Rückenmuskulatur, sorgt für die Flexibilität der Wirbelsäule und hat eine günstige Wirkung auf den Verdauungsapparat sowie auf Nieren, Milz und Fortpflanzungsorgane.

- Legen Sie sich auf den Bauch, die Beine sind geschlossen. Die Arme sind angewinkelt und die nach unten gerichteten Handflächen sind neben den Schultern am Boden aufgesetzt. Auch die Stirn liegt am Boden auf.
- Strecken Sie nun die Arme durch, und heben Sie dadurch Ihren Kopf und die Brust an. Legen Sie den Kopf leicht in den Nacken, und blicken Sie mit den Augen zur Decke.
- Bleiben Sie etwa drei bis fünf Atemzüge lang so.

Yogaübungen zur Entspannung

- Gehen Sie dann in die Ausgangsstellung zurück, und entspannen Sie sich, indem Sie eine Gesichtshälfte auf den Boden legen.

Wiederholen Sie diese Übung ein- bis dreimal. Wer Schilddrüsenprobleme hat, legt bei der Kobrastellung den Kopf nicht in den Nacken und blickt mit den Augen nach vorn statt zur Decke.

Heuschreckenstellung
Diese Übung beugt Hexenschuß und Ischias vor und strafft auch Bauch, Po und Beine.

- Legen Sie sich auf den Bauch. Die Arme liegen neben dem Körper mit den Handflächen nach oben. Das Kinn liegt ebenfalls am Boden auf.
- Heben Sie nun die gestreckten Beine so hoch wie möglich. Bleiben Sie einige Momente lang in dieser Stellung, und legen Sie die Beine dann wieder zurück. Halten Sie dabei nicht den Atem an.

Wiederholen Sie die Übung ein- bis dreimal. Wen die Heuschreckenstellung zu sehr anstrengt, der hebt immer nur ein Bein, abwechselnd das rechte und das linke. Jede Seite zweimal.

Hand-Fuß-Stellung bzw. Kniekuß im Stehen
Diese Übung verbessert die Blutzufuhr im Gehirn und schärft die Sinne. Sie kräftigt die Unterleibsorgane und die Beine und macht die Wirbelsäule beweglich.

- Stellen Sie sich aufrecht hin, mit gestreckten Beinen, die Füße beisammen. Atmen Sie langsam aus.
- Beim Einatmen heben Sie die gestreckten Arme über den hoch erhobenen Kopf. Machen Sie sich so lang wie möglich, das dehnt die Wirbelsäule.

Wenn Sie eine Yogaposition eingenommen haben, schließen Sie am besten die Augen und lassen Ihr Bewußtsein in die beanspruchte Körperregion fließen.

Yogaübungen zur Entspannung

- Beim Ausatmen beugen Sie sich aus dem Becken heraus erst nach vorn, dann nach unten.
- Berühren Sie mit den Händen die Zehen oder die Knöchel, je nachdem, wie weit Sie runterkommen. Die Knie bleiben dabei durchgedrückt, die Arme sind gestreckt.
- Versuchen Sie, die Stirn möglichst nahe zum Knie zu bringen. Ziehen Sie den Unterleib ein, und lassen Sie den Rücken gerade.
- Verharren Sie mehrere Atemzüge lang in der Stellung (ein- bis dreimal wiederholen).

Entspannungsstellung

Nachdem Sie alle Übungen wie beschrieben ausgeführt haben, kommt nun die schönste. Sie gehört jedoch genauso zum Programm wie alle anderen Übungen. Auf diese Schlußentspannung sollten Sie auch bei Zeitmangel keinesfalls verzichten. Sie können allerdings auch schon nach den einzelnen Stellungen jeweils eine halbe Minute entspannen.

- Legen Sie sich flach auf den Rücken, die Füße sind leicht gespreizt, die Arme liegen locker neben dem Körper, die Handflächen weisen nach oben.
- Schließen Sie die Augen, und lassen Sie alle Muskeln los, auch die Gesichtsmuskeln. Genießen Sie die Entspannung.

Was Sie bei Yoga beachten sollten

Yoga hat nichts mit Turnen zu tun. Schwung ist dabei nicht gefragt.

Die einzelnen Yogaübungen werden als Asanas (Ruhestellungen) bezeichnet, denn es geht weniger um die Bewegung, sondern vielmehr um das Ausharren in einer Stellung und das bewußte Wahrnehmen des Körpers in dieser Position. Dabei soll keine Energie verbraucht, sondern Energie gewonnen werden – was den wesentlichen Unterschied zu unseren westlichen Sportarten ausmacht. Je langsamer und bedächtiger Sie eine Übung ausführen, um so größer wird der Erfolg sein.

Nichts übertreiben

Wenn Sie eine Übung nicht von Anfang an perfekt beherrschen, macht das gar nichts. Versuchen Sie nie, etwas mit Gewalt zu erreichen. Biegen oder beugen Sie den entsprechenden Körperteil, bis Sie ein leichtes Ziehen spüren – keinesfalls weiter. Dann halten Sie die entsprechende Stellung.
Wenn Sie regelmäßig üben, werden Sie von Mal zu Mal biegsamer und gelenkiger und können die Asanas schon bald in der vorgegebenen Weise ausführen.

Wie wird geübt?

- Üben Sie am besten allein, in einem gut durchlüfteten Zimmer, auf dem Teppich oder einer weichen Decke. Bei schönem Wetter empfiehlt es sich, Yoga unter freiem Himmel zu machen.
- Tragen Sie beim Üben bequeme Kleidung, und üben Sie immer vor dem Essen, frühestens eine Stunde nach einem leichten Frühstück oder Snack und drei Stunden nach einem schwereren Essen. Es wäre schön, wenn Sie täglich üben könnten und auch immer zur gleichen Tageszeit. Die beste Zeit für die Asanas ist morgens nach der Toilette und vor dem Frühstück oder abends vor dem Abendessen.
- Jeder körperlich gesunde Mensch kann diese einfachen Übungen ausführen. Personen mit schweren Bandscheibenschäden müssen allerdings darauf verzichten. Leiden Sie an anderen Krankheiten, so fragen sie bitte Ihren Arzt um Rat, bevor Sie mit Yoga beginnen. Frauen sollten an den ersten beiden Tagen der Periode kein Yoga machen. Ebenso sollten sich Frauen vom fünften Monat ihrer Schwangerschaft an der Übungen enthalten.
- Machen Sie die Asanas am besten in der angegebenen Reihenfolge. Wenn Ihnen eine Übung äußerst unangenehm ist oder Sie einmal nur wenig Zeit haben, dürfen Sie diese oder eine andere Übung überspringen, anschließend fahren Sie in der angegebenen Reihenfolge fort.
  Ruhen Sie sich nach jeder Übung eine halbe Minute aus. Legen Sie sich dazu flach auf den Boden, die Beine leicht gespreizt, die Arme locker neben dem Körper, die Hände geöffnet und die Augen geschlossen.

Wenn Sie alle Übungen gemacht haben, dürfen Sie sich ruhig einige Minuten lang in der Entspannungsstellung erholen.

Wenn Sie Ihre Yogaübungen im Freien machen, vor allem in der Natur, wirkt sich dies positiv auf die Atmung aus.

3. Schritt: Nur bei (körperlichem) Hunger essen

Worauf es in der 3. und 4. Programmwoche ankommt

Zunächst ist wiederum folgendes wichtig: Behalten Sie das bisherige Bewegungstraining zwei- bis dreimal pro Woche bei, und erhöhen Sie es auf jeweils 25 Minuten. Behalten Sie auch Ihre regelmäßigen Entspannungsübungen bei, seien es Yoga-Übungen, autogenes Training oder Übungen Ihrer Wahl. Zusätzlich richten Sie jetzt Ihr Augenmerk auf Ihre Eßgewohnheiten:

- Essen Sie nur, wenn Sie körperlichen Hunger haben.
- Essen Sie erst, wenn Sie schon eine Weile Hunger verspürt haben.
- Essen Sie dann aber ohne Schuldgefühle.

Vergessen Sie nicht, daß Sie sich bei den einzelnen Programmschritten zwar auf eine Sache konzentrieren, aber das gelernte Verhalten der vorgehenden Schritte natürlich beibehalten.

Psychotraining zu Schritt 3

Fragen Sie sich, ehe Sie essen, was Sie wirklich brauchen. Ist es das Essen oder eigentlich etwas anderes? Wenn Sie merken, daß Sie keinen körperlichen Hunger haben, sondern nur jemanden brauchen, der Ihnen zuhört, Sie umarmt oder Ihnen Trost spendet, überlegen Sie, ob sich das nicht bewerkstelligen ließe. Beachten Sie bitte folgendes:

- Essen Sie nicht, weil Sie müde, gestreßt, einsam oder deprimiert sind.
- Essen Sie nicht, um jemandem Gesellschaft zu leisten.
- Essen Sie nicht gedankenlos, sozusagen nebenbei.

Tips, wie Sie dem falschen Hunger begegnen

Lernen Sie, Ihre Wünsche auf andere Art als durch Essen zu befriedigen. Sie können verschiedenes tun – nur nicht essen. Folgendes können Sie beispielsweise tun, statt zu essen:

- Wer müde ist, sollte sich ausschlafen oder auf der Couch entspannen.
- Wer im Streß ist, sollte einen »langsameren Gang« einlegen, Yoga, autogenes Training, Qi Gong oder andere Entspannungstechniken machen oder an die frische Luft gehen. Man kann auch ein heißes Bad mit entspannendem Badezusatz (Lavendel, Rosmarin) nehmen.

- Wer einsam ist, sollte sich verabreden, unter Leute gehen oder einfach telefonieren.
- Wer traurig ist, kann sich mit einem Blumenstrauß, einem neuen Anstrich in der Wohnung, einem Kleid, einem Ausflug eine Freude machen.
- Wer wütend ist, kann seine Wut hinausschreien, durch körperliches Training abreagieren, Tagebuch schreiben.
- Wem langweilig ist, der beschäftigt sich besser mit Musikhören, Handarbeiten, Bewegung, einer Verabredung o.ä. Oder aber er überlegt sich gleich ein sinnvolles Hobby.
- Wer Kummer hat, sollte etwas unternehmen oder seine Sorgen zu Papier bringen.

Reagieren Sie schon richtig?

Überlegen Sie, in welchen Situationen Sie sich angewöhnt haben, zu essen, ohne wirklich hungrig zu sein. Notieren Sie sich andere Lösungsstrategien. Sobald Sie ein Hungergefühl verspüren, stellen Sie sich erst einmal folgende Fragen:

- Bin ich wirklich hungrig?
- Könnte ich nicht bis zur nächsten Mahlzeit warten?
- Ist mein »Hunger« nicht eigentlich eine Verstimmung, Langeweile, Gewohnheit oder der Wunsch nach etwas anderem?
- Kann ich mir diesen anderen Wunsch nicht direkt erfüllen? Muß ich wirklich zu Eßbarem greifen?

Das Hungergefühl erkennen

Wenn Sie ehrlich zu sich selbst sind, können Sie eigentlich immer richtigen Hunger von seelischem Hunger unterscheiden.

Lernen Sie, Hunger- und Sättigungssignale wieder richtig zu deuten. Daß Sie wieder auf Ihren Körper hören, ist für die Umstellung Ihrer Eßgewohnheiten enorm wichtig. Lernen Sie also körperlichen von seelischem Hunger zu unterscheiden.

- Körperlichen Hunger erkennen Sie daran, daß er auch durch etwas Einfaches wie ein Butterbrot gestillt werden könnte – es muß nicht speziell die Schwarzwälder Kirschtorte sein.
- Seelischer Hunger ist immer mit Verstimmungen verbunden, wenn Sie sich traurig, einsam, gestreßt oder gelangweilt fühlen; er wird von Gefühlen begleitet wie Angst, Wut, Zorn, Verärgerung, Trauer, Kummer etc.

Checkliste: Hungergefühle deuten

- Keinen Hunger haben Sie, wenn Sie auf die Uhr schauen und denken, daß es jetzt Zeit wäre zu essen. Dabei handelt es sich eher um eine Gewohnheit.
- Warten Sie nicht so lange, bis ihr Hunger so groß wird, daß Ihnen übel ist oder Sie Magenschmerzen bekommen. Dann besteht die Gefahr, daß Sie viel zuviel essen.
- Verwechseln Sie Hunger nicht mit Durst. Wer vermeintlich Hunger verspürt, hat oft nur Durst. Trinken sie deshalb bei leichten Hungergefühlen erst einmal etwas, z.B. ein Glas Mineralwasser, Kräuter- oder Früchtetee ohne Zucker oder ungesüßten, mit Mineralwasser verdünnten Fruchtsaft. Warten Sie eine Viertelstunde ab, und fragen Sie sich dann, ob Sie immer noch hungrig sind.
- Geben Sie einen Eiswürfel und eine Scheibe Zitrone ins Mineralwasser. Das vermittelt das Gefühl eines richtigen Drinks. Trinken Sie ihn langsam und in kleinen Schlucken.
- Der Genuß von Zucker kann Heißhunger auslösen – Heißhunger nach mehr Zucker. Wenn dieser Hunger nicht gestillt wird, können unter Umständen Müdigkeit, Kopfschmerzen und Nervosität die Folge sein. Das sollte man insbesondere beim Autofahren berücksichtigen. Als Zwischenmahlzeit sind daher Obst, Vollkorn- und Milchprodukte empfehlenswerter als Süßigkeiten.
- Essen Sie gelegentlich einige Stunden lang nichts. Lernen Sie so Ihren Hunger kennen. Das ist hilfreich, um zwischen seelischem Verlangen und körperlichem Hunger zu unterscheiden. Sie werden feststellen, daß man Hungergefühle eine Weile gut aushalten kann. Hat man einen gewissen Punkt überwunden, verschwindet der Hunger sogar wieder.
- Gehen Sie nicht mit leerem Magen zum Einkaufen. Sie kaufen dann alle möglichen Dinge ein, die Sie jetzt essen würden, und das ist meist sehr viel mehr, als Sie brauchen. Essen Sie lieber vor dem Einkaufen eine Kleinigkeit.

Diese Checkliste soll Ihnen helfen, Ihren Hungergefühlen auf die Schliche zu kommen. Denn Hungergefühle können öfter einfach eine Ersatzreaktion darstellen.

Lecker, lecker … überlegen Sie sich, ob Sie etwas wirklich essen müssen oder ob nur die Augen und die Seele essen.

Checkliste: Eßgewohnheiten analysieren

Wenn Sie keinen Hunger haben, essen Sie bitte auch nicht aus folgenden Gründen:

- Weil jetzt normalerweise Ihre Essenszeit wäre. (Die müssen Sie nicht einhalten.)
- Weil Sie sich eine Belohnung verdient haben. (Sie können sich auch mit etwas anderem, einem Ausflug, einem Kleid etc. belohnen.)
- Weil Sie bestimmt bald Hunger bekommen werden. (Sie können auch später essen.)
- Weil Sie eine kleine Aufmunterung gebrauchen könnten. (Sie könnten jemanden anrufen.)
- Weil Sie gestern abend auch schon zuviel gegessen haben und es jetzt darauf auch nicht mehr ankommt. (Immer, wenn Sie essen, ohne Hunger zu haben, freuen sich Ihre Fettzellen.)
- Weil Sie gerade allein sind und Ihnen niemand beim Essen zusieht. (Wer nur bei Hunger ißt, braucht sich beim Essen nicht zu verstecken.)
- Weil das jetzt gerade so lecker aussieht. (Das tut es später auch noch, und dann schmeckt es sogar noch besser, weil Sie wirklich Hunger haben.)
- Weil extra für Sie gekocht wurde. (Das Gericht könnte man später aufwärmen und der Koch/die Köchin freut sich, wenn es Ihnen später um so besser schmeckt.)
- Weil es für lange Zeit das letzte Mal sein wird, daß Sie sich Ihre Lieblingsspeise, z. B. Apfelstrudel, gönnen. (Sie müssen sich den Apfelstrudel in Zukunft nicht verkneifen, wenn Sie ihn dann essen, wenn Sie hungrig sind, und sich nicht überessen.)
- Weil Sie seit heute morgen am Schreibtisch sitzen und eine kleine Abwechslung gebrauchen könnten. (Sie wollten sowieso noch einkaufen gehen oder einen Spaziergang machen.)

Der Rückfall

Sie haben gegessen, obwohl Sie keinen körperlichen Hunger hatten? Ein Rückfall in lange praktizierte Verhaltensweisen ist ganz normal. Umlernen braucht seine Zeit. Akzeptieren Sie einen Rückfall ohne schlechtes Gewissen, ohne Ärger auf sich selbst.

Vielleicht können Sie versuchen, die Gründe für den Rückfall aufzuspüren. Überlegen Sie, welche Gefühle Sie veranlaßt haben, zu essen, obwohl Sie nicht hungrig waren. Denken Sie darüber nach, wie Sie sich beim nächstenmal in einer ähnlichen Situation verhalten würden. Das wird Ihnen helfen, weitere Rückfälle zu vermeiden.

Im übrigen ist es ganz normal, daß man gelegentlich etwas mehr ißt, z.B. bei einem festlichen Abendessen oder an einem Feiertag. Das gehört auch zum Eßschema von natürlich Schlanken. Man läßt dann die nächste Mahlzeit einfach ausfallen, ißt am anderen Tag etwas weniger oder bewegt sich mehr.

4. Schritt: Den Fettverbrauch einschränken

In dieser Programmphase werden Sie zum »Fettdetektiv«.

Schlanke Menschen stillen ihren Hunger mit wertvollen »komplexen« Kohlenhydraten und essen wenig Fett, so daß der Körper wenig Gelegenheit hat, Fett zu speichern. Fett wird nämlich leichter in den Fettzellen eingelagert, da es gewissermaßen direkt übernommen werden kann. Es muß nicht wie überschüssige Eiweiße oder Kohlenhydrate erst in Fett umgewandelt werden. Je mehr Fett Sie essen, desto schneller werden Ihre Fettzellen aufgefüllt. Der wichtigste Punkt, was die Auswahl der Lebensmittel betrifft, bezieht sich daher auf den Fettverbrauch. Nur wer weniger Fett ißt, wird wirklich schlank.

Worauf es in der 7. und 8. Programmwoche ankommt

Behalten Sie das bisherige Bewegungstraining zwei- bis dreimal pro Woche bei, und erhöhen Sie es auf jeweils 30 Minuten. Führen Sie auch Ihre Entspannungsübungen regelmäßig durch. Und: Essen Sie nur, wenn Sie Hunger haben. Ihre Aufmerksamkeit richtet sich bei diesem Schritt neu auf den Faktor Fett:

- Verwenden Sie wenig und nur hochwertiges Fett.

Psychotraining zu Schritt 4

Zeichnen Sie zwei Wochen lang auf, welche Ihrer Nahrungsmittel weniger, welche mehr als 20 Prozent Fett enthalten bzw. wieviel Gramm Fett in den verzehrten Nahrungsmitteln steckt. So bekommen Sie mit der Zeit ein Gespür dafür, was Sie bedenkenlos essen können und was Sie nur in kleinen Mengen genießen sollten. Ihr Training in bezug auf Fettanteile in Lebensmitteln wird auf diese Weise auch im Unterbewußtsein verankert.

Wieviel Fett braucht der Mensch?

Behandeln Sie Fett wie ein sparsam zu dosierendes Gewürz!

Ein gewisser Anteil an Fett ist lebensnotwendig. Fett schützt Nerven und Organe und erleichtert die Aufnahme der Vitamine A, D, E und K. Unser Stoffwechsel braucht vor allem essentielle Fettsäuren, die der Körper nicht selbst herstellen kann und die deshalb zugeführt werden müssen. Sie stecken in Pflanzenfetten mit einem hohen Anteil an mehrfach ungesättigten Fettsäuren wie z.B. Sesamöl, Maiskeimöl oder Sonnenblumenöl. »Gutes« Fett ist aber auch (in geringen Mengen) das Naturprodukt Butter. Bei einer abwechslungsreichen Ernährung mit vielen pflanzlichen und möglichst naturbelassenen Lebensmitteln bekommt der Körper, auch wenn man die Fettaufnahme bewußt reduziert, immer noch ausreichend Fett zugeführt.

Nicht mehr als ein Drittel, also höchstens 30 Prozent der insgesamt aufgenommenen Kalorien, sollten Fettkalorien sein. Wenn Sie ein wenig darunter bleiben und 20 Prozent der aufgenommenen Kalorien aus Fett beziehen, dann werden Sie auch das Risiko für Herz- und Gefäßerkrankungen und für Krebs senken.

Die richtigen Mengen

Die Deutsche Gesellschaft für Ernährung empfiehlt für die tägliche Kost folgende Werte:

- Weniger als 10 Prozent gesättigte Fettsäuren (Butter etc.)
- Mindestens 10 Prozent einfach ungesättigte Fettsäuren (z.B. Olivenöl)
- Maximal 10 Prozent mehrfach ungesättigte Fettsäuren (Sonnenblumen-, Distelöl, Öl in Seefischen).

Fett macht nicht nur fett. Nüsse, Samen und Öle enthalten die wertvollen ungesättigten Fettsäuren, die unser Körper braucht.

Auch 10 bis 15 Prozent Fettanteil wären noch ausreichend, doch die Erfahrung hat gezeigt, daß sich bei manchen Menschen dann leicht das Gefühl einstellt, sie würden etwas entbehren. Und ein längeres Gefühl der Entbehrung kann auf Dauer wieder zu Heißhunger führen.

Übrigens …

Die wertvollen, kaltgepreßten Pflanzenöle sollten am besten kühl und dunkel aufbewahrt werden. Aus diesem Grunde sind sie auch schon oft in braun getönte Flaschen abgefüllt. Sie werden sonst leicht ranzig.

Für die Aufnahme des Zellschutzvitamins E ist der Abend der günstigste Zeitpunkt. Es empfiehlt sich, am Abend ein Tellerchen Salat oder rohes Gemüse, angemacht mit etwas Weizenkeimöl, zu verzehren.

Aus Untersuchungen geht hervor, daß Frauen, die regelmäßig Olivenöl verwenden, seltener an Brustkrebs erkranken.

So spüren Sie die Fette auf …

Achten Sie bei den Etiketten der Lebensmittel immer auf den Fettgehalt. Wenn nichts angegeben ist, schätzen Sie ihn selbst ein (siehe Tabelle auf Seite 178f.).

Trauen Sie nicht immer den Hinweisen »fettarm« oder »light« auf den Verpackungen. Rechnen Sie vorsichtshalber den Prozentanteil an Fettkalorien noch einmal nach.

... und so berechnen Sie den Anteil der Fettkalorien

Multiplizieren Sie die bei einem Lebensmittel angegebenen Gramm Fett pro Portion mit neun, und teilen Sie das Ergebnis durch die Gesamtkalorien pro Portion. Wenn Sie das Ergebnis mal 100 nehmen, erhalten Sie den Prozentanteil an Fettkalorien (ausführliche Rechenbeispiele auf Seite 30ff.). Halten Sie sich beim Verzehr von Lebensmitteln an folgende Richtlinien:

- Alle Lebensmittel mit einem Fettkalorienanteil bis zu 30 Prozent sind figurfreundlich. Sie können davon essen, soviel Sie wollen und werden nicht zunehmen.
- Mit Lebensmitteln bis zu einem Fettkalorienanteil von 20 Prozent nehmen Sie ab.
- Alles über 30 Prozent Fettkalorien sollte tabu sein – solange Sie abnehmen wollen.
- Wer sein Gewicht halten möchte, sollte auch weiterhin auf mäßigen Fettverzehr achten.
- Eine andere Form der Fettberechnung: Sie addieren, wieviel Gramm Fett in jeder Mahlzeit, jedem Imbiß enthalten sind. Wer abnehmen möchte, sollte nicht mehr als 40 Gramm täglich essen. Um das Gewicht zu halten, dürfen 60 Gramm täglich nicht überschritten werden.
- Je weiter oben auf der Zutatenliste Fett steht, um so größere Mengen sind normalerweise in einem Produkt enthalten.
- Kaufen Sie möglichst oft Frisches und bereiten Sie es selbst zu, dann wissen Sie, wieviel Fett in Ihrem Gericht steckt.

Fettkalorien

Fettarme Lebensmittel (unter 20% Fettkalorien)	**Fettreiche Lebensmittel** (über 20% Fettkalorien)
Eiweiß (vom Hühnerei)	Eigelb
Es gibt keine Fette und Öle, die weniger als 20% Fettkalorien enthalten.	Alle Fette und Öle sowie Butter, Margarine, Schmalz, Mayonnaise Fettgebackenes, Schlagsahne, Sauerrahm

Mit der Zeit wissen Sie genau, welche Produkte mehr und welche weniger Fett enthalten.

Fettkalorien	
Fettarme Lebensmittel (unter 20% Fettkalorien)	**Fettreiche Lebensmittel** (über 20% Fettkalorien)
Fettarme Milchprodukte (Magerquark, fettarme Milch und Käse, z. B. Harzer Käse, Buttermilch, Magermilchjoghurt)	Vollmilchprodukt, Doppelrahmfrischkäse, Vollfettkäse, Weichkäse
Puten- und Geflügelwurst, magerer gekochter Schinken, weißes Fleisch von Hähnchen, Pute (ohne Haut)	Fette Wurst (Salami), Würstchen, Speck, Gans und Ente, dunkles Geflügelfleisch
Mageres Fleisch (z. B. Filet von Kalb und Rind), Wild	Fettes Fleisch (Schwein, Rind, Lamm), gepökelte, geräucherte, auf Holzkohle gegrillte Wurst- und Fleischwaren, Innereien
Magerer Fisch (z.B. Kabeljau, Schellfisch, Seezunge), Austern, Muscheln, Austern, Garnelen, Krabben,	Fetter Fisch (z. B. Aal,Lachs, Makrele, Karpfen)
Obst, Gemüse, Salat, naturreine Säfte, Kartoffeln	Avocados, Oliven
Getreidekörner und -flocken, Hülsenfrüchte (Erbsen, Bohnen, Linsen), die meisten Brotsorten, Nudeln, Mais, Reis, Knödel	Nüsse, Samen
Magere Desserts (z. B. Sorbet, Götterspeise), Fruchtgummi, Gummibärchen, Lakritze, Honig	Kuchen, Schokolade, Sahne, Süßigkeiten, Eis, Pudding,
Chutneys, Sojasauce, Gewürzgurken, Mixed Pickles, Instantbrühe	Mayonnaise, fertige Salatsaucen

Genauso gilt: Wer sich einen fettreichen Tag gegönnt hat, gleicht mit drei fettarmen Tagen schnell wieder aus.

Das Verhältnis eins zu drei

Halten Sie sich an folgende Regel: Wenn Sie ein fettreiches Nahrungsmittel (z. B. Butter) verzehren, kombinieren Sie es immer mit drei fettarmen Lebensmitteln (z. B. eine Scheibe Brot, Magerquark, frisches Obst). Ein anderes Beispiel wäre: Lachs (fettreich) mit Spinat, Kartoffeln und Obst (fettarm).

Kleiner Vergleich der Fettkalorien

Wußten Sie schon, daß ein Schokoladenkeks genauso viele Fettkalorien enthält wie eine doppelte Portion Nudeln oder zwei Kilogramm Weintrauben oder 50 Karotten? Gleiches gilt für:

1 Cheeseburger	entspricht	80 Tassen Broccoli
1 EL Erdnußbutter	entspricht	50 Tassen Blumenkohl
1 Tasse Vollmilch	entspricht	20 Tassen Blattspinat
10 Kartoffelchips	entsprechen	12 Tassen schwarze Bohnen
1 Schokoriegel	entspricht	45 Tassen Popcorn

Fett sparen bei der Zubereitung

Die Zubereitungsart spielt für den Fettgehalt der Lebensmittel ebenfalls eine große Rolle. Achten Sie daher auf eine fettärmere Zubereitung der Speisen:

- Schneiden Sie das sichtbare Fett bei Fleischstücken vor der Zubereitung ab.
- Wählen Sie bei Milchprodukten immer die fettärmeren Sorten.
- Grillen ist fettärmer als Braten oder Frittieren.
- Fettärmere oder fettlose Garmethoden sind: Garen in Alu- oder Bratfolie, Römertopf, Schnellkochtopf oder chinesischem Wok. Geflügel, Fleisch, Fisch und Gemüse garen auf diese Weise fettarm im eigenen Saft; Vitamine und Mineralstoffe bleiben dadurch weitgehend erhalten.
- Durch Garen in Gemüsebrühe oder Wein können Sie auf Butter zum Verfeinern verzichten.
- Braten ohne Fett können Sie mit einer speziellen, antihaftversiegelten Teflonpfanne.

Folgende fettreiche Zubereitungsformen von Speisen sollten Sie tunlichst vermeiden: panieren und in Öl braten (Wiener Schnitzel, panierter Fisch/paniertes Gemüse), in Öl fritieren und braten (Kartoffelchips, Pommes frites, Kartoffelpuffer) und das Verfeinern von Speisen durch Butter, Sauerrahm, Sahne, Mayonnaise (Sahnesaucen, Sandwiches, Pommes mit Mayonnaise). Auch Salatdressings mit viel Öl, Sahne, Sauerrahm sind zu fettreich.

Versteckte Fette

Über den Fettgehalt von manchen Nahrungsmitteln kann man sich leicht täuschen.

Wer abnehmen möchte, sollte nicht mehr als 40 Gramm Fett pro Tag essen. Wenn Sie Ihr Gewicht halten wollen, dürfen es 50 bis 60 Gramm am Tag sein. Aber wissen Sie auch, daß die fürs Abnehmen »erlaubten« 40 Gramm fast schon in einer einzigen Avocado stecken oder in einer Bratwurst? Daß Schokolade und Schweinebraten viel Fett enthalten, ist bekannt. Aber auch in anderen Nahrungsmitteln verbergen sich Fette, sogenannte versteckte Fette – und zwar eine ganze Menge. Die folgende Tabelle über versteckte Fette enthält auch einige Lebensmittel, denen man ihren Fettgehalt auf den ersten Blick gar nicht ansieht.

Versteckte Fette

Lebensmittel, in verzehrüblichen Portionen	Fett (g)	Fettkalorien (%)
Aal, geräuchert, 100 g	24	76
Avocado, 1 Stück, 200 g	35	96
Bienenstich, 1 Stück	11	46
Bismarckhering 125 g	19	69
Bockwurst, 1 Stück, 120 g	30	82
Bratkartoffeln, 200 g	15	42
Bratwurst, Kalb, 150 g	37	83
Bratwurst, Schwein, 150 g	43	85
Brie, 50 % Fett i.Tr., 30 g	8	73
Bückling, geräuchert, 125 g	14	62
Camembert, 60 % Fett i.Tr., 30 g	10	80
Cheeseburger, 1 Stück	15	42

Diese Tabelle soll einen kleinen Aha-Effekt bei Ihnen auslösen. Auch Lebensmittel, die man für fettarm hält, enthalten enorm viele Fettkalorien.

Versteckte Fette

Lebensmittel, in verzehrüblichen Portionen	Fett (g)	Fettkalorien (%)
Chesterkäse, 50 % Fett i.Tr., 30g	10	73
Crème double, 1 EL, 30 g	13	95
Croissant, 1 Stück	15	66
Dickmilch, 3,5 % Fett, 250 g	9	52
Edelpilzkäse, 50 % Fett i.Tr., 30 g	9	76
Eigelb, 1 Stück	6	81
Eiskaffee, 0,2	1	52
Emmentaler, 45 % Fett i.Tr., 30 g	9	70
Ente, 250 g	34	68
Erdnußflips, 50 g	10	38
Erdnußkerne, 50 g	25	76
Fleischsalat, 100 g	37	92
Frankfurter Würstchen, 100 g	24	82
Frikadelle, 1 Stück	11	66
Fruchtquark, 40 % Fett, 200 g	18	46
Frühstücksspeck, 1 Scheibe	10	94
Gans, 250 g	50	82
Gänseleber, 100 g	10	47
Geflügelsalat, 100 g	12	58
Gorgonzola, 50 % Fett i.Tr., 30 g	10	78
Hackfleisch, gemischt, 100 g	18	64
Haselnußkerne, 50 g	31	86
Heilbutt, 200 g	16	62
Hering, 1 Stück, 200 g	25	69
Heringssalat, 100 g	24	88
Hühnerkeule, 200 g	6	25
Kalbsleberwurst, 30 g	10	84
Kaninchenfleisch, 150 g	11	55
Kartoffelchips, 50 g	20	66
Kasseler Kotelett, 200 g	11	45
Kokosnußfleisch, 100 g	36	90
Krabbensalat, 100 g	20	53
Kuvertüre, halbbitter, 100 g	55	88
Landjäger, 1 Paar	42	90
Lachsfilet, 150 g	20	60

Versteckte Fette

Lebensmittel, in verzehrüblichen Portionen	Fett (g)	Fettkalorien (%)
Lammbrust, 150 g	55	90
Lammkeule, 150 g	20	57
Leberkäse, 125 g	36	80
Leberwurst, 30 g	8	82
Lila Pause, 1 Riegel	13	56
Makrele, 1 Stück, 300 g	23	60
Mandelkerne, 50 g	27	85
Marzipanrohmasse, 100 g	25	46
Mascarpone, 1 EL, 30 g	13	90
Matjesfilet, 1 Stück, 80 g	18	76
Mayonnaise, 80 % Fett, 1 EL	20	99
Mettwurst, 100 g	23	92
Milch, 3,5 % Fett, 0,2 l	7	50
Mini-Salami, 1 Stück	12	83
Nuß-Nougat-Creme, 1 EL	6	53
Nuts, 1 Riegel	11	38
Paranußkerne, 50 g	34	90
Pistazien, 50 g	26	80
Pizza-Baguette, 200 g	56	64
Remoulade, 50 % Fett, 1 EL	16	94
Rind, Zunge, 150 g	21	69
Rollmops, 1 Stück, 80 g	12	63
Schillerlocke, 100 g	23	67
Schinken, roh, 1 Scheibe	10	81
Schokocroissant, 1 Stück	25	80
Schweinenacken, 150 g	21	63
Sonnenblumenkerne, 1 EL	10	76
Suppenfleisch, Rind, 200 g	28	63
Suppenhuhn, 200 g	40	70
Thunfisch in Öl, 75 g	16	66
Vanilleeis, 1 Kugel	9	54
Vollmilchschokolade, 1 Tafel	33	56
Waldorfsalat, 100 g	36	88
Walnußkerne, 50 g	32	85
Wiener Würstchen, 75 g	22	84

Wenn Sie auf die versteckten Fette achten, werden Ihre Pfunde leichter schmelzen.

5. Schritt: Rechtzeitig aufhören zu essen

Wichtig ist vor allem, daß Sie Ihre Freude am Essen behalten, die aber nicht davon abhängt, daß Sie besonders viel essen.

Wenn Sie mehr essen, als der Körper für seine Funktionen benötigt, werden die überschüssigen Kalorien immer in Fett umgewandelt und gespeichert. Dabei ist es egal, was Sie gegessen haben, ob Kohlenhydrate, Eiweiß oder Fette.
Wenn Sie aber zuwenig essen, besteht die Gefahr, daß Sie unbefriedigt sind, sich ausgehungert fühlen und dann schließlich »richtig zuschlagen«, indem Sie unbeherrscht viel zuviel in sich hineinschlingen. Wann ist die rechte Zeit, um mit dem Essen aufzuhören? An der Zahl der aufgenommenen Kalorien kann man das nicht unbedingt messen, denn jeder Mensch hat einen anderen Kalorienbedarf, der auch täglich variiert – je nach der individuellen körperlichen und psychischen Beanspruchung.

Worauf es in der 9. und 10. Programmwoche ankommt

Behalten Sie das bisherige Bewegungstraining zwei- bis dreimal pro Woche bei, und erhöhen Sie es auf jeweils 35 Minuten. Machen Sie regelmäßig Ihre Entspannungsübungen. Essen Sie weiterhin nur, wenn Sie Hunger haben, und achten Sie immer auch auf Ihren Fettverbrauch. Ihr zusätzliches neues Trainingsfeld heißt für die nächsten zwei Wochen: rechtzeitig aufhören zu essen.

- Hören Sie auf zu essen, bevor ein Völlegefühl eintritt, bei der ersten Spur von Sättigung, solange Sie sich noch wohl fühlen.
- Hören Sie auch auf, wenn noch etwas auf Ihrem Teller liegt.
- Essen Sie keinesfalls weiter, nur um jemandem einen Gefallen zu tun.
- Essen Sie nicht auf Vorrat. Sie können ja später wieder essen, wenn Sie erneut Hunger haben.
- Sie dürfen von allem essen – wenn Sie mit Maß essen.

Psychotraining zu Schritt 5

Lesen Sie sich nochmals die Abschnitte zu »Erst sich annehmen, dann abnehmen« (Seite 113) durch, und machen Sie zweimal täglich die Übung »Lernen, sich zu mögen« (siehe Seite 114). Ebenfalls hilfreich ist, wenn Sie sich nochmals mit der Übung »Lernen, sich positiv zu sehen« (siehe Seite 114) beschäftigen.

Kennen Sie die »Faustregel«?

Machen Sie eine Faust, und betrachten Sie Ihre Faust genau. Die geballte Faust ist etwa genauso groß wie Ihr Magen im Normalzustand. Natürlich kann Ihr Magen weiter gedehnt werden. Es genügt aber eine Menge an Essen, die der Größe einer Faust entspricht, um den Magen zu füllen. Das dürften etwa zwei Kaffeetassen voll Essen sein. Nicht mehr. Schon eine faustgroße Portion genügt, um Sie zu sättigen, da ein normal gefüllter Magen keine Hungergefühle mehr auslöst.

Die Eßschalen der Asiaten zeigen eigentlich anschaulich die »Faustregel«. Schalenweises Essen entspricht der Magenfüllmenge viel eher als große Eßteller, auf denen man das Essen häufen kann.

Tips für das rechtzeitige Aufhören mit dem Essen

- Füllen Sie Ihre Teller in der Küche. Stellen Sie die Schüsseln nicht auf den Eßtisch. Das animiert nur zum Nachschlag. Gleich nach dem Abendessen sollten Sie Käse, Wurst, Brot etc. abräumen und außer Sichtweite verstauen.
- Geben Sie jeweils nur die Hälfte Ihrer sonst üblichen Portion auf den Teller. Essen Sie langsam und mit Genuß. Wenn Sie fertig sind, warten Sie eine Weile und überlegen, ob Sie genug gegessen haben. Meistens reicht es.
- Lassen Sie immer ein bißchen auf dem Teller zurück. Dadurch verinnerlichen Sie mit der Zeit, daß Sie nicht alles aufessen müssen, was ihnen vorgesetzt wird.
- Viele Abnehmexperten empfehlen kleine Teller für die kleineren Portionen. Man kann aber durchaus die großen nehmen, weil das festlicher aussieht; nur sollte man sie nicht mit Essen überhäufen, sondern reichlich mit rohem Gemüse (zum Verzehr geeignet) garnieren. Fall Sie dazu tendieren, Essen auf die Teller zu häufen, sollten Sie jedoch eher zu kleineren Tellern greifen.
- Putzen Sie sich nach dem Essen die Zähne. Das ist ein deutliches Signal, daß das Essen beendet ist. Wer dann nochmals naschen wollte, müßte zum zweitenmal Mundpflege betreiben, und das überlegt man sich dann doch eher.

Übrigens ...

Dehnbare Rock- und Hosenbünde sind zwar bequem, begünstigen aber auch, daß man sich überißt. Es müßte nämlich viel passieren, bis so ein Bund spannt.

6. Schritt: Die Ernährung umstellen

Der beste Weg, um abzunehmen, führt über qualitativ hochwertige, fettarme und ballaststoffreiche Kost. Qualität sollte vor Quantität gehen. Streichen Sie für die Zukunft insbesondere künstliche, gezuckerte und chemisch behandelte Nahrung soweit wie möglich von Ihrem Speiseplan. Wenn Sie nämlich Minderwertiges essen, müssen Sie viel mehr verzehren, damit der Bedarf an lebenswichtigen Mineralstoffen und Vitaminen gedeckt wird. Um diese Stoffe zu bekommen, erzeugt der Körper dann vermehrt Hungergefühle.

Machen Sie sich eines klar: Sie können eine ganze Menge essen und trotzdem abnehmen – vorausgesetzt, Sie essen das Richtige.

Ausgewogenheit ist oberstes Gebot einer gesunden Ernährung. Legen Sie Wert auf abwechslungsreiche Kost. Nach der taoistischen (chinesischen) Gesundheitslehre sollten Nahrungsmittel aller fünf Geschmacksqualitäten – süß, sauer, scharf, bitter, salzig – zu jeweils 20 Prozent gegessen werden.

Worauf es in der 11. und 12. Programmwoche ankommt

Behalten Sie das bisherige Bewegungstraining zwei- bis dreimal pro Woche bei, und erhöhen Sie es auf jeweils 40 Minuten. Machen Sie regelmäßig Ihre Entspannungsübungen. Essen Sie weiterhin nur, wenn Sie Hunger haben; achten Sie immer auch auf Ihren Fettverbrauch, und hören Sie rechtzeitig auf zu essen.
Übrigens: Herzlichen Glückwunsch! Sie haben jetzt schon die Häfte des 20-Wochen-Programms hinter sich gebracht. Bleiben Sie dran! Für die zweite Hälfte achten Sie nun verstärkt auf die Qualität der Nahrungsmittel:

- Konzentrieren Sie sich auf eine ausgewogene, qualitativ hochwertige, gesunde Ernährung.
- Achten Sie auf eine schonende Zubereitung der Speisen.

Psychotraining zu Schritt 6

Lesen Sie nochmals die Abschnitte zu »Nehmen Sie sich etwas vor« (Seite 137f.). Führen Sie, wenn Sie mögen, 14 Tage lang ein Tagebuch Ihrer positiven Erlebnisse und Erfolge. Schreiben Sie alles auf, was Ihr persönliches Fortkommen hinsichtlich veränderter Eß- und Lebensgewohnheiten betrifft. Damit haben Sie eine sehr gute Übersicht, bei welchen Punkten Sie sich noch verbessern können.

Das Richtige essen

Sie sollten vor allem »leere« (denaturierte) Kohlenhydrate von Ihrem Speiseplan streichen. Diese Kohlenhydrate bringen ernährungsphysiologisch wenig und erzeugen oft nur Hunger auf mehr.

- **Das sollten Sie meiden:** alle Weißmehlprodukte (Weiß- und Toastbrot, Semmeln, Kuchen)
  Besser sind: Vollkornbrot, Müsli, Frischkornbrei.
- **Das sollten Sie meiden:** gesüßte Getränke wie Limonade, Colagetränke, gesüßte Säfte und Fruchtnektare.
  Besser sind: Mineralwasser, Früchte- und Kräutertees, verdünnte, ungesüßte, naturreine Säfte (anderthalb bis zwei Liter pro Tag).
- **Das sollten Sie meiden:** Zucker und Süßspeisen wie Desserts, Pralinen, Schokolade, Kompotte etc.
  Besser sind: Honig, Ahornsirup, Birnen- oder Apfeldicksaft (zum Süßen).

Alkohol sollten Sie meiden, doch auch hier gilt: In Maßen ist alles erlaubt.

Vollkornprodukte enthalten wertvolle Kohlenhydrate und Ballaststoffe. Auch wenn Sie bisher Weißbrot präferiert haben – Sie werden sehen, daß ein Vollkornbrötchen auch sehr lecker schmeckt.

Die Pyramide der gesunden, nicht dickmachenden Ernährung

Wer raucht, sollte zusätzlich Vitaminpräparate einnehmen, vor allem Vitamin C, E, Folsäure und Betakarotin.

Wie die Pyramidenform anzeigt, sollte unsere Nahrung zum größeren Teil aus Vollkornprodukten (breiter Sockel) und nur zum geringsten Teil aus tierischen Proteinen (schmale Spitze) bestehen. Auf diese Weise wird der Körper optimal versorgt

Tierische Proteine
Magerer Fisch, mageres Fleisch, weißes Geflügelfleisch ohne Haut, Eiweiß, fettarme Milchprodukte

Obst
Besonders Weintrauben, Ananas, Bananen, Zitrusfrüchte, Äpfel (zur Entgiftung der Leber); Früchte möglichst roh verzehren und wegen der Schadstoffe gut waschen

Gemüse und Salate
Besonders grüne Gemüse (Brokkoli, Spinat, Bohnen, Zucchini, Zuckerschoten etc.), gelbe (Paprika, Fenchel) und rote (Tomaten, Paprika, Auberginen, Karotten etc.), Kartoffeln (reich an Stärke, hochwertigem Eiweiß, Mineralstoffen, Eisen sowie den Vitaminen C und B1), frische Kräuter zum Würzen

Hülsenfrüchte
Kidney-Bohnen, weiße Bohnen, grüne und gelbe Erbsen, Kichererbsen, Linsen (liefern hochwertige Proteine ohne gesättigte Fettsäuren)

Vollkornprodukte
Ungeschälter Reis, Getreidekörner und -flocken, Vollkornbrot und -brötchen, Dinkelbrot, Sonnenblumenkernbrötchen, Mais, Nudeln (Vollkorn), Hirse usw.

Ballaststoffreiche Lebensmittel

Lebensmittel	**Anteil an Ballaststoffen**
100 g weiße Bohnen, gekocht	7,5 g
100 g Kidney-Bohnen, gekocht	7,0 g
100 g Spinat, gekocht	6,5 g
1 große Birne mit Schale	6,2 g
100 g grüne Erbsen, gekocht	5,5 g
100 g Brokkoliröschen, gekocht	4,2 g
100 g gelbe Erbsen, gekocht	3,7 g
100 g Linsen, gekocht	3,7 g
1 mittlerer Apfel mit Schale	3,5 g
30 g Müsli	3,5 g
30 g Weizenschrot	3,5 g
30 g Cornflakes	3,2 g
3 Backpflaumen	3,0 g
1 Scheibe Vollkornbrot	2,5 g
1 mittlere gekochte Kartoffel mit Schale	2,5 g
1 Banane	2,5 g

Ernährungsfachleute empfehlen eine Tagesmenge von 30 bis 50 g Ballaststoffen.

Schonender Umgang mit Nahrungsmitteln

Wählen Sie am besten Obst und Gemüse der Jahreszeit.

Damit die Vitamine und Mineralstoffe in Ihrer Nahrung auch voll zur Geltung kommen, sollten Sie schon beim Einkauf bestimmte Dinge berücksichtigen:

- Achten Sie beim Einkauf darauf, daß Obst und Gemüse ganz frisch sind und keine braunen Stellen oder schlaffe, welke Blätter aufweisen. Greifen Sie bei altem Gemüse nicht zu, sondern lieber ins Tiefkühlfach (Tiefkühlkost ist oft vitaminreicher).
- Salate und Gemüse sollten Sie am besten noch am Tag des Einkaufs verzehren. Je länger das Gemüse gelagert wird, um so größer ist der Vitaminverlust.

Lagerung von Gemüse und Früchten

Auch Milch sollte man immer in den dunklen Kühlschrank stellen.

- Tiefkühlgemüse und -obst, das sofort nach der Ernte eingefroren wird, hat einen höheren Vitamingehalt als ein länger oder falsch gelagertes frisches Produkt.
- Viele Vitamine sind empfindlich gegenüber Licht und Sauerstoff. Deshalb sollten Gemüse, Früchte und Salate immer abgedeckt und in einem dunklen, kühlen Raum (Speisekammer) oder im Kühlschrank (Gemüsefach) in einem Plastikbeutel aufbewahrt werden. Dort hält sich Rohkost dreimal so lange wie bei Zimmertemperatur.
- Auch geputztes Gemüse, das nicht gleich verbraucht wird, sollte man unzerkleinert in einer Plastiktüte im Kühlschrank (Gemüsefach) aufbewahren.
- Lagern Sie Äpfel, Tomaten und Paprika nicht zusammen mit anderer Rohkost, letztere wird dadurch schneller alt und verändert sich auch im Geschmack.

Checkliste: Richtige Nahrungszubereitung

Um die hochwertigen Nahrungsmittel, auf die Sie jetzt Ihr Augenmerk richten werden, auch in hochwertigem Zustand essen zu können, sollten Sie bei Vorbereitung, Zubereitung und Verzehr dieser Nahrungsmittel auf folgendes achten:

- Salat und Gemüse sollten Sie nie zum Waschen im Wasser liegen lassen. Wasserlösliche Vitamine gehen dadurch verloren. Besser ist es, alles Grünzeug kurz, aber gründlich unter fließendem Wasser abzuwaschen, ehe Sie Gemüse und Salate zerkleinern.
- Die äußeren, dunklen Blätter von Salat, Kohl und Wirsing sind vitaminreicher als die inneren, hellgrünen Blätter. Weil diese Produkte aber sehr stark gedüngt werden und besonders Kohl oft von Autoabgasen belastet ist (Kohl wird oft an verkehrsreichen Straßen angebaut), muß man die äußeren Blätter wegen hoher Blei- und Nitratwerte entfernen. Auch dicke Strunke und Rippen sollte man deswegen herausschneiden.

Checkliste: Richtige Nahrungszubereitung

- Wenn Früchte und Gemüse zerkleinert werden, z. B. Karotten geraspelt werden, können die Vitamine besser durch den Körper aufgenommen werden. Lassen Sie aber Geraspeltes nicht länger stehen, sondern verzehren Sie es gleich – sonst gehen wertvolle Vitamine verloren.
- Nur bei frischem, ungedüngten Salat aus dem Garten sollte man die äußersten Blätter mitessen. In ihnen steckt mehr als die Hälfte des Vitamingehalts. Die Herzblätter enthalten dagegen viel weniger Vitamine, dafür um so mehr Nitrat, ebenso wie Strunk und Rippen.
- Bei Chicorée sitzen die gesunden Bitterstoffe vor allem in dem Mittelkeil am Wurzelende. Also diesen bitte nicht herausschneiden, sondern mitessen.
- Gemüse wie Karotten, Rote Bete etc. möglichst wenig schälen, sondern nur sauber schrappen, denn die wertvollsten Stoffe sitzen dicht unter der Haut.
- Kartoffeln sollte man vor dem Schälen waschen, um Schadstoffe zu entfernen. Kartoffeln mit grünen Stellen und Keimen bitte wegwerfen, sie sind giftig.
- Grüne Tomaten sollten Sie nicht verzehren. Sie enthalten giftige Stoffe.
- Wenn Sie an Obst, Gemüse oder Brot Schimmel entdecken, werfen Sie bitte das ganze Produkt weg. Der giftige Schimmel befindet sich dann (noch unsichtbar) bereits überall.
- Grüne Bohnen sollten nicht roh gegessen (giftig!), sondern 15 Minuten in wenig Wasser gegart werden.

Zubereitung

- Natron oder zuviel Essig zerstören manche Vitamine. Natron sollte deshalb in der Küche gar nicht (auch nicht, wie früher üblich, bei Hülsenfrüchten), Essig nur sparsam verwendet werden.
- Wenn Fisch im eigenen Saft gedünstet oder in der Folie zubereitet wird, ist das vitaminschonender als Grillen oder Braten.

Mehr über den Einkauf und die Zubereitung von Lebensmitteln, die möglichst wenig Umweltschadstoffe oder Pflanzengift enthalten, erfahren Sie in dem Südwest Kursbuch »Gesunde Nahrung ohne Gift« von Dr. Gisela Rauch-Petz.

Alles Wissenswerte und die aktuellsten Forschungsergebnisse zum Thema »Vitamine« lesen Sie in dem Südwest Kursbuch »Fit durch Vitamine« von Klaus Oberbeil.

Checkliste: Richtige Nahrungszubereitung

- Durch Hitze werden viele Vitamine zerstört. Gemüse sollte daher nur kurz (ein bis drei Minuten) in kochendem Wasser gegart (blanchiert) werden, so daß es noch »bißfest« ist. Das Kochwasser nicht wegschütten, sondern für Suppen und Saucen weiterverwenden.
- Nehmen Sie zum Garen nur wenig Wasser, und geben Sie einen festschließenden Deckel auf den Topf, so daß kein Dampf entweichen kann.
- Fleisch sollte man besser nur kurz braten oder schmoren, so bleiben das Vitamin B5 und die Pantothensäure erhalten. Geben Sie Salz erst nach dem Kochen oder Anbraten an das Fleisch.
- Gemüse sollten Sie so wenig wie möglich salzen. Es enthält viele Mineralstoffe und hat geschmacklich oft gar kein Salz mehr nötig.
- Reichern Sie Salat, der schon etwas länger liegt, mit ein bißchen Zitronensaft (Vitamin C) an.
- Am meisten Vitamine bleiben in Pellkartoffeln erhalten, wenn sie in einer unversehrten Schale mit ganz wenig Wasser auf kleiner Flamme geköchelt werden. Der Topfdeckel muß gut schließen. Am Ende des Kochvorgangs sollte das Kochwasser annähernd verdunstet sein.

Verzehr

- Vitamin-C-haltige Getränke vor dem Essen (ein Glas Orangensaft) steigern die Eisenaufnahmefähigkeit des Körpers. Die Gerbstoffe in Kaffee, Schwarztee und Rotwein beeinträchtigen dagegen die Eisenaufnahme.
- Wer es vom Magen her verträgt, sollte vor einer Mahlzeit rohes Obst verzehren. Die Vitamine werden so besser aufgenommen, Gärungen und Blähungen werden vermieden.

Warmhalten

- Fertige Gerichte sollten nicht längere Zeit warmgehalten, sondern kühlgestellt und bei Bedarf kurz erwärmt werden.

7. Schritt: Essen, worauf Sie Lust haben

Meist entwickelt man Heißhunger auf genau die Nahrungsmittel, die man nach dieser oder jener Theorie keinesfalls essen sollte, die als ungesund oder als Dickmacher gelten. Aber probieren Sie doch einmal folgendes aus. Gestatten Sie es sich, auch diese »verbotenen« Dinge zu genießen, aber nur wenn Sie:

- Hunger haben
- Nicht zuviel davon essen
- Genau diese Dinge essen wollen.

Haben Sie kein schlechtes Gewissen, wenn Sie ab und zu »verbotene« Dinge essen. Gönnen Sie sich auch etwas. Denken Sie daran, daß alles, was verboten ist, um so verlockender erscheint.

Sie werden feststellen, daß mit der Zeit Ihr Heißhunger darauf gar nicht mehr so groß ist. Denn Sie lernen auf diese Weise, mit den entsprechenden Nahrungsmitteln, die bisher für Sie so verlockend, weil verboten waren, verantwortlich umzugehen. Das wäre ein weiterer Fortschritt im Hinblick auf eine neue Eß- und Lebensweise. Wenn Sie mit der Zeit die Signale Ihres Körpers richtig deuten können, werden Sie merken, daß er nach einer vielfältigen Palette von Nahrungsmitteln verlangt, die selbstverständlich von Zeit zu Zeit auch einen Big Mac oder Nougatpralinen miteinschließt.

Worauf es in der 13. und 14. Programmwoche ankommt

Behalten Sie das bisherige Bewegungstraining zwei- bis dreimal pro Woche bei, und erhöhen Sie es auf jeweils 45 Minuten. Machen Sie regelmäßig Ihre Entspannungsübungen. Essen Sie weiterhin nur, wenn Sie Hunger haben; achten Sie immer auch auf Ihren Fettverbrauch, hören Sie rechtzeitig auf zu essen, und achten Sie auf qualitative Lebensmittel und eine ausgewogene Ernährung. Ihr neues Pensum klingt zwar durchaus verlockend, erfordert aber kontrolliertes Verhalten:

- Sie haben festgestellt, daß Sie körperlichen Hunger haben. Überlegen Sie sich als nächstes, was Sie jetzt essen wollen: etwas Süßes, etwas Herzhaftes, etwas ganz Bestimmtes?
- Essen Sie dann genau dieses Lebensmittel und nichts anderes in einer verträglichen Menge. Verbieten Sie sich nicht heldenhaft jede Lieblingsspeise oder Leckerei. Ganz im Gegenteil: Sie sollten auch »Verbotenes« essen.

Psychotraining zu Schritt 7

Machen Sie vielleicht nochmals die Übung »Lernen, sich positiv zu sehen« (Seite 114).

Übrigens ...

Laut neuesten Untersuchungen aus den USA ißt man von Speisen, auf die man Lust und Appetit hat, weniger und bleibt anschließend länger satt. Daher sollte man versuchen, den momentanen persönlichen Wünschen möglichst oft zu entsprechen.

Dem Appetit ab und zu nachgeben

Vorsicht! Sich nicht alles verkneifen heißt nicht, daß Sie nun jedem Gedanken an Eis, Torte, Gnocchi in Sahnesauce usw. umgehend nachgeben sollen.

Das kennen Sie sicherlich: Sie haben eigentlich Appetit auf eine Pizza. Sie überlegen hin und her und verkneifen sie sich dann wegen der vielen Kalorien. Statt dessen greifen Sie zu Suppe, Fisch, Salat und vielleicht noch zu einem Magermilchjoghurt als Nachspeise. Anschließend fühlen Sie sich unbefriedigt und haben immer noch Appetit auf Pizza. Sie quälen sich noch eine Weile herum und bestellen schließlich doch beim Italiener Ihre Lieblingspizza. Hinterher verdrücken Sie noch ein Eis, weil es jetzt ohnehin schon egal ist. Hätten Sie aber gleich Ihrem Wunsch nachgegeben und sich die Pizza gegönnt, auf die Sie so Appetit hatten, dann wären Sie zufriedener gewesen und hätten nicht viel zuviel gegessen. Die Schlußfolgerung aus dieser Verhaltensweise kann nur sein: Wer sich nichts verkneift, muß hinterher auch nichts nachholen.

- Überlegen sie erst einmal, ob Sie dieses oder jenes auch wirklich essen möchten.
- Ist es nur ein Ersatz für etwas, das Sie sich versagen?
- Ist der kurze Genuß die vielen Kalorien auch wert?

Wenn Sie sich dafür entscheiden, jetzt genau diese Speise essen zu wollen, so essen Sie sie mit gutem Appetit, aber nach Schritt 5 dieses Programms in einer Menge, die Ihnen zuträglich ist. Überessen Sie sich also nicht.

Wenn Sie künftig essen können, was Sie wirklich wollen, fällt erstens das »Umwegessen« (Beispiel Pizza) weg. Und zweitens müssen Sie nicht auf Vorrat essen, denn Sie können ja wieder etwas essen, wenn Sie es für richtig halten.

Tips, wie Sie mit dem Appetit auf »Verbotenes« umgehen

- Wer streng auf Diät ist, versagt sich jede Süßigkeit. Dadurch kann ein richtiger Heißhunger auf Süßigkeiten entstehen mit dem Resultat, daß man schießlich eine ganze Tafel Schokolade oder alle Pralinen auf einmal verputzt. Obwohl man die Lust auf Süßes im Anfangsstadium leicht mit einem einzigen Riegel Schokolade oder, viel gesünder, mit einen Teelöffel Honig in den Griff bekommen hätte. Deshalb sollte, wer abnehmen möchte, sich nicht jede Nascherei versagen und ruhig ab und zu etwas Süßes essen.
- Kaufen Sie öfter ein, dann sind Obst und Gemüse frisch und um so gesünder. Holen Sie ungesunde Kalorienbomben, auf die Sie künftig verzichten wollen, gar nicht erst heim. Großartige Vorräte verführen nur dazu, mehr oder etwas anderes zu essen, als man eigentlich vorhatte.

Ab und an dürfen Sie naschen. Naschen heißt eigentlich nur süße, leckere Dinge essen. Es heißt nicht, sich mit süßen Dingen vollzustopfen.

Sie müssen nicht auf jedes Eis verzichten. Essen Sie ab und zu mit Genuß Ihre Lieblingsspeise oder eine kleine Leckerei.

8. Schritt: Bewußt essen

Worauf es in der 15. und 16. Programmwoche ankommt

Vernachlässigen Sie bitte bei einem neuen Programmpunkt niemals, was Sie bisher gelernt (und sich hoffentlich antrainiert) haben.

Behalten Sie das bisherige Bewegungstraining von jetzt 45 Minuten zwei- bis dreimal pro Woche bei. Machen Sie regelmäßig Ihre Entspannungsübungen. Essen Sie nur, wenn Sie Hunger haben; achten Sie auf Ihren Fettverbrauch, hören Sie rechtzeitig auf zu essen, achten Sie auf qualitative Lebensmittel und eine ausgewogene Ernährung, und essen Sie nur das, was Sie wirklich essen wollen.

Jetzt richten Sie Ihr Augenmerk noch zusätzlich auf ein bewußtes Essen, Sie machen sich die Eßsituation bewußt:

- Essen Sie mit Genuß.
- Konzentrieren Sie sich auf das, was Sie essen.
- Setzen Sie sich zum Essen immer hin.
- Nehmen Sie sich Zeit zum Essen.

Psychotraining zu Schritt 8

Vertiefen Sie sich nochmals in die Abschnitte des Punkts »Stellen Sie sich vor ...« (Seite 115), und machen Sie täglich die Imaginationsübung »Lernen Sie umzudenken« (Seite 116f.).

Tips für ein bewußteres Essen

- Essen Sie das, was Sie essen, ohne schlechtes Gewissen. Auch wenn es einmal etwas mehr ist, als Sie sich vorgenommen haben. Wer ein schlechtes Gewissen hat, reagiert leicht mit: »Jetzt hab' ich schon zuviel gegessen, da kommt es auf dies oder jenes auch nicht mehr an!«
- Essen Sie nicht im Gehen oder Stehen, im Auto oder heimlich in der Küche. Nehmen Sie sich auch für den kleinen Snack zwischendurch genügend Zeit. Wer nur so nebenbei ißt, ißt meistens schneller und mehr.
- Nach Untersuchungen der Universität von Atlanta aßen die Studenten mehr, wenn sie sich nebenbei unterhielten. Deshalb sollte man sich nicht durch heiße Diskussionen, Lesen oder Fernsehen vom Essen ablenken lassen.
- Spülen Sie die Bissen nicht mit Flüssigkeit hinunter. Spüren Sie, wie die Nahrungs schmeckt.

- Sie brauchen auch nicht nachts heimlich zum Kühlschrank zu schleichen. Sie stehen zu Ihrer Ernährung und können deshalb vor aller Augen essen.
- Versetzen Sie sich zum Essen in eine positive Stimmung. Verschieben Sie die Mahlzeit lieber, wenn Sie wütend oder gerade mitten in einem Streit sind.
- Setzen Sie sich zum Essen immer an einen bequemen Tisch. Sie holen sich nur Magenprobleme, wenn Sie im Stehen schnell und hastig etwas essen.
- Gewöhnen Sie sich an, langsam zu essen. Ihr Magen braucht etwa 20 Minuten, bis er Ihrem Gehirn signalisiert, daß er satt ist. Untersuchungen haben gezeigt, daß Frauen mit Gewichtsproblemen doppelt so schnell essen wie schlanke Frauen. Und auf diese Weise meistens auch doppelt soviel.
- Wer gründlicher kaut, genießt auch intensiver. Denn die Geschmacksknospen in der Zungen- und Mundschleimhaut können die Geschmacksreize besser aufnehmen. Versuchen Sie, jeden Bissen ganz bewußt zu schmecken: Wonach schmeckt es? Was schmeckt so ähnlich? Wie harmonieren die einzelnen Geschmacksrichtungen?

Falls Sie zu den Schnellessern gehören: Legen Sie nach jedem zweiten oder dritten Bissen das Besteck aus der Hand, und machen Sie eine kleine Pause.

Bewußt essen und gut verdauen

Wenn Sie jeden Bissen gründlich kauen – mindestens 20mal –, wird die Nahrung gut eingespeichelt und schon im Mund vorverdaut. Sie werden so schneller und anhaltender satt. Übrigens: Ein kleines Glas Wein zum Essen wirkt verdauungsfördernd.

Das Essen – ein Fest

Machen Sie jede Mahlzeit zu einem festlichen Ereignis. Decken Sie den Tisch hübsch, zünden Sie eine Kerze an, legen Sie eine CD auf. Nach amerikanischen Untersuchungen sollen Personen im hellen Neonlicht gleich doppelt soviel essen wie bei schummriger Beleuchtung. Offensichtlich genießt man in solch entspannter Atmosphäre jeden einzelnen Bissen, läßt sich Zeit und ist schon mit weniger Essen satter.

9. Schritt: Öfter am Tag (weniger) essen

Wer kleinere Portionen zu den Mahlzeiten verzehrt, hat logischerweise früher wieder Hunger. Deshalb wird, wer weniger ißt, automatisch auch öfter am Tag essen. Auf diese Weise erhält der Körper den ganzen Tag über ausreichend Kalorien, aber niemals zu viele Kalorien auf einmal, die dann als Fett abgespeichert werden müssen. Es ist eine irrige Meinung, daß Zwischenmahlzeiten ungesund seien. Sie sind es nur, wenn es sich um ungesunde Speisen wie Kuchen, Schokoriegel, Eis oder fettreiche Snacks handelt.

Wertvolle Zwischenmahlzeiten sind z. B. Obst, Nüsse oder Magermilchprodukte.

Dadurch, daß Sie öfter essen, verhindern Sie, daß Sie zu den Mahlzeiten allzu hungrig sind. Wer sich an den Tip mit mehreren (kleineren) Mahlzeiten hält, ist allgemein belastbarer, da die Kalorien ja gleichmäßig über den Tag verteilt aufgenommen werden, d.h. daß auch der Blutzuckerspiegel den ganzen Tag über in etwa konstant bleibt. Zudem werden Sie nach einer kleineren Mahlzeit weniger müde sein als nach einer großen. Denn nach einem schweren Essen wird Blut aus dem Gehirn in den Verdauungstrakt abgezogen. Das Resultat dieses Vorgangs: Man wird müde.

Mehr und weniger

Bei einer Untersuchung in den USA haben 100 Frauen sechs Wochen lang täglich 2000 Kalorien zu sich genommen. Eine Gruppe verteilte die Kalorien auf fünf kleinere Mahlzeiten am Tag, die andere auf zwei große Mahlzeiten. Während die Frauen der ersten Gruppe das Gewicht hielten, teilweise sogar abnahmen, legten alle Frauen der zweiten Gruppe an Gewicht zu – pro Person bis zu zweieinhalb Kilogramm.

Worauf es in der 17. und 18. Programmwoche ankommt

Behalten Sie das bisherige Bewegungstraining von jetzt 45 Minuten zwei- bis dreimal pro Woche bei. Machen Sie regelmäßig Ihre Entspannungsübungen. Essen Sie nur, wenn Sie Hunger haben; achten Sie auf Ihren Fettverbrauch, hören Sie rechtzeitig auf zu essen, achten Sie auf qualitative Lebensmittel und eine ausgewogene

Ernährung, und essen Sie nur das, was Sie wirklich essen wollen. Dieses essen Sie bewußt und mit Genuß. In den folgenden zwei Wochen werden Sie öfter essen – öfter, aber weniger.

- Teilen Sie Ihr Tagespensum in (vier bis) fünf kleinere Mahlzeiten auf.
- Empfehlenswert sind drei größere Mahlzeiten und zwei Zwischenmahlzeiten.

Psychotraining zu Schritt 9

Machen Sie weiterhin täglich die Imaginationsübung »Lernen Sie umzudenken« (Seite 116f.). Wenn Sie mögen, schreiben Sie doch einmal zwei Wochen lang auf, wieviel und was Sie wann essen. Ein Tagesplan könnte so aussehen:

- Frühstück: Obstmüsli mit fettarmer Milch, Obstsaft, Kaffee
- Vormittags: ein Vollkornbrötchen mit einem halben Teelöffel Butter oder Margarine, einer Scheibe Gouda und einer Tomate oder drei Scheiben Lachsschinken und einer Gewürzgurke
- Mittags: Eiweißomelett mit Gemüse oder Rotbarschfilet mit Reis und Salat
- Nachmittags: 150 Gramm Buttermilch mit einer Banane
- Abends: Putenleber auf Feldsalat.

Tips, wie Sie das Lernziel »mehr und kleinere Mahlzeiten pro Tag« richtig umsetzen

- Wenn Sie etwa nach drei (bis vier) Stunden wieder Hunger bekommen, dann haben Ihre Portionen die richtige Größe.
- Essen Sie vor der Hauptmahlzeit mittags oder abends immer eine Kleinigkeit (beim Kochen etwa), z.B. einen halben Apfel, ein Stückchen Brot oder Zwieback. Das verhindert, daß Sie sich mit Heißhunger auf die Mahlzeit stürzen und dann zuviel essen.
- Halten Sie, wenn Sie unterwegs oder am Arbeitsplatz sind, immer etwas Obst, Zwieback oder einige Nüsse als Zwischenmahlzeit bereit. Dadurch verhindern Sie, daß Sie aushungern und sich später überessen.
- Wenn Sie mittags in der Kantine essen, wählen Sie zwar einen Nachtisch aus, heben sich diesen Nachtisch aber für den Nachmittagsimbiß auf.

Vermeiden Sie unbedingt, schon durch das Probieren beim Kochen Ihren Hunger zu stillen.

10. Schritt: Nicht zu spät essen

Gewöhnen Sie es sich an, abends nur mal eine Suppe, eine Vorspeise, ein Müsli oder einen anderen kleinen Imbiß zu essen.

Das gemeinschaftliche späte Abendessen wird immer mehr zur Gewohnheit, da in unserer Gesellschaft die Familienmitglieder tagsüber meistens beschäftigt und außer Haus sind. Erst am Abend hat man die Muße, bei einem gemütlichen Abendessen entspannt das Familienleben zu genießen.

Aber in der Nacht ist der Stoffwechsel wesentlich langsamer als tagsüber, und auch der Kalorienbedarf ist geringer. Wer am Abend die meisten Kalorien aufnimmt, kann sicher sein, daß die Überschüsse als Fett gespeichert werden.

Wer deshalb abends schon sehr müde ist, sollte lieber ohne Essen zu Bett gehen. Denn auch das Verdauungssystem hat sich bereits auf Ruhe eingestellt, und es ist nur noch wenig Energie verfügbar, um die Nahrung zu verdauen. Die unverdaute Nahrung bleibt über Nacht im Verdauungstrakt liegen, wird dort zersetzt, und es bilden sich Giftstoffe. Sie sollten sich folgende Tatsache des Kalorienumsatzes klar machen: Nach 18 Uhr braucht der Körper nur noch rund 400 Kalorien für normale Funktionen. Bekommt er mehr, wird der Überschuß in den Fettzellen gespeichert.

Der Kalorienbedarf ist am Morgen und am Nachmittag am größten – Körper und Gehirn brauchen zu dieser Tagszeit die meiste Energie, der Stoffwechsel läuft auf Hochtouren, die Körpertemperatur ist etwas höher. Zu diesen Zeiten werden die meisten Kalorien verbrannt – und folglich nicht als Fett gespeichert. Wer abnehmen oder sein Gewicht halten möchte, sollte daher tagsüber mehr und abends weniger essen.

Worauf es in der 19. und 20. Programmwoche ankommt

Behalten Sie das bisherige Bewegungstraining von jetzt 45 Minuten zwei- bis dreimal pro Woche bei. Machen Sie regelmäßig Ihre Entspannungsübungen. Essen Sie nur, wenn Sie Hunger haben; achten Sie auf Ihren Fettverbrauch, hören Sie rechtzeitig auf zu essen, achten Sie auf qualitative Lebensmittel und eine ausgewogene Ernährung, und essen Sie nur das, was Sie wirklich essen wollen. Dieses essen Sie bewußt und mit Genuß. Sie haben mittlerweile auch gelernt, öfter, aber dafür kleinere Portionen zu essen.

Zunächst nochmals herzlichen Glückwunsch, wenn Sie bis jetzt durchgehalten haben: Sie sind nun fast am Ziel. Halten Sie sich bitte für die nächsten zwei Wochen an einen alten Grundsatz unserer Großeltern – und essen Sie nicht zu spät am Abend.

- Lassen Sie das Abendessen möglichst klein ausfallen.
- Wenn das nicht möglich ist und Sie die Hauptmahlzeit abends einnehmen müssen, dann tun Sie es so früh wie möglich, am besten vor 18 Uhr. Und ganz wichtig: Naschen Sie nicht mehr nach dem Abendessen!

Essen: morgens wie ein Kaiser, mittags wie ein König und abends wie ein Bettler.

Psychotraining zu Schritt 10

Lesen Sie noch einmal die Ausführungen zum Punkt »Nehmen Sie sich etwas vor« (Seite 137), und notieren Sie alle Vorhaben, die Sie demnächst in Angriff nehmen möchten (siehe Übung auf Seite 138). Führen Sie diese Vorhaben möglichst auch aus.

Tips für die schlanke Abendmahlzeit

- Wenn Sie wissen, daß es ihnen schwerfällt, den abendlichen (kalorienreichen und ohne Hunger gegessenen) Naschereien zu widerstehen, ist es am besten, wenn Sie Kartoffelchips, Schokolade etc. gar nicht erst einkaufen.
- Nach neuesten ernährungspsychologischen Untersuchungen soll beim Fernsehen gar nichts geknabbert werden, auch nichts Gesundes wie Möhren oder Äpfel. Wenn man ißt, sollte man bewußt essen und sich ganz aufs Essen konzentrieren. Wer nebenbei fernsieht, liest, sich unterhält, weiß oft hinterher nicht mehr, was und wieviel er gegessen hat. Schlimmer noch: Es etabliert sich mit der Zeit ein gewisser Automatismus. Sobald der Fernseher an ist, wird gegessen, auch, wenn man keinen Hunger hat.
- Putzen Sie sich nach dem Abendessen gleich die Zähne als Zeichen, daß für heute mit dem Essen Schluß ist.
- Wer wirklich vor dem Einschlafen noch Hunger hat, sollte ein Glas warme Milch oder Kakao trinken; das wirkt zudem schlaffördernd.
- Beschäftigen Sie sich nach dem Abendessen, damit Sie nicht ständig ans Naschen denken. Oder wie wäre es mit einem Spaziergang?

Etwas übriglassen: Lassen Sie immer etwas auf dem Teller zurück. So verinnerlichen Sie mit der Zeit, daß Sie nicht alles aufessen müssen.

Checkliste: Essen wie Schlanke

- Was will ich essen? Fragen Sie sich, was Sie wirklich essen möchten. Essen Sie dann genau diese Speise – und nichts anderes – in einer bekömmlichen Menge.
- Reste verwerten: Sie müssen Reste nicht gleich wegwerfen, sondern können sie einfrieren oder für eine andere Mahlzeit verwerten.
- Nehmen Sie sich Zeit: Essen Sie nie mehr im Stehen, im Gehen, im Auto oder zwischen Tür und Angel, sondern in entspannter Atmosphäre.
- Gepflegt essen: Wenn Sie sich dafür entschieden haben, etwas zu essen, dann tun Sie es gepflegt. Decken Sie den Tisch hübsch, zünden Sie eine Kerze an. Schalten Sie leise Musik ein.
- Bewußt essen: Durch bewußtes Essen werden Sie mit der Zeit automatisch auf (kalorienreiche) Nebenbeigenüsse wie Knabbereien beim Fernsehen oder Schokolade/Pralinen zwischendurch verzichten.
- Bewußt schmecken: Legen Sie nach jedem Bissen Messer und Gabel aus der Hand, und schmecken Sie ganz bewußt, was Sie essen.
- Gut kauen: Wenn Sie jeden Bissen doppelt so lange kauen wie bisher, haben Sie ein längeres Eßvergnügen, und die Nahrung wird schon im Mund aufgespalten.
- Nicht alles essen: Essen Sie nur, was sie wirklich mögen. Sie sind keine Abfalltonne, die alles schlucken muß, was man hineinwirft. Lassen Sie, was Sie nicht mögen, einfach auf dem Teller.
- Rechtzeitig aufhören: Lassen Sie sich Zeit beim Essen, und hören Sie auf, ehe Sie ganz satt sind. Es dauert etwa 20 Minuten, bis der erhöhte Blutzuckerspiegel dem Sättigungszentrum im Gehirn mitteilt, daß es das Signal »satt« aussenden kann. Wer sein Essen hinunterschlingt, hat meist zuviel gegessen, bis ihn das Signal erreicht.

Checkliste: Essen wie Schlanke

- Frühstücken wie ein Kaiser: Achten Sie auf die richtige Wertigkeit der Mahlzeiten: Das Frühstück sollte vollwertig sein und Vollkorn, Milch und Obst enthalten. Mittags gibt es eine Hauptmahlzeit, zum Abendessen genügt ein kleiner Imbiß.
- Eine Mahlzeit überspringen: Gewöhnen Sie sich an, gelegentlich mal eine Mahlzeit auszulassen. Eine Erholung für die Verdauungsorgane ist es, ab und zu auf das Abendessen zu verzichten oder nur eine trockene Semmel und etwas Tee zu sich zu nehmen.
- Verbote machen dick: Verbieten Sie sich Ihre Lieblingsspeise nicht. Denn mit allem, was verboten ist, beschäftigt man sich um so mehr und entwickelt eine Art Nachholbedarf.
- Ab und zu Ihre Lieblingsspeise: Gönnen Sie sich ab und zu Ihre Lieblingsspeise in einer Menge, die Ihnen zuträglich ist. Sie werden sehen, daß die Lust auf manches nachläßt, wenn Sie es sich nicht mehr verbieten.
- Gesundes Wissen: Beschäftigen Sie sich mit Ernährung. Sie sollten wissen, wie Ihr Körper funktioniert und welche Stoffe er dringend braucht. Sie sollten auch wissen, daß Süßigkeiten »süchtig« machen und man sich davon auch entwöhnen kann.
- Frisches essen: Essen Sie nichts, was schon länger liegt und was Sie eigentlich nicht mehr mögen – nur um es nicht wegwerfen zu müssen.
- Einmal probieren: Gewöhnen Sie es sich ab, beim Kochen ständig zu probieren. Das verdirbt den Appetit auf die Mahlzeit. Zum Probieren genügt auch ein Teelöffelchen zum Schluß.
- Flexible Essenszeiten: Sie müssen sich nicht an starre Essenszeiten halten. Nach einem ausgiebigen Frühstück oder Brunch genügt es, wenn Sie nachmittags wieder essen. Als Faustregel gilt: Zwischen den Mahlzeiten sollten mindestens 4 Stunden Abstand liegen.

Jeden Tag wiegen? Gehen Sie mit der Waage ebenso entspannt um wie mit dem Essen. Sie brauchen sich nicht jeden Tag zu wiegen. Wenn Sie merken, daß sie nach einigen üppigeren Tagen ein Kilogramm mehr haben, essen Sie etwas weniger oder mehr Salat, Gemüse und Vollkorn. Das genügt, um das Gewicht zu halten.

TIPS UND TRICKS ZUM ABNEHMEN VON A BIS Z

Sie haben sich nun durch das 20-Wochen-Programm durchgearbeitet – oder sind gerade dabei, es zu tun. Wie auch immer: Die folgenden alphabetisch angeordneten Tips und Tricks wollen Ihnen noch ein paar zusätzliche Informationen und Hilfestellungen geben, wie Sie schlank und rank werden.

Abführende Medikamente meiden

Abführende Medikamente sind kein geeignetes Mittel, um dauerhaft abzunehmen. Im Gegenteil: Chronischer Gebrauch führt zu dauernder Darmträgheit; die Darmschleimhaut wird angegriffen, und die empfindliche Darmflora mit ihren nützlichen Darmbakterien wird zerstört. Schlimmstenfalls kann der Abführmittelmißbrauch sogar zur Entstehung von Darmkrebs beitragen.

Durch den von Abführmitteln herbeigeführten Durchfall werden lebenswichtige Mineralsalze, Spurenelemente, Vitamine und Enzyme zu schnell wieder ausgeschieden.

Bei einer vollwertigen Ernährung mit einem hohen Anteil an Rohkost und Getreideprodukten dürfte das Problem der Darmträgheit erst gar nicht entstehen. Zusätzlich können Sie Ihre Verdauung auf natürlichem Wege durch Weizenkleie, Leinsamen oder Vollkornbrot unterstützen:

- Trinken Sie morgens auf nüchternen Magen ein Glas warmes Wasser oder eine kleine Tasse lauwarme Buttermilch, in die ein Eßlöffel geschroteter Leinsamen gerührt ist.

Alkohol macht dick

Wer täglich Bier, Wein oder Schnaps trinkt, nimmt auf Dauer garantiert zu. Denn die Kalorien des Alkohols werden rasch vom Körper aufgenommen und leicht in Fett umgewandelt. Daneben macht Alkohol auch Appetit und läßt einen gute Vorsätze schnell vergessen. Gelegentlich ein Glas trockener Weißwein, gemischt mit Mineralwasser, oder ein alkoholreduziertes Bier schaden jedoch nicht.

Ananas gegen Fett

Ananas und Papayas enthalten viele Verdauungsenzyme, die beim Fettabbau im Körper hilfreich sind, sowie weitere wertvolle Vitalstoffe.

Appetitzügler – nein danke!

Appetitzügler aus der Apotheke sind kein geeignetes Mittel, um dauerhaft abzunehmen. Solche Mittel können zwar das natürliche Hungerempfinden täuschen, belasten aber den Kreislauf. Sie schwächen die Abwehrkräfte, können Herzrhythmusstörungen hervorrufen, beeinträchtigen den Schlaf, greifen die Magen- und Darmschleimhaut an und enthalten suchtbildende Stoffe. Also: Hände weg von solchen Mitteln!

Baden – möglichst kühl

Wenn das Badewasser kühler (34 °C) als die Körpertemperatur ist, dann ist der Körper bestrebt, seine Normaltemperatur von 37 °C beizubehalten und verbrennt vermehrt Kalorien. Der gleiche Effekt wird beim Schwimmen in kühlem Wasser erzielt.

Ballaststoffe – 30 bis 50 Gramm pro Tag

Ballaststoffe müssen immer in Verbindung mit reichlich Flüssigkeit genossen werden. Erst dann quellen sie im Darm richtig auf und erzielen die gewünschte Wirkung.

Ballaststoffe nennt man die unverdaulichen Faserstoffe, die in pflanzlichen Nahrungsmitteln enthalten sind. Sie haben eine wesentliche Bedeutung bei der Reduzierung des Übergewichts. Ballaststoffe füllen den Magen und machen satt. Sie bewirken eine reichliche Darmfüllung, regen dadurch die Peristaltik an und führen zu regelmäßiger Darmentleerung. Auf diese Weise wird der Dickdarm gesund erhalten. Es kommt dann nämlich nicht zur Ansammlung von Ausscheidungsprodukten, die mit der Zeit den Nährboden für Geschwüre, Entzündungen und schlimmstenfalls Krebs bilden können. Ballaststoffe beugen außerdem erhöhten Blutfett- und Blutzuckerwerten vor. Ballaststoffreich und außerdem fettarm sind alle Vollkornprodukte (Brot, Nudeln, Reis), Obst und Gemüse. Sehr gute Ballaststofflieferanten sind Bambussprossen, Karotten (immer in Verbindung mit etwas Fett verzehren), Weizenkleie, Leinsamen, Müsli.

- 30 Gramm Ballaststoffe sollte man am Tag essen. Sie stecken in einem Müsli, sechs Scheiben Vollkornbrot und je einer Portion Kartoffeln, Gemüse und Obst.

Bauchübung – sie sorgt für eine schlanke Taille

Machen Sie diese Übung einmal pro Tag. Sie festigt die Bauchmuskulatur und sorgt für eine schmalere Taille. Außerdem verbessert sie die Körperhaltung.

- Stellen Sie sich aufrecht hin.
- Ziehen Sie den Bauch so weit wie möglich ein. Dabei weitet sich der Brustkorb.
- Stellen Sie sich vor, daß die Bauchdecke sogar die Wirbelsäule berührt.
- Zählen Sie langsam bis sechs und entspannen dann den Bauch wieder.

Chinesische Ernährungsweise – zur Nachahmung empfohlen

Untersuchungen brachten zutage, daß Chinesen 25 Prozent mehr Kalorien zu sich nehmen als die Bewohner westlicher Industriestaaten, aber dennoch durchschnittlich 25 Prozent weniger wiegen und auch seltener unter Zivilisationskrankheiten leiden.
Das Geheimnis: In China ißt man doppelt so viele komplexe Kohlenhydrate und ein Drittel mehr (vorwiegend pflanzliches) Eiweiß, aber nur ein Drittel soviel Fett wie in den westlichen Industrienationen. Auslandschinesen, die sich mit der Zeit der westlichen Ernährungsweise annäherten, nahmen an Gewicht zu und litten auch häufiger an den bekannten Wohlstandskrankheiten.

Diät bedeutet, gesund zu leben

Das Wort Diät stammt vom griechischen »Diaita« ab, was soviel heißt wie: Ordnung, Lebensordnung, Gesundheit von Geist und Körper. Es hat mit der heutigen Bedeutung von Gewichtsreduktion nichts zu tun. Die vom griechischen Arzt Hippokrates entwickelte Lehre der Diätetik war eine Gesundheitslehre, die nur zu einem Teil auf gesunder Ernährung, zum anderen aber auf natürlicher, vernünftiger Lebensweise, Maßhalten und Selbstbeherrschung beruhte.

Ursprünglich bedeutet Diät eine ganzheitliche gesunde Lebensform, die für jeden zu empfehlen ist.

Chinesisches Essen enthält weniger Fett: Nudelpfanne mit Scampis.

Einweihen – oder nicht?

Entweder erzählen Sie es keinem, daß Sie künftig abnehmen und bewußter leben möchten – dann kann Ihnen auch niemand hineinreden oder versuchen, Sie von ihrem Vorhaben abzubringen –, oder Sie erzählen es möglichst vielen Leuten. Sie bringen sich damit praktisch in Zugzwang und werden dann nicht so leicht aufgeben. Schließlich wollen Sie den Zweiflern beweisen, daß es Ihnen ernst ist und daß die neue Lebensart gut funktioniert.

Fast Food – nicht zu oft

Wer berufstätig ist, nimmt sich mittags oft nicht die Zeit für eine vernünftige Mahlzeit und greift zu Fast Food. Viele wissen nicht, daß diese Schnellmahlzeiten überaus kalorienreich sind; dazu nur ein paar Beispiele:

• 1 Leberkässemmel	380 kcal
• 1 Currywurst	400 kcal
• 1 Hamburger	250 kcal
• 1 Sandwich mit Wurst und Käse	300 kcal
• 1 Döner Kebab	450 kcal
• 1 Portion Pommes frites	321 kcal

Frieren macht Appetit

Frieren kann Hungergefühle verstärken. Wer sich warm hält, kann den kleinen Hunger eine Zeitlang besänftigen. Um dem Frieren vorzubeugen, hilft oft ein heißes Getränk: beispielsweise Tee oder heiße Zitrone.

Frühstücken – wann Sie wollen

Morgens frühstücken? Es kann auch erst mittags sein.

Das Frühstück ist bestimmt eine der wichtigsten Mahlzeiten des Tages. Es sorgt dafür, daß der Blutzuckerspiegel ansteigt und den Tag über ausgewogen bleibt. Aber keine Regel besagt, wann Sie es einnehmen sollen. Manche Menschen bringen morgens einfach nichts hinunter. Frühstücken Sie also nur dann, wenn Sie morgens Hunger haben.

Ein leichtes, magenfreundliches Frühstück ist eine Banane oder ein Milchshake, bestehend aus 200 Milliliter Magermilch und etwas püriertem Obst (Erdbeeren, Himbeeren, Banane oder Birne).

Gehen – im Wasser

Beim Gehen in einem Wasserbecken wird besonders viel Fett verbrannt, weil Sie gegen den Widerstand des Wassers viel Kraft aufwenden müssen. Den gleichen Effekt hat Bergsteigen.

Gemeinsam – geht's leichter

Wer gemeinsam mit anderen Familienmitgliedern, Freunden oder Arbeitskollegen abnimmt, ist motivierter und hält leichter durch.

Gereiztheitzustände natürlich bekämpfen

Wenn man weniger ißt, können Gereiztheitzustände auftreten. Man bekämpft sie am wirksamsten mit pflanzlichen Arzneimitteln wie Baldrian und/oder Hopfen. Dies sind natürlich wirkende Mittel bei Schlafstörungen, inneren Spannungszuständen und Unruhe; sie verhindern, daß man aufgrund seelischer Reaktionen die Nahrungsumstellung und die Veränderung der Eß- und Lebensgewohnheiten schon bald wieder aufgibt.

Pflanzliche Beruhigungsmittel wie Hopfen oder Baldrian erhalten Sie im Reformhaus oder in der Apotheke.

Haut straffen

Durchs Abnehmen kann es passieren, daß die Haut, besonders an Busen, Bauch, Hüften, Po und Oberschenkeln etwas erschlafft. An diesen Problemzonen gibt das Gewebe eher nach. Gönnen Sie Ihrer Haut daher in der Zeit, in der Sie Gewicht verlieren, eine intensivere Pflege. Sie straffen die Haut, indem Sie die Durchblutung der Gewebe fördern und den Transport von Schlacken beschleunigen durch:

- Bürstenmassagen: Massieren Sie den Körper morgens und abends mit einer nicht zu harten Körperbürste oder einem Luffahandschuh, bis er wohlig warm ist. Fangen Sie bei Beinen und Armen immer unten an, und bürsten Sie dann zum Herzen hin.
- Wechselduschen: Nach der Reinigung sollten Sie abwechselnd warm und kalt duschen – so oft es Ihnen angenehm ist. Schließen Sie mit einer kalten Dusche ab. Das strafft sofort und sichtbar die Haut.
- Eincremen: Pflegen Sie Ihren Körper anschließend mit einem guten Hautfunktionsöl. Gehen Sie dabei liebevoll mit sich um. Akzeptieren Sie Ihren Körper so, wie er ist. Betrachten Sie sich dabei im Spiegel.

- Straffungsübung für zwischendurch (im Stehen oder Sitzen): den Bauch einziehen, die Muskeln von Po und Oberschenkeln fest anspannen, bis zehn zählen, wieder locker lassen. Mehrere Male wiederholen.

Intervalltraining macht fit

Eine Empfehlung der Fitneßforscher aus den USA: Wer bei Aerobic, Laufen, Schwimmen, Rudern oder Radfahren etwa alle fünf bis zehn Minuten das Tempo wechselt, steigert seinen Kalorienverbrauch um das Doppelte und nimmt folglich schneller ab.

Jung durch Gemüse

Gemüse, die nicht nur schlank machen, sondern auch verjüngend wirken, sind: grüne Blattgemüse (Mangold, Spinat, Salate), alle Kohlsorten, rote Rüben, Sellerie, Schwarzwurzeln, Fenchel.

Kaffee regt an

Mate- oder Paraguaytee ist in Asienläden erhältlich. Er wird in der Medizin auch als leichtes Abführmittel empfohlen.

Kaffee zählt zu den Schlankmachern, denn die darin enthaltenen Wirkstoffe Trigonellin und Chlorogensäuren verstärken die Produktion der Magen- und Gallensäfte und regen die Darmtätigkeit an. Dadurch wird die Fettverdauung beschleunigt, was der Entstehung von Fettpolstern vorbeugt. Wer aber mehr als zwei Tassen pro Tag trinkt, schadet seinem Kreislauf und erhöht wahrscheinlich auch seinen Cholesterinspiegel. Wenn Sie Kaffee nicht mögen oder vertragen, erzielen Sie eine ähnliche Wirkung mit grünem Matetee.

Kalium täglich

Der Mineralstoff Kalium ist äußerst wichtig, damit der Stoffwechsel reibungslos funktioniert und schnell Fett verbrannt wird. Kalium sollte täglich zugeführt werden. Besonders viel steckt in Bananen, Kartoffeln, Blumenkohl, getrockneten Aprikosen, Schellfisch und Rindfleisch (Vorsicht: BSE-Gefahr!).

Kantinenessen macht nicht dick

Wer mittags in der Kantine ißt, kann die angebotenen Speisen entsprechend auswählen und zusammenstellen, um eine kalorienärmere Mahlzeit zu erhalten:

Gemüse kann sowohl Beilage als auch schmackhaftes und sättigendes Hauptgericht sein.

- Wählen Sie klare Brühen statt Cremesuppen.
- Machen Sie den Salat möglichst mit einem Dressing aus Salz, Pfeffer, Essig und nur wenig Öl selbst an.
- Bevorzugen Sie die mageren Fleischsorten: Huhn (ohne Haut), Pute (Brust) und Kalb mit nur wenig Sauce.
- Kalorienarme Beilagen sind: Pellkartoffeln, Kartoffelbrei, Reis, Nudeln. Verzichten Sie weitgehend auf Bratkartoffeln, Kartoffelpuffer und Pommes frites.
- Wählen Sie zum Nachtisch frisches Obst, Joghurt und magere Quarkspeisen.

Es müssen nicht Pommes frites sein. Auch Gemüse eignet sich als Beilage.

Light-Produkte – in der richtigen Menge

Light-Produkte enthalten im Durchschnitt etwa 40 Prozent weniger Fett und weniger Mehl; Zucker wird weitgehend durch Süßstoff ersetzt. In der Kalorienbilanz schlagen deshalb nur etwa halb soviel Kalorien zu Buche wie bei vergleichbaren »normalen« Lebensmitteln. Wenn man aber davon die doppelte oder dreifache Portion ißt, nimmt man genauso zu, wie wenn man zuviel essen würde.

Massageübung – für einen straffen Bauch

Diese Übung aus der taoistischen, ganzheitlichen Lebens- und Gesundheitslehre unterstützt die Gewichtsabnahme und bewirkt eine Straffung der Figur, insbesondere des Bauches. Machen Sie die Übung im Rückenlage, am besten morgens gleich nach dem Aufwachen und/oder abends vor dem Einschlafen.

- Legen Sie sich auf den Rücken, und schließen Sie die Augen. Entspannen Sie sich.
- Legen Sie die rechte Hand auf den Bauchnabel (Linkshänder nehmen die linke), und streichen Sie mit der flachen Hand im Uhrzeigersinn erst in kleinen, dann in immer größer werdenden Kreisen um den Bauchnabel, bis Sie oben den Rippenbogen und unten das Schambein erreichen. Bearbeiten Sie sanft die gesamte Bauchdecke.
- Reiben Sie dann entgegen dem Uhrzeigersinn in immer kleiner werdenden Kreisen zurück, bis Sie wieder beim Bauchnabel ankommen.
- Sie brauchen keinen kräftigen Druck auszuüben, ein sanftes Reiben genügt völlig.
- Wiederholen Sie die Übung, solange es Ihnen angenehm ist.

Ganz wichtig für die Wirkung ist, daß die Bauchdeckenmassage regelmäßig über längere Zeit ausgeführt wird.

Das Reiben im Uhrzeigersinn fördert die Passage des Darminhalts und hilft bei chronischer Verstopfung. Das Reiben gegen den Uhrzeigersinn wirkt bei flüssigem Stuhl und Durchfall. Die gesamte Übung zielt auf eine Regulierung und Normalisierung der Verdauungstätigkeit, beugt Magengeschwüren und Erkrankungen des Verdauungssystems vor, verbessert die Herzfunktion und den Blutdruck, wirkt gewichtsreduzierend und fördert den gesunden Schlaf dadurch, daß das Blut vom Gehirn in den Bauchraum gelenkt wird.

Meersalz – ins heimische Badewasser

Geben Sie ein Pfund Meersalz in Ihr Wannenbad. Das bringt den Stoffwechsel in Schwung und strafft das Gewebe, denn Salz entzieht der Haut das im Gewebe gebundene Wasser.

Müsli – aber richtig

Müslis können Sie jeden Tag variieren, wenn Sie sie mit zerkleinerten Früchten der Saison, fettarmer Milch, Magermilchjoghurt, Buttermilch oder Fruchtsaft mischen. Sie sind dann eine vollwertige Mahlzeit. Doch Achtung! In vielen fertigen Müslizubereitungen sind fettreiche Nüsse, Kerne oder Schokoladenraspel, bis zu ein Drittel Zucker sowie geschwefelte Trockenfrüchte enthalten. Achten Sie beim Einkauf darauf, daß Sie geschrotete Getreidekörner oder -flocken aus ökologischem Anbau bekommen, ohne Zuckerzusatz und mit ungeschwefelten Trockenfrüchten.

Geschrotetes Getreide verrühren Sie mit Wasser und lassen es über Nacht quellen.

Tun Sie Ihrer Haut und Ihrem Stoffwechsel etwas Gutes: Nehmen Sie ein Bad in Meersalz.

Naturreis ist wertvoll

Naturreis hat eine längere Garzeit als polierter Reis.

Naturreis, auch Vollkornreis, brauner Reis oder unpolierter Reis genannt, enthält noch den Keimling und das Silberhäutchen und damit alle wertvollen Ballaststoffe, Vitamine (besonders der B-Gruppe) und Mineralstoffe, die dem weißen oder polierten Reis fehlen.

Obstsalat zur Verdauung

Mischen Sie unter die kleingeschnittenen Früchte je einen gehäuften Teelöffel Leinsamen und Weizenkleie. Das regt die Verdauung an. Mit Zitronensaft und etwas Süßstoff oder Honig abschmecken.

Obsttag zur Entschlackung

Ein Obsttag von Zeit zu Zeit beschleunigt das Abnehmen und fördert die innere Reinigung des Körpers. Essen Sie etwa drei Pfund erntefrisches Obst der Saison, verteilt auf fünf bis sechs Portionen. Trinken Sie dazu ungesüßte Kräutertees. Auch Mineralwasser ist erlaubt, aber erst mindestens eine Stunde nach der Obstmahlzeit.

Power-Walking – besser als Jogging

Die Arme schwingen beim Walking seitlich immer tüchtig mit.

Beim schnellen Gehen verbrennt der Körper doppelt soviel Fett wie beim Laufen. Fangen Sie langsam an, und steigern Sie allmählich das Tempo. Beachten Sie aber bitte: Beim Walking muß ein Fuß immer Bodenberührung haben; Sie dürfen nicht ins Laufen kommen.

Proteine am Abend

Trinken Sie abends fettarme Milch, oder essen Sie etwas mageren Fisch oder mageres Hühner- bzw. Putenfleisch. Die darin enthaltenen Proteine verringern den Anteil an lipogenen Enzymen, die die Fettspeicherung begünstigen. Träufeln Sie über Fisch oder Fleisch reichlich (frisch gepreßte) Zitrone; das im Zitronensaft enthaltene Vitamin C wirkt zusätzlich günstig auf die Enzyme ein.

Quarkspeise als Dessert

Bereiten Sie statt kalorienreicher Desserts zum Nachtisch einmal eine Quarkspeise. Mischen Sie 200 Gramm Magerquark mit pürierten Beeren und etwas Süßstoff. Verfeinern Sie mit einem Schuß Amaretto.

Rohkost – nicht am Abend

Frischer Salat und geraspelte Gemüse haben wenig Kalorien, enthalten aber wertvolle Inhaltsstoffe. Sie sind also die ideale Kost zum Schlankbleiben. Sie sollten Rohkost am Abend jedoch nicht in großen Mengen verzehren. Dies kann zu Blähungen und Verdauungsproblemen führen. Besser: mittags Rohkost und abends Kohlenhydrate (Nudeln, Kartoffeln, Brot). Wenn Sie abends eine kleine Portion Rohkost essen wollen, sollten Sie diese mit etwas Öl genießen. Dadurch werden die fettlöslichen Vitamine optimal aufgenommen.

Sahne ist erlaubt

Geschlagene Sahne enthält weniger Fett, wenn Sie sie zur Hälfte durch geschlagenes Eiweiß ersetzen.

Salat als Vorspeise

Salat als Vorspeise sättigt und versorgt Sie mit Vitaminen und Mineralstoffen. Eine Suppe oder Brühe als erster Gang wirkt dagegen appetitanregend.

Sauna - zur Entschlackung

Die Sauna gilt zwar als Erfindung der Finnen, doch viele Völker hatten etwas Ähnliches: sogenannte Schwitzhütten.

Die Finnen wissen es schon seit langer Zeit: Saunen macht Spaß und ist gesund. Durch die hohe Temperatur der Luft (bis zu 90 °C) in der Sauna erweitern sich die Blutgefäße. Aus den dann weit geöffneten Poren tritt Schweiß aus; mit ihm verlassen Abfallstoffe und Schlacken den Körper. Damit steigert sich das körperliche Wohlbefinden. Bei der anschließenden Kaltwasserdusche oder dem Tauchbad in kaltem Wasser schließen sich die Poren wieder. Das Blut wird wieder in tiefere Regionen zurückgeführt. Bei einem Saunagang verbraucht man ca. 200 Milliliter Schweiß. Diese Flüssigkeit wird zunächst einmal aus dem Fettgewebe ersetzt. Saunen unterstützt das Abnehmen, doch es hat noch andere positive Aspekte:

- Es verjüngt und durchfeuchtet die Haut.
- Es durchfeuchtet auch die Atemwege und führt dort zu einer Schleimabsonderung, die wichtig für die Vorbeugung gegen Erkältungskrankheiten ist.
- Es entspannt die Muskulatur und verschafft Ausgeglichenheit und Erholung.

Die Schwitzkur in der Sauna entschlackt und verhilft zu schöner Haut.

Seilspringen macht Spaß

Seilspringen strafft fast alle Muskeln des Körpers, sorgt für einen flachen Bauch, eine gute Haltung und unterstützt den Fettabbau. Beginnen Sie mit 25 Sprüngen, steigern Sie allmählich auf 50, 100 und schließlich 200 Sprünge am Tag. Sie sollten allerdings für diese Übung körperlich gesund sein.

Treppen steigen

Wer zügig Treppen steigt oder daheim mit dem Stepper trainiert, strafft insbesondere die Muskeln an Oberschenkeln und Waden.

Trinken – bis zu zwei Liter

Ein zusätzlicher Pluspunkt: Reichliches Trinken verringert den Appetit.

Wer weniger ißt und Fett abbaut, sollte mehr als sonst trinken. Das Fett aus dem Fettgewebe, von dem Sie beim Abnehmen zum Teil zehren, gelangt in die Blutbahn und wird von der Leber verarbeitet. Fettabbauprodukte oder Schlacken entstehen, die insbesondere mit dem Urin ausgeschieden werden. Durch ausreichendes Trinken geht die Ausscheidung der Schlacken schneller vonstatten.

Die ideale Menge sind anderthalb bis zwei Liter am Tag, am besten natriumarmes Mineralwasser, ungesüßte, verdünnte Fruchtsäfte, Kräuter- und Früchtetees. Auch drei oder mehr Liter sind in Ordnung, sofern Sie keine Probleme mit dem Herzen haben. Die vermehrte Ausscheidungstätigkeit der Nieren könnte sonst das Herz zusätzlich belasten.
Tip: Ein Glas Leitungswasser oder Mineralwasser ohne Kohlensäure, zehn Minuten vor dem Essen in kleinen Schlucken getrunken, entwässert, regt die Verdauung an und stillt großen Hunger. Es hilft außerdem bei Magenproblemen.

Verfeinern – auf fettarme Art

Nehmen Sie zum Verfeinern von Suppen und Saucen statt Sahne (30 Prozent Fett) die wesentlich fettärmere Kaffeesahne (4 Prozent Fett). Auch durch Joghurt, Kondensmilch oder saure Sahne (10 Prozent Fett) werden Saucen und Suppen schön cremig. Eine »schlanke« Sauce zaubern Sie aus einem Viertelliter fettarmer Milch und etwas fettarmem Schmelzkäse.

Wickel – aber kalt

Kalte Wickel sind sowohl für die Schönheit als auch für die Gesundheit gut.

Tauchen Sie Leinentücher in kaltes Wasser, wringen Sie sie aus, und winden Sie sie dann um Oberschenkel, Oberarme, um den Leib – also um alle Stellen, an denen Sie sich eine bessere Hautdurchblutung und eine straffere Haut wünschen. Darüber kommt ein trockenes Frottiertuch. Anschließend decken Sie sich mit einer warmen Decke zu und ruhen eine halbe Stunde lang. Machen Sie die Wickel mindestens zweimal in der Woche, dann wird durch die Gewichtsabnahme erschlafftes Gewebe sichtbar straffer.
Ebenso wirkungsvoll sind Pfarrer Kneipps kalte Güsse oder andere Wasseranwendungen wie kalte Waschungen oder Wassertreten in der Badewanne. Achten Sie dabei auf folgendes:

- Sie sollten bei allen Kneippschen Wasseranwendungen ruhig und entspannt sein.
- Nach jeder Anwendung mit kaltem Wasser müssen Sie für eine Aufwärmung sorgen (indem Sie sich zugedeckt hinlegen, eine gymnastische Übung machen etc.)
- Wasseranwendungen sollten Sie nicht mit vollem Magen machen.

Würzen – nicht zu knapp

Scharfe Gewürze (z. B. Chili, Paprika, Tabasco, Knoblauch) regen den Stoffwechsel an. Der Organismus verbraucht ohne weiteres Zutun mehr Kalorien als bei schwach gewürzten Speisen. Fett beispielsweise hebt ja auch bei vielen Gerichten den Geschmack erst hervor. Sie können auch ersatzweise verstärkt mit Sambal Oelek, Salsa (mexikanische Sauce), Sojasauce, Meerrettich, Worcestersauce, Senf oder verschiedenen Chutneys würzen.
Eine positive Wirkung auf den Stoffwechsel haben alle frischen Kräuter, sie regen die Verdauung an, entwässern und schmecken außerdem gut. Mit Salz sollten Sie dagegen sparsam umgehen, denn es hält Wasser im Körper zurück.

Zwischenmahlzeit aus Rohkost

Mindestens eine Zwischenmahlzeit am Tag sollte aus Rohkost bestehen.

Rezept für eine Zwischenmahlzeit aus Rohkost: Raspeln Sie eine rote Paprikaschote und eine Kohlrabi, mischen Sie diese mit einer gewürfelten Mango und einer Banane, geben Sie den Saft von einer Orange und drei Eßlöffeln Magermilchjoghurt dazu, und süßen Sie mit Honig. Guten Appetit!

Das richtige Gewürz macht eine Speise erst zur Delikatesse. Wenn Sie schärfer und abwechslungsreich würzen, sparen Sie Salz ein.

Weiterführende Literatur

Berg, Karin: Ihr Wunschgewicht ist erreichbar. mvg Verlag. München 1991

Besser-Sigmund, Cora: Easy Weight. Der mentale Weg zum natürlichen Schlanksein. Econ Verlag. Düsseldorf und Wien 1988

Bierach, Alfred: Schlank im Schlaf durch vertiefte Entspannung. Econ Verlag, Düsseldorf und Wien 1992

Birkinshaw, Elsye: Denken Sie sich schlank. Weltbild Verlag. Augsburg 1985

Chang, Stephen T.: Das Tao der Ernährung. Ariston Verlag. Genf 1993

Das ideale Gewicht. Ein umfassendes Aktivkonzept. Time Life. Amsterdam 1988

Davo, Pierre: Psychologie für jedermann. Weltbild Verlag. Augsburg 1995

Diamond, H. und M.: Fit fürs Leben (fit for life). Waldthausen Verlag. Ritterhude 1990

Fahrenkamp, Sibylle: Die Kunst, fit und nicht fett zu sein. Goldmann Verlag. München 1986

Gilbert, Sara: Morgen werde ich schlank sein: Diät und Psyche. Hofmann und Campe Verlag. Hamburg 1991

Graf Dürckheim, Karlfried: Hara. Die Erdmitte des Menschen. O.W. Barth-Verlag. München 1975

Grauer, Angelika und Schlottke, Peter F.: Muß der Speck weg? Der Kampf ums Idealgewicht. Deutscher Taschenbuch Verlag. München 1987

Hellmiß, Margot: Heilfasten nach F. X. Mayr. Südwest Verlag. 3. Auflage, München 1996

Jäger, Gerhard: Autogenes Training. Mosaik Verlag. München 1981

Karrasch, Kurt F.: Übergewicht, Fakten und Argumente. Govi Verlag. Frankfurt a. M. 1986

Karsenti, Gérard: Wozu Diät? Leb doch vernünftig! Paul Zsolnay Verlag. Wien, Darmstadt 1988

Langen, Dietrich: Autogenes Training für jeden. Gräfe und Unzer Verlag. München 1990

Murphy, Joseph: Die Macht Ihres Unterbewußtseins. Ariston Verlag. München 1988

Oberbeil, Klaus: Abnehmen durch Biostoffe. Südwest Verlag. 5. Auflage, München 1996

Oberbeil, Klaus: Fit durch Vitamine. Südwest Verlag. 11. überarbeitete Auflage, München 1996

Powter, Susan: Ohne Diät geht's auch. Bertelsmann Verlag. Gütersloh 1994

Pudel, Volker: Eßlust statt Diätfrust. Falken Verlag. Niedernhausen 1990

Rauch-Petz, Dr. Gisela: Heilende Biostoffe aus dem Gemüsekorb. Südwest Verlag. München 1995

Rauch-Petz, Dr. Gisela: Gesunde Nahrung ohne Gift. Südwest Verlag. München 1995

Schmidt, K.O.: Gedankenmacht und Glaubenskraft. Lebensweiser-Verlag, Büdingen-Gettenbach 1956

Trappe, Marianne: Schlankwerden – ein Selbsthilfeprogramm. Humboldt Verlag. München 1987

Wolf, Doris: Übergewicht und seine seelischen Ursachen. Pal Verlag. Mannheim 1985

Hinweis
Das vorliegende Buch ist sorgfältig erarbeitet worden. Dennoch erfolgen alle Angaben ohne Gewähr. Weder Autoren noch Verlag können für eventuelle Nachteile oder Schäden, die aus den im Buch gemachten praktischen Hinweisen resultieren, eine Haftung übernehmen.

Bildnachweis
Bilderberg, Hamburg: 36 (Hans Madej), 137 (Nomi Baumgartl), 195 (Wolfgang Kunz); Das Fotoarchiv, Essen: 62 (Wolfgang Schmidt), 109 (Eva Brandecker), 122, 147, 207 (Bernhard Nimtsch), 141 (Dirk Eisermann), 187 (Rupert Oberhäuser), 204 (Andreas Riedmiller)
Diagentur Elke Stolt, Ahrensburg: 25, 151, 218 (Matthias Stolt), 49 (Uwe Widmann); Hans Seidenabel, München: 93; IFA, Taufkirchen: Titelbild (Einklinker) (J. Heron), 2 (Donnezan). 31 (Schmitz), 66 (Welsh), 70 (March), 76 (Kindermann), 177 (Diaf), 213 (W. v. Eick); Interfoto, München: 42 (Klammet), 47 (Archiv); Pasieka, Hilden: 40, 50; Tony Stone, München: 8 (David Stewart), 54 (Tony Latham), 152 (Garry Hunter), 170 (Ken Scott), 216 (David Schultz); Ulla Kimmig, Hamburg: 158; Ulrich Kerth, München: Titelbild (Fond), 211

Impressum

Redaktion
Dr. Elfriede Ledig
Medizinische Fachberatung
Dr. med. Christiane Lentz
Redaktionsleitung
Josef K. Pöllath
Bildredaktion
Bettina Huber
Produktion
Manfred Metzger
Umschlag und Layout
Kraxenberger KommunikationsHaus
GmbH, München
Satz/DTP
Reiner Löb
Druck und Bindung
Legoprint, Trento
Printed in Italy

Gedruckt auf chlor- und säurearmem Papier

ISBN 3-517-01789-2

Register